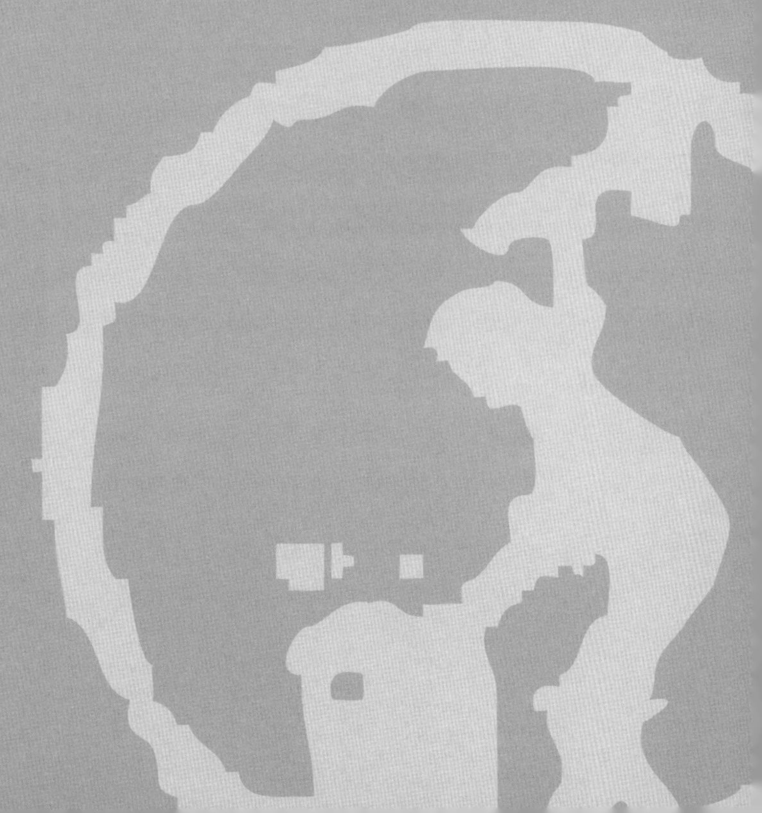

복음과 새로운 사회

지은이	스티븐 모트
옮긴이	이문장
초판발행	1992년 6월 30일
초판2쇄	1999년 3월 30일
재조판	2008년 6월 10일

펴낸이	배용하
책임편집	한상미
교열	박민서
등록	제364-2008-000013호
펴낸곳	**도서출판 대장간**
	www.daejanggan.org
	대전광역시 동구 삼성동 대동천좌안8길 49
	전화 (042) 673-7424 전송 (042) 623-1424
박은곳	경원인쇄
보급처	기독교출판유통 (031) 906-9191

ISBN	89-7071-017-5

 값 **10,000원**

스티븐모트 지음 이문장 옮김

BIBLICAL ETHICS
AND
SOCIAL CHANGE

Stephen Charles Mott

한국교회의 형제 자매들께

저와는 전혀 다른 문화권에 살며 한 번도 만나본 적이 없는 어떤 사람이, 제가 저술한 책을 통해서, 유익을 얻고 있다는 사실을 알게 되니 겸손해지지 않을 수 없군요. 그것은 하나님께서 행하시는 일에, 저는 단지 도구로 사용되어왔음을 깨닫게 해주기 때문에 그렇습니다.

이 책에서 다루는 주제는 우리 주 예수 그리스도와 함께 역사 안에 들어온 하나님의 통치와 그에 대항하는 사탄의 통치 사이의 우주적 싸움에 관한 것입니다. 그래서 이 문제는 미국뿐만 아니라 다른 문화권에도 적용되는 내용일 것입니다. 모든 문화에서와 마찬가지로 한국에도 이 싸움이 있습니다.

그리스도의 교회는 예수께서 삶의 모든 영역 즉 한국사회의 정치, 경제, 사회적 제도의 주되시며 모든 사람의 구주 되심을 전파하고 그 진리를 파수하도록 부름 받았습니다. 저는 한국 그리스도인들의 살아있는 믿음에 경탄합니다. 아무쪼록 하나님께서 이 책을 사용하셔서 여러분으로 하여금 하나님나라의 열매 맺는 일꾼들이 되도록 하는 데 도움이 될 수 있도록 기도합니다.

1992. 2. 6
그리스도 안에서 여러분의 형제인
스티븐 모트

TO MY KOREAN BROTHERS AND SISTERS,

It is humbling to write a book and to discover that someone whom I have never met and who lives in a culture that I do not know has benefited from it. It is humbling because it shows me that I have been merely an instrument for what God has done and is doing.

This book speaks to many cultures because it addresses the universal conflict between the Reign of God, which is breaking into history with our Lord Jesus Christ, and the Reign of Satan, which opposes it. This conflict is present in Korea, as it is in all cultures.

The church of Christ is called to be the vanguard and to hold forth Jesus' invitation and claim to be the Saviour of all people and the Lord of all of life – including the economic, social, and political institutions of Korea. I admire the lively faith of Korean Christians and pray that this book will be used by God to help you to be effective workers in the field of God's Reign.

February 6, 1992

Your brother in Christ,

Stephen Charles Mott

글을 옮기면서

하나님께서 한반도에 복음을 주시고 한국교회로 하여금 새로이 전개되는 인류역사 속에서 하나님의 구속사역을 감당하는 역할을 위해 준비시키심을 인하여 찬양 드립니다. 하지만, 역할 담당에 앞서 한국교회가 반드시 해결해야 하는 심각한 문제가 있음을 주목해야 할 것입니다.

성·속을 구분하는 이원론적 사고가 한국교회가 직면한 가장 큰 문제라는 사실에 이의를 제기할 사람은 거의 없을 것입니다. 이원론적 사고의 틀로 말미암아 하나님을 믿는다는 것이 무엇을 의미하는지, 그리스도인으로서 구체적인 역사 속에서 어떻게 사고하고 어떻게 행동해야 하는지, 좀 더 넓게는 우리가 발을 붙이고 살아야 하는 세상(정치, 경제, 사회, 문화적 현실 전반)에 대해 어떠한 견해를 갖고 있어야 하는지에 대한 성경적 태도 결정이 제대로 이루어지지 못하고 오히려 왜곡된 경우가 많았습니다. 그 여파로 이 땅의 기독교는 하나님 앞에서 자기 자신과 이웃, 사회와 역사적 현실에 대해 전혀 책임을 지려고 하지 않는 기형적 그리스도인들을 길러내는 이기적인 공동체가 되어가고 있습니다. 책임 회피는 타락한 인류가 보여준 최초의 모습이었음을 기억해야 할 것입니다.

하나님의 말씀인 성경의 토대 위에서 이러한 현실에 대한 수정작업이 있어야 할 것입니다. 이제는 신학적 선입관에서 벗어나 성경을 그 쓰인 대로 이해하려고 애쓰고 하나님 말씀의 올바른 해석과 적용에 귀를 기울이는 노력이 요청되는 때입니다. 더 나아가 이 시대를 살아가는 그리스도인들을 위한 성경적 정신 혹은 성경적 윤리기준을 함께 세우고 실천하는 데 힘을 모아야 할 것입니다.

이처럼 우리의 노력에 이 책이 다소나마 도움이 되었으면 하는 바람으로 번역을 하게 되었습니다. 이 책이 우리가 하는 고민에 다소간의 통찰을 제공해주고 하나님나라(통치)에 속한 하나님 백성의 삶이 어떠해야 할지에 대한 건설적인 토론의 근거를 제공해줄 수 있기를 바랄 뿐입니다.

Gordon-Conwell 신학교에서

이 문 장

머리글

사회변혁을 위한 성경적 근거에 대해 자세하게 서술한 책을 찾기가 쉽지 않다. 월터 라우센부쉬Walter Rauschenbusch의 저술들은, 제3세계 학자들이 저술한 것과 마찬가지로 오늘날 우리가 처한 상황과는 다른 상황에 대한 메시지를 담고 있다. 특히 그의 저서들에서는 독특한 신학적 입장이나 정치적 입장이 발견되기 때문에 성경적 근거를 찾는 사람들에게는 걸림돌이 되고 있다.

기독교 사회윤리에 대한 학문적 연구와 성경신학이 서로 다른 분야라는 사실은 최근 여러 학자에 의해 지적되었다. 제임스 구스타프슨James Gustafson은 성경윤리를 다음과 같이 묘사하였다. "성경윤리는 제대로 준비된 사람이 별로 없는 복잡한 학문이다. 윤리학을 전공한 사람들은 일반적으로 적절한 성경연구 훈련을 받지 못했으며, 성경신학을 전공한 사람들은 윤리적 사고가 결여되어 있다." 성경을 윤리학에 적용하는 원리들에 대한 입문서로서, 부르스 버츠Bruce Birch와 래리 래스뮈슨Larry Rasmussen이 함께 저술한 『성경과 윤리』를 추천한다. 이 책은 성경이 윤리적 논의의 근거가 되며, 성경이 가르치는 윤리적 결론에 도달하고자 성경 해석의 다양한 방법을 보여주고 있다는 점에서 특별히 도움이 된다.

그 중 성경해석은 삶의 체험으로부터 시작해야 한다는 말은 매우 유익했다. 즉 하나님의 말씀이 읽히고 가르쳐질 때, 무엇보다 선행되어야 할 것은 믿음으로 그 말씀을 듣고 또한 그 말씀이 명하는 대로 복종하는 일이다. 이와 같은 방법으로 체험된 진리들 가운데, 정의에 관한 성경의 메시지는 우리로 하여금 가난한 자와 연약한 자에게 깊은 관심을 두게 하며, 그들의 편에 서게 한다. 이처럼 우리가 가난한 자들의 편에 서게 될 때, 성경은 바르게 해석되는 것이다.

해석자는 사회정의나 인간을 억압하는 문제들에 대하여 성경은 어떻게 이야기하고 있는가에 대한 기대를 하고 읽게 된다. 앤드류 커크 J. Andrew Kirk는 어떠한 신학적 해석도 그 출발점은 다음과 같아야 한다고 말했다.

"성경해석은 복음 자체의 내용, 즉 가난한 자에게 복음을 전하여 포로가 되고 압제 받는 자를 자유롭게 하는눅4:18 내용과 일치하여야 한다. 신학은 '주리는 자'의 형편을 옹호하시며 '부자를 공수空手로 보내시는' 눅1:53 살아계신 하나님의 명령에 대한 복종으로부터 시작되어야 한다."

해석자는 자신의 체험과 배경에 의해 형성된 관점 이외에 또 다른 관점을 가지고 성경을 읽는다. 해석자 자신이 사회문제들에 깊은 관심이 있는 사람이라면, 그는 성경에서 제시하고 있는 사회 경제적 구조 및 규범들과 그것이 평가되고 있는 방법들에 특별한 관심을 기울이게 된다. 사회학 또는 윤리학 개념들이 성경해석에 적용됨으로써, 성경이 새롭게 해석될 가능성을 높여주었으며, 성경 말씀을 현대적 논의에 적용하는 방법을 마련해 주었다. 이처럼 현대의 용어들이 성경의 의미를 좀 더 분명히 밝혀 줄 때, 성경은 현대에 맞게 새롭게 해석될 수 있다. 그러나 때로는 그러한 개념들이 본문에 어울리지 않으며, 또한 사용된 본문이 오늘날의 문제와는 직접적인 관련이 거의 없는 것으로 드러나는 때도 있다. 따라서 우리는 성경적 기준을 성경의 전반적인 맥을 통하여 찾아야 하며 그것을 역사를 통해 체험된 정보들에 비추어 연구한 후에야, 명확한 기독교적 입장을 얻을 수 있을 것이다.

이와 같은 접근방법의 실례로서, 비교경제학에서는 전통적인 협동마을에서 재산이 어떻게 분배되었는지에 관해 유익한 자료를 제공한다. 이와 같은 재산제도를 이해할 때 우리는 이스라엘의 토지소유를 더 잘 이해할 수 있다. 이러한 이해는, 성경언어와 사본적 지식을 상당히 갖춘 사람이라 할지라도, 서구의 사유재산제도를 근간으로 하는 경제학이나 사회주의의 경제적 고찰을 전혀 무시하는 주석가들에게서는 기대하기 어려운 것이다.

따라서, 우리는 성경의 사회 경제적 구조와 갈등들을 이해하고자 사용되는 사회학적 개념, 경제적 개념 및 윤리적 개념들의 도움을 받아 성경을 해석하게 된다. 우리는 해석과 연구를 통해 성경이 가르치는 사회적 현상과 규범들을 이해하는 데 있어 어떤 원리들이 유용한지 알게 될 것이다. 이와 같은 성경 이외의 학문은 성경을 이해하는 데 도움을 주며, 그 학문은 말씀을 기준으로 다시 검증받게 된다. 즉 그 학문이 하나님의 말씀을 이해하는 데 관련이 없다고 판단되면 그 학문의 도움을 받을 수가 없다.

이 책에서는 우리 사회의 경제적 불의와 사회적 불의를 바로잡고 정의를 세우라는 명령이 성경의 중심사상임을 보게 될 것이다. 이 책에서 정의를 세우려면 정치권력이 활용되어야 한다는 점을 강조한 것은 복음증거 사역 외에도 사회에 대한 저항세력으로서 교회가 해야 할 역할이 있음을 강조한 것이다.

1부에서는 사회참여의 성경적 근거를 밝힌다. 제1장은 악의 사회적 실재를 성경이 인정하고 있음을 보여준다. 이것은 성경에서 사용된 '세상'이란 개념과 성경이 초자연적 악의 권세가 실제로 존재함을 인정하고 있다는 사실에서 확인되고 있다. 제2장은 '사회적 책임'이 그리스도의 죽음을 통해 주어지는 하나님의 은혜를 믿는 '믿음의 핵심'이 됨을 보여준다. 또한, 초대교회에서 이웃에 대한 책임은 기독교공동체 영역을 초월하여 확대되었음을 보여주고 있다. 제3장은 은혜의 표현임과 동시에 기독교윤리의 기초인 사랑은, 하나님께서 모든 사람에게 부여하신 존엄성을 근거로, 모든 사람의 인권을 소중히 여기게 한다는 것을 보여준다. 제4장에서 성경적 정의는 사랑의 연장이어야 하며, 또 하나의 구별되는 윤리적 기준이 아님을 보여준다. 이 정의는 압제 받는 사람들을 향해 공평하게 시행되어야 한다. 제5장은 성경신학을 하나님의 통치라는 사상과 함께 역사의 관점에서 살펴보고 있다. 하나님의 통치는 현재 부분적으로 임재해 있으나 삶의 모든 영역에서 진행 중이다. 예수의 사역이 사회적 현실에 어떤 영향을 미쳤는지에 특별한 관심을 기울이고 있다.

2부는 그리스도인들이 사회변혁을 이루는 다양한 방법들에 관해 다루고 있다. 어느 하나의 접근방법에 의존하는 것은 위험한 일이라는 사실과 함께 각각의 접근방법이 이바지하는 바를 언급하였다. 이 부분에서는 오늘날 교회가 직면하고 있는 많은 중요한 문제들을 다루고 있다. 즉 복음화운동의 우월성, 인간 사이의 화목과 인간과 하나님 사이의 화목이 가지는 연관성, 복음주의적 사회 정치 참여의 내용 등이다. 제6장은 인간의 도덕적 변화를 위하여, 또한 정의의 동기로서 복음화운동의 중요성을 논하고 있다. 반면에 사회변혁을 위해서는 복음화운동 이외의 아무것도 필요하지 않다고 보고, 다른 활동들을 복음운동에 예속시키는 것은 비성경적인 사실임을 지적하였다. 제7장에서는 기독교공동체는 사역에 종사하고 있는 개인들에게 지원을 보내며 또한 하나님께서 창조하고 계시는 새로운 공동체를 가시적으로 사람들에게 보여주는 역할을 한다는 사실을 언급하고 있다. 제8장은 '전략적 비협조'라는 개념을 통해, 정상적인 형태의 사회변혁이 차단된 상황에서의 비폭력적인 행동을 논하고 있다. 다른 한편으로, 제9장에서는 신약에 대한 논의를 근거한 정치적 혁명에 대한 이론적 근거가 성경을 통해 논의되었다. 이 책의 마지막 장은, 정치적 개혁은 쉽게 조작될 수 있고 상당히 많은 한계를 가진 것이지만, 성경적 정의를 세우는 데 필요한 도구가 될 수 있음을 논증하고 있다.

나는 신학적 훈련을 받은 사람들, 목회사역에 종사하고 있거나 준비 중인 사람들 및 다른 직책에서 봉사하고 배우며 또한 지도자로 활동하고 있는 사람들을 염두에 두고 이 책을 집필하였다. 이 책이 성경신학과 윤리학을 종합해주고, 복음주의적 관점으로부터 사회윤리를 제시한 것으로 학자들에게 도움이 될 수 있기를 바란다. 물론 이 책이 교재로 사용될 수 있을 것이다.

이 책이 쓰이게 된 데에는 아내인 샌드라 모트Sandra Mott의 도움이 컸다. 그녀의 사랑과 지원뿐만 아니라, 아내요 어머니요 또한 전문 간호사요 교사로서의 능력이 본서를 가능케 만들었다. 그녀는 사랑의 동반자로서 내가 저술하는 과정에서 여러 측면으로 자문 역할을 해주었다.

나는 또한 딸 사라Sarah에게 감사해야 한다. 이 책에서 사용한 용어를 선택하고 논의를 명료하게 진행하기 위한 작업은 사라가 갓난아기였을 때의 일이었는데, 그 당시 딸 사라를 안고 생각하는 것이 유일한 도움이 되었기 때문이다. 이 책의 집필을 집에서 하게 된 것이 위로가 된 것은, 애덤Adam과 레이츨Rachel과 함께 어울려 놀 수 있었던 점이다.

나는 아버지인 로이든 모트Royden Cross Mott를 기억하며 아버지에게 이 책을 헌정한다. 아버지와 어머니 캐더린 모트Katherine Hyde Mott로부터 나는 믿음과 사회적 관심이 자연스럽게 조화되도록 배웠다. 목회자였던 아버지는 대부분의 사역을 사회에서 소외받는 지역에서 하셨다. 그의 사역의 대상은 낡아빠진 집에서 혼자 사는 노인, 겨우 생계를 유지하고 있는 부모와 그의 아이들, 직업도 없고 겨울철 코트도 없이 살아가는 흑인 아버지와 그의 병든 가족들이었다. 아버지는 무기력한 그들에게 용기를 주었으며, 사람들의 돈을 빼앗아가는 주류 산업에 대항해 싸웠다. 또한, 그는 가난한 자들을 받지 않는 병원과 YMCA에 대해 비난하고 시정을 촉구하였다.

내 기억 속에서 시편 기자, 선지자들, 예수님, 요한 웨슬리, 찰스 디킨스, 어머니와 그리고 아버지가 함께 떠오른다. 아버지는 사회를 향한 적극적인 사랑과 교회 부흥의 사역을 모두 조화롭게 하셨다. 그 이유는 무엇일까? 그것은 그분이 자신의 설교대로 사셨기 때문이며, 그분의 설교는 그분의 하나님, 또한 나의 하나님 말씀인 성경으로부터 끊임없이 생명력을 받았기 때문이다.

1981년 12월
매사추세츠 비벌리에서

복음과 하나님의 통치

사회체제로부터 생기는 악의 세력을 심각하게 인
식하고 그 세력으로부터 해방되고자 하는 몸부림
이 없는 신앙은 아편과 같은 신앙이다.

실존하는 악의 세력

예수 당시의 사람들은 폭력과 압제를 보면서, 그 배후에는 타락한 천사들에 의하여 나타나는 악의 세력이 존재한다고 생각했다. 몇몇 이스라엘 묵시가들은 노아 시대 일어났던 일들이 당시에도 일어나고 있다고 믿었다. 그들은 당시 지중해 세계를 파괴하던 무자비한 로마군대는 노아 시대의 거인들이라고 생각하였는데, 그들이 생각한 노아 시대의 거인들이란 반역한 천사장 스미하자Shemihaza의 후손들과 그를 따르던 다른 '하나님의 아들들'이라는 것이다. 금속과 무기를 만들고 사용하는 위험한 기술이 또 다른 천사장 아사셀Azazel에 의해 인류에게 전수되었다. 그리하여 인간들은 하나님께 구원을 요청하게 되었으며, 하나님께서는 그들에게 구원을 허락하셨다. 하나님께서는 '아사셀 및 스미하자와 그의 동료들을 결박하고자' 미가엘과 가브리엘이라는 강력한 두 천사를 땅 위에 보내서서 악의 세력을 무너뜨리고 정의와 진리의 새로운 시대가 도래하도록 하셨다. 에녹1서 6:1 1)

이 세계에 존재하는 불의를 천사들과 관련시켜 설명하는 것은 우리 시대의 정치 경제문제들에 대한 설명으로 전혀 어울리지 않는 것처럼 보일지도 모른다. 그러나 다음에 살펴보겠지만, 인간역사에 짙게 드리워져 있는 악의 세력은(신약성경에서는 이것이 '권세'로 묘사되었다.) 오늘날의 사회상황들을 성경적으로 해석해보려고 시도하는 최근의 학자들에 의하여 자주 언급되고 있다.[2] 세상cosmos이라는 신약성경의 개념과 함께 스미하자나 아사셀과 같은 인격화된 존재들은, 불의와 다른 악들이 개개인의 의사결정에 따라서 만들어질 뿐만 아니라 문화와 사회 질서의 여러 현상 속에 깊이 뿌리박혀 있다는 사실을 깨닫는 데 도움을 줄 것이다. 그리고 이와 같은 사실을 깨닫게 될 때, 우리는 우리가 투쟁하고 있는 영적 싸움과 그 승리가 무엇을 의미하는지도 새로운 견해를 갖게 될 것이다. 왜냐하면, 하나님께서 "정사와 권세를 벗어버려 밝히 드러내시고 십자가로 승리하셨기"골2:15 때문이다. 이와 같은 성경의 개념들은 사회학적으로도 설명할 수 있는 현상들이며 또한 각 개인으로 하여금 사회적으로 강한 책임을 갖게 해주는 요소가 된다.

악한 질서로서의 세상

신약성경에서 악을 묘사하고자 사용된 가장 기본적인 용어는 '세상' 즉 '코스모스'다. 이 용어는 사회질서를 의미하며, 악은 독립된 개체들의 개별적인 행동 차원을 넘어 사회적이고 정치적인 성격을 가진다는 사실을 암시해준다.

그럼에도 '코스모스'라는 헬라어 단어를 장소를 의미하는 세상

world으로 번역한 것은 불행한 일이다. 헬라어에서 코스모스는 본래 전체적으로 매우 잘 정돈된 질서를 의미하여 이 단어는 다양하게 사용되고 있다. 여성들은 장신구를 사용해 자신을 치장하는 것이 깔끔하고 정돈된 모습을 갖추는 것으로 생각했다. 그래서 베드로전서 3장 3절에서 베드로는 아내들에게 "너희 단장(order 혹은 cosmos)은 머리를 꾸미고 금을 차고 아름다운 옷을 입는 외모로 하지 말 것"을 경고하고 있다. 여성들이 사용하고 있는 화장품cosmetics이라는 용어도 같은 용법에서 만들어진 말이다.

이 용어는 사회질서를 의미하는 것으로도 사용되었다. 그것은 문명화된 삶의 구조들, 도시국가로 대표되는 도시질서를 의미했다. 이 도시 국가는 무엇보다도 사회가 혼란의 위기에 처했을 때 공동체의 유대관계를 보호하는 것이었다.플라톤, *Prot.* 322c 3) 코스모스로서의 우주는 그 자체가 하나의 도시국가다. 플라톤은 "하늘과 땅 그리고 신들과 백성은 우정과 자제력과 정의를 공유함으로 하나로 묶여 있다. 따라서 우주는 무질서 혹은 방종이 아닌 코스모스로 불린다."라고 기록하였다.*Grog.* 508a

신약성경에서는 코스모스가 다양한 의미로 사용되고 있다. 그 다양한 의미들 가운데에는 우주적 사회질서에 따라 사는 사람들, 즉 모든 사람들요3:16이라는 의미도 들어 있다. 그러나 신학적으로 가장 두드러진 중요한 의미는 '사회질서'며 이 사회질서는 위에서 언급한 질서와는 다른 차원의 질서를 의미한다. 고대 헬라세계에서 코스모스는 시민의 삶과 가치들을 보호하였다. 그러나 1세기 유대교의 묵시사상과 신약성경에서 언급한 코스모스는4) 참된 인간의 삶을 위협하는 왜곡된 가치들을 의미하고 있다. 플라톤에게 있어서 질서는 방종을 막아주는 파수꾼이었다. 그러나 성경에서 말하는 그 질서는 부도덕을 가져오는 침입자다. 바울은 사회질서cosmos 안에 있는 음행하는 자들을 피하고자 인간사회cosmos 밖으로 나가야 한다고 기록하고 있다.고전5:10 에베소서 2장 1~2절은 또 다른 예를 제시해주고 있다. 바울은 자신의 편지를 받는 이방인 수신자들에게 그들의 개인적인 '허물과 죄'에 대하여 언급하고, 이어서 그들의 그러한 행동을 만들어내는 더 큰 악의 질서에 대하여 묘사하고 있다.

"그는 허물과 죄로 죽었던 너희를 살리셨도다 그 때에 너희는 그 가운데서 행하여 이 세상 풍조를 따르고 공중의 권세 잡은 자를 따랐으니 곧 지금 불순종의 아들들 가운데서 역사하는 영이라"엡2:1,2

개인으로서 행하는 행동들과 사회적 존재로서 행하는 행동들 사이에는 뚜렷한 구분이 없다. 악은 개인적인 차원을 넘어서 사회 안에 존재하며 그 사회에 속한 사람들에게 영향력을 행사하고 있다.(롬 12:2의 '세대'를 참조하라.)

신약성경에서 언급하고 있는 '세상'이란 말은 재산과 부의 구조를 포함한 사회의 기본적인 성격을 나타내는 말이다. 요한일서 3장 17절은 '이 세상 재물을 가진 자들' bios tou cosmou에5) 관하여 말하고 있다. 따라서 이 말은 그 사회의 필수적인 경제관계를 지적한 말이다. 바울은 그의 독자들에게 세상 물건(인간이 벗어날 수 없으며 또한 삶을 영위하고자 본질적으로 필요한 기능들을 의미)을 남용하지 말고, 다 쓰지 못하는 자같이 할 것을 훈계하고 있다.고전 7:31 세상은 또한 계급과 신분상의 차등구조로 되어 있다.

신약성경은 이 세상의 가난한 자, 어리석은 자, 연약한 자 및 비천한 자들에 대하여 언급하고 있다.약2:5; 고전1:27,28 바울은 신분의 차이를 언급할 때 세상이라는 용어를 사용하였다(갈 6:14,15, 할례; 갈3:28, 주종 관계 및 성별의 차이 참조).6) 세상은 그 나름의 지혜고전1:20 즉 나름대로 배움의 체계를 가지고 있다. 각 사회의 정치도 이 질서에 속하는 것이다.마4:8 요한계시록 11장 15절에는 하늘의 큰 음성이 "세상 나라가 우리 주와 그 그리스도의 나라가 되었다"라고 외치고 있다. 여기에서 세상은 '우리 주'와 문법적으로 병행을 이루고 있다. 두 용어 모두 절대적인 권세를 의미한다. 즉 세상에 의하여 지배되던 나라가 우리 주에 의하여 지배되는 나라가 되었다는 뜻이다. 그 나라는 악한 사회질서에 의하여 다스림을 받아왔으나 이제 그리스도에게 속한 나라가 되었다는 것이다. 신약성경에 사용된 '세상'이라는 말의 가장 눈에 띄는 점은 '하나님을 대적하는 가치체계들'을 의미한다는 것이다.

"이 세상이나 세상에 있는 것들을 사랑하지 말라 누구든지 세상을 사랑하면 아버지의 사랑이 그 안에 있지 아니하니 이는 세상에 있는 모든 것이 육신의 정욕과 안목의 정욕과 이생의 자랑이니 다 아버지께로부터 온 것이 아니요 세상으로부터 온 것이라"요일 2:15,16

다드C. H. Dodd는 "세상은 잘못된 원리들 위에 조직된 인간사회"라고 말했다. 이 사회는 옛질서의 표지들인 정욕, 거짓, 물질주의와 이기주의를 그 특징으로 하고 있다.7)

세상이 이와 같은 용법으로 사용될 때, 그것은 장소가 아니다. 그것은 요한의 저작들에서 의인화되어 언급되고 있는 하나의 집단을 의미한다. 세상은 사랑하고 미워하며 듣기도 하고 알기도 하며 또한 주기도 한다.[8] 그러나 세상이 단순히 인간 존재들의 총체를 의미하는 것은 아니다. 성경에서, 세상을 미워하라고 명령했다 해서 모든 사람들을 미워하게 된다면 하나님께서 인류라는 의미의 세상을 사랑하신 것과요3:16 모순을 일으키게 될 것이다. 우리가 미워해야 할 세상은 인간 존재들이 아니라 하나님을 대적하여 조직된 인간의 가치들과 인간의 행동들이다. 악은 인간의 사회적 실존 바로 그 속에 존재하고 있는 것이다.

권세를 가진 악의 세력

에베소서 2장 2절에 의하면, 개인들의 죄와 허물은 악한 사회질서를 따름으로 생겨날 뿐만 아니라 '공중의 권세 잡은 자'들에 의하여 만들어진다. 악은 개인의 내면에 존재하는 것이 아니라 사회의 여러 질서 안에 존재할 뿐만 아니라 권력과 같은 초자연적 힘을 발휘할 수 있는 권세들 속에 자리 잡고 있다. 우리는 하나님께서 주시는 전신갑주를 입어야 한다. 왜냐하면 "우리의 씨름은 혈과 육에 대한 것이 아니요 정사와 권세와 이 어둠의 세상 주관자들과 하늘에 있는 악의 영들에"엡6:11,12 대항하는 것이기 때문이다. 이와 같은 대적자들은 인간이 아니다. 그들은 '혈과 육'이 아니다. 그들은 '권세들'이다. 그들에게 붙여진 명칭들은 그들이 엄청난 권세를 가진 자들임을 암시해주고 있다.

이 권세들은 누구인가? 혹은 무엇인가? 우리는 하나님과 인간들 사이에 개입하는 권세들을 이해하려면 두 가지 사항을 염두에 두어야 한다. 즉 헬라사상에서는 권세에 대한 인식이 널리 퍼져 있었다는 사실과 유대 전승에는 천사론이 그것이다. 헬라세계에서는 생명이란 권세힘들이 밖으로 표현된 것으로 생각하였다. 어떤 일을 하려면 어느 한 권세의 편에 가담해야 할 필요가 있었다. 구체적인 내용이 없는 추상적인 권세를 상상할 수는 없는 일이다. 그리고 그 권세는 어떤 것한테서 나와야만 한다. 그것은 사회질서를 떠받치는 신들 또는 악마들혹은 천사들에게 속한 것으로 이해되었다. 플라톤은 신에 의하여 임명된 통치자들아르콘테스의 통치에 의하여 우주의 덕이 유지되고 있다고 보았다.[9] 플라톤은 이와 같은 통치자들을 신 혹은 악마들(daimones, 이것은 악이 아니다.)로 보았다.

헬라사상에는 천사들의 존재에 대한 신앙도 포함되어 있었다. 하늘의 신은, 별들로부터 세상의 아주 작은 요소들에 이르기까지 개인들로부터 국가들에 이르기까지 창조세계의 모든 것을 자신을 대리하는 천사들을 통해 다스리고 관장한다. 우주를 돌보는 천사들의 활동은 유대 묵시문학에서 매우 자세하게 제시되었다. 에녹 2서 19장 4절과 5절은 천사들에 대하여 다음과 같이 말하고 있다.

"사철과 해를 주관하는 천사들, 바다와 강들 그리고 땅 위의 모든 과실과 모든 식물들을 주관하는 천사들, 그리고 하나님 앞에서 인간들의 모든 행위와 그들의 모든 삶을 기록하는 천사들."

플라톤의 아르콘테스archontes와 같이 천사들은 도덕에 대해 책임을 지고 있다. 희년서(*The Book of Jubilees*, 약 BC12)에서는 천사들로 생각되는 파수꾼들이 인간에게 정의와 의를 가르치고

있다.4:15

신약에서 권세와 정사는 천사들이다. 그러나 그들은 사회적인 세력 혹은 사회적인 원리들이라는 비인격화된 모습으로 제시되고 있지는 않다.10) 필자가 이와 같은 배경을 강조하는 것은 제도적인 악에 대한 이해를 높이고자 함이 아니라 그 권세들은 정치적이며 사회적인 성격임을 보여주려는 것이다. 베드로전서 3장 22절에서도 권세들의 정치적 사회적 역할을 암시해주고 있는데 여기에서 천사들과 권세들과 능력들이 그리스도께 순복하였음을 말하고 있다.롬8:38 참조 구약을 헬라어로 번역한 역자들은 천사들을 권세와 다스리는 자로 번역함으로써 천사들과 헬라사상의 권세라는 용어를 연결하였다. '만군의 여호와'께서 '모든 권세들의 여호와'가 되셨다.11) 묵시문학에서 천사들은 두 부류로 나뉘고 있는데, 그 모든 천사들은 골로새서 1장 16절 및 에베소서 12장 22절에 언급된 서로 다른 권세들을 포함하고 있다. 즉 모든 정사와 권세와 능력과 주관하는 자와 보좌들이다.에녹1서 61:10 및 에녹2서 20:1) 12)

이와 같은 수호천사들을 묘사하고자 사용된 용어들은 인간 통치자들에 대해서도 동일하게 사용되었다. 우리는 이와 같은 용어들이 항상 초자연적인 권세들을 언급하려고 사용된 것이 아니었음을 주목해야 할 것이다. 예를 들어 로마서 13장에서 논의되고 있는 권세들은 전혀 다른 권세들이다. 권세들이 예수를 십자가에 못박았다고 하는 말은 고린도전서 2장 8절에 기초한 것이다. 그러나 이 구절에서 '관원들'이 인간을 말하는지 아니면 우주적인 세력을 말하는지 결정하기는 매우 어렵다. 왜냐하면, 그 문맥에서는 그에 관한 암시가 전혀 없기 때문이다.

그러나 정부는 인간의 삶을 통제하는 가장 중요한 요소기 때문에, "세상을 선하게 다스릴"에녹2서 19:2 책임을 부여받은 공중의 권세자들이 인간의 정치에 개입하여 중요한 구실을 하는 것은 놀라운 일이 아니다. 인간 대부분의 활동은 정치적이다. 모든 나라는 그들의 수호천사 또는 통치자를 가지고 있다.[13] 다니엘서에서 미가엘은 이스라엘을 주관하는 하늘의 임금으로 묘사되고 있다. 미가엘은 페르시아와 그리스의 수호천사들과 싸움을 하고 있다. 이와 같은 천사들은 지상 국가들을 지키며 대표하는 존재들이다.단 10:13,20,20; 12:1 [14]

신약에서 이 권세들은 타락한 존재들로 제시되고 있다. 그들은 사탄과 연결되고 있으며엡2:2; 6:11,12 그리스도는 십자가로 그들을 정복하셨다.골2:15 그들은 인간 정부들을 이용하여 그리스도인들을 공격하고 있다. 사도 바울은 천사들이나 권세자들이 우리를 그리스도 예수 안에 있는 하나님의 사랑에서 끊을 수 없다는 확신을 말하는 문맥에서 신자들이 당할 환난과 핍박을 언급하고 있다.롬 8:35 [15] 권세자들은 정치조직 또는 사회조직을 통하여 그리스도인들에게 고통을 가할 수 있다. 요한계시록은 인간사회의 정치조직들이 사탄 안에서 완전히 통제되고 있음을 묘사하고 있다.[16]

우리는 여기서 스토이케이아stoicheia 갈4:3,10; 골2:8,10라는 권세자들에 관하여 생각해볼 필요가 있다. 창조세계의 질서로 이해되고 있는 율법과 권세자들의 관계는 세상의 사회구조 전반에 걸쳐 그 권세자들이 미치는 영향력의 범위를 보여준다. 스토이케이아는 기본적으로 땅, 공기, 불 그리고 물 등을 물리적 요소를 언급하는 것이었다.[17] 그러나 모든 세력들이 의인화되는 경향이 있었기 때문에 그 요소들은 인격적인 존재들 혹은 인격적인 존재들에 의하여 다스려지는 것으로 여겨지게 되었다.[18] 묵시문학에서 천사들은 자연의 힘과 연결되고 있다.[19] 에녹2서 16장 7절[15:1 참조]에서 천사들은 '요소들'이라고 불리고 있다. 스토이케이아는 신들 혹은 천사들로 여겨져서 존경받았다는 증거가 있으며 갈라디아서와 골로새서 역시 이와 같은 견해를 취하고 있다.

갈라디아서와 골로새서에서 스토이케이아는 율법과 관련된 초자연적이며 인격적인 존재로 언급된다. 갈라디아서에서 스토이케이아는 백성을 노예로 삼았던 후견인과 청지기로 묘사되고 있다.[갈4:2] 스토이케이아에 복종하는 것은 동시에 율법에 복종하는 것이었다. "우리도 어렸을 때에 이 세상 초등학문 아래 있어서 종노릇하였다"[갈4:3] 그러나 하나님께서는 그의 아들을 보내셔서 "율법 아래 있는 자들을 속량하도록 하셨다"[갈4:5] 바울은 천사들을 율법의 중보자들이라고 부르고 있다.[갈3:19] 따라서 스토이케이아를 율법의 수호천사를 의미하는 것으로 해석하는 것이 가장 적절할 것이다.[20] 골로새서에서 스토이케이아는 '권세자들'과 동일한 것으로 묘사되고 있다. 세상의 초등학문[스토이케이아]을 좇는 헛된 철학에 대하여 경고한 후에[골2:8] 바울은 그 이유를 다음과 같이 제시하고 있다. 즉 그리스도인들은 "모든 정사와 권세의 머리되시는" 그리스도 안에서 충만하여졌기 때문이다.[골2:10] 하나님께서는 그리스도인들에 대한 율법의 정죄와 율법의 요구들을 "십자가에 못박으심으로" 무효로 만드셨다. 하나님께서는 정사와 권세를 벗어버려 밝히 드러내고 십자가로 승리하셨다.[골2:14,15] 바울이 말하는 헛된 철학에는 음식의 정결, 절기나 월삭이나 안식일, 겸손을 가장함,

천사숭배 등이 포함되어 있다.[골2:16~18] 그리고 나서 바울은 그들이 세상의 초등학문에 대하여 죽었음에도 다시 이와 같은 규정들에 복종하고 있는 이유를 묻고 있다.

갈라디아서와 골로새서에서 언급된 상황은 초대교회 안에 혼합주의 형태의 유대 기독교가 존재하고 있었음을 생각하면 쉽게 이해할 수 있다. 유대인들은 율법을 전달하였으며 그것을 주관했던 천사들은 계절과 곡식을 다스린다고 생각했다. 모세 율법의 원리들은 우주의 권세들에 흡수되었으며, 율법을 따르는 것은 계절과 조화를 이루는 예배와 음식의 선택에서 신중함을 요구하게 되었다. 이스라엘 백성에게 자연계와 율법을 다스리는 천사들은 두려움의 대상이었으며, 동시에 율법을 지키려는 열망 때문에 그 천사들은 존경의 대상이 되었다.[21] 율법이 관습과 사회제도의 구조 속에 자리를 잡게 됨에 따라 권세자들도 그 구조 속으로 함께 들어갔으며 그 권세자들과 함께 악도 들어가게 된 것이다.

사회질서 속에 실재하는 악의 속성

성경적 의미의 코스모스와 초자연적 힘을 지닌 권세자들에 의하여 객관적인 세상사회의 구조가 만들어지는데, 이 구조는 선하게 작용할 수도 있고 악하게 작용할 수도 있다. 인간사회의 제도를 자세히 관찰해보면 권세자들과 코스모스가 어떻게 그들이 속한 영역 안에서 인간의 삶을 보호하거나 위협하고 있는지를 알게 될 것이다. 악의 은밀한 활동에 인간의 사회생활 속에 나타나고 있다. 초자연적인 존재들이 지배하는 악의 질서가 존재하는 사실은 믿음을 근거로 받아들여질 수도 있고 거부될 수도 있다. 그러나 악이 사회구조 속에 실재한다는 사실은 우리의 경험을 통해서도 확인될 수 있다. 여기에서 우리가 관심을 두는 것은 천사들이나 악마들이 비신화화되어야 하는가에 관한 우주론적인 질문이아니라 다만 성경이 말하는 사실들을 인간사회의 물리적인 현상들 속에서 확인하는 일이다. 신약성경에서는 권세자들보다는 코스모스가 훨씬 더 자주 언급되고 있다. 이것은 코스모스가 초자연적인 인격들의 상징이라는 것을 말하기보다는 인간사회가 악의 구조로 형성되어 있음을 보여주는 것이다.

이 세상사회의 객관적인 특성들을 연구해보면, 악이 어떻게 사회 안에서 존재할 수 있는지를 이해할 수 있게 된다. 인간의 사회적 삶에서 한가지 명백한 특징은, 그 사회의 형식적인 요소들은 그 사회를 구성하고 있는 개체들보다 훨씬 더 긴 역사를 가지고 있다는 사실이다. 오늘날과 같은 급변하는 사회에서조차도 이 형식적인 요소들의 사회적 연속성은 변화들보다 더 큰 비중을 차지하고 있다. 상징체계, 관습, 전통, 기본법, 기술, 권력분배의 법칙은 우리가 태어나기 훨씬 이전부터 하나의 법률이 통과되었다. 물론 상당히 많은 고찰과 책임 있는 검토를 통하여 그 법이 만들어졌다. 그러나 일단 그 법이 통과되면 그것은 힘을 발휘하게 되는 것이다. 그것은 수 세기 동안 개개인의 운명에 영향을 미치면서 인간의 삶 속에서 강력한 힘으로 작용하는 요인이 될 수 있다. 그 법이 선한 것이든 독소 조항들을 담는 것이든 상관없이 오랫동안 시행될 것이다. 사람들이 경영하는 기업이나 사업도 그것의 형태는 그들이 시작하기 훨씬 이전부터 존재해왔으며 또한 그들이 은

퇴한 이후에도 오랫동안 존재하게 될 것이다. 그것은 그들 개개인의 도덕성과는 무관하게 지속할 것이다. 왜냐하면, 사업은 사업이기 때문이다. 인간은 죽지만 사회는 지속된다.

이처럼 사회가 연속성을 갖고 있다는 사실은 인류에게는 유익한 일이다. 왜냐하면, 같은 것을 세대마다 새롭게 발명해내야 한다면 항상 제자리걸음을 할 수밖에 없기 때문이다. 사회가 안정되려면 이전 세대가 발견한 해답들의 토대 위에 서야 한다.[22] 그러나 그 결과 이전 세대에 존재하던 악들도 동시에 지속하게 된다. 따라서 사회적 삶의 또 다른 특징은 그것이 지속성을 가질 뿐만 아니라 개인의 의사결정이나 책임과는 상관없이 지속한다는 사실이다. 쟈크 엘룰Jacques Ellul의 프랑스 관료조직에 대한 분석은 이것을 다소 극단화시키는 경향은 있지만, 이 점을 아주 잘 설명해주고 있다.

"수상에 의하여 일방적인 정책이 결정되는 순간 이것은 그의 통제를 벗어나게 된다. 그것은 독립적인 생명을 가지고 다양한 분야에서 영향력을 행사한다. 궁극적으로 모든 것은 관리들이 그 결정사항을 가지고 어떻게 할 것인가에 달려 있게 된다. 아마도 본래의 결정사항에 따라 많은 시행명령이 주어질 것이다. 대부분은 아무런 후속조치도 나타나지 않는다. 그 결정사항은 수많은 행정채널을 거치는 사이에 증발해버리고 빛을 보지 못하게 될 수도 있다. 사람들은 수상의 의사결정이 아무런 효과도 없음을 알게 되는데 그것은, 고의적이든 그렇지 않든 간에, 행정계통을 거치는 사이에 어디에선가 차단되었기 때문이다.

모든 사람은 단순히 자기가 속한 정치, 경제, 사회적인 일들이 위기를 맞거나 중단됨이 없이 제 기능을 잘 발휘하기를 바라고 있다. 모든 사람은 각자 자신의 영역에 속해 있으므로 사회 전체를 보기는 어렵다.

어떤 국가의 최고책임자라 할지라도 일반적인 지침들 외에 구체적인 결정까지 내려줄 수는 없다. 따라서 그는 최종적으로 나타나는 구체적인 행동들에 대한 진정한 책임은 지지 않게 된다. 각각의 단계에 채택되는 새로운 의사결정들은 몇몇 관리들, 기술자들, 그리고 상황으로부터 만들어지는 익명의 결과들이다. 궁극적으로 모든 의사결정은 개개인들과는 무관하게 독립적이다."[23]

개인적인 영역에서 관료주의에 대해서도 유사한 분석을 할 수 있다. 마이더스 머플러사Midas Muffler Co.의 이전 사장은 자신이 사업계에서 알고 지냈던 기업인들에 관하여 다음과 같은 말을 하고 있다.

"그들은 매여 있다. 회사의 장長으로서의 그들의 역할에 엄격하게 그리고 잔인하게 구속당하고 있다. 그들은 아무도 그들에게 주의를 기울이지 않으며 아무도 그들을 발견하지 못할 그와 같은 직책에 더는 은밀하게 있을 수가 없다. 당신은 '대용할 수 있는' 이라는 말을 아는가? 그것은 단순히 한 부분이 다른 부분을 대체할 수 있음을 의미한다. 예를 들어 머플러는 대용 가능한 품목이다. 그들은 개인적으로 드러나는 특별한 기능을 수행하지 못하기 때문에 익명의 존재들이다."

그는 계속하여 회사들이란 "어떤 사람도 통제할 능력을 갖추고 있지 못한 것처럼 보이는 거대한 비인격적인 세력의 집합"[24] 이라고 말하였다.

그와 같은 관료주의 안에 도사리는 악에 대하여는 누가 책임을 지는가? 우리는 악을 사람들의 행위로 보기보다는 그들이 당하는 고통이라는 범주로 이해하고 있다.[25] 사회적 삶은 자체의 법칙에 따라 전개해가는 객관적인 실재를 포함하고 있다.[26] 어떤 사람이 가스 회사에 근무하고 있다. 그 일의 성격상 그리고 그가 가진 기술 때문에 그는 가족과 자주 떨어져 출장을 가야 한다. 그의 출장이 가정파괴의 가장 핵심적인 요인이 된다. 그는 직업상 출장을 가지 않을 수 없지만, 그의 출장으로 말미암는 가정파괴에 대하여 어떤 특정한 사람이 책임질 수는 없다.

이처럼 개인의 의사결정과 상관없이 중요한 문제들이 진행되고 있다는 것이 우리 사회 안에 자리 잡은 악의 가장 심각한 특징이다. 우리는 미국 노예제도의 끔찍한 악을 생각한다. 그 사회에서 다른 사람보다 좀 더 양식 있고 사려 깊은 것처럼 보였던 사람들도 노예제도를 묵인하였을 뿐만 아니라 그 제도를 지지하기까지 하였다. 노예제도에 관하여 제기된 도덕적인 문제는 기껏해야 한 배에 200명의 노예를 태울 것인가 아니면 150명의 노예를 태울 것인가 하는 등의 사소한 일에 관한 것이었다. 노예제도 자체가 악한 것인가에 대한 문제는 전혀 대두되지도 않았고 또한 고려되지도 않았다.

오늘날의 교회 역시 이와 같은 도덕적 근시안에서 벗어나지 못하고 있다. 여러 인종이 함께 사는 지역의 백인교회는, 자신들은 인종차별이라는 생각을 해본 적도 없으며 또한 그렇게 행동한 적도 없다고 주장할지 모른다. 그러나 그들이 알아야 할 사실은, 그들의 선교활동은 백인들에게 국한되어 있다는 사실이다. 그뿐만 아니라, 사회의 전반적인 분위기가 흑인들은 백인들과 동등한 대우를 받을 수 없다는 방향으로 흐르고 있을 때, 교회가 세상의 다른 제도들과 조금이라도 다르다고 한다면, 그들이 먼저 행동으로 보였어야 한다는 점이다.

우리가 중요한 윤리문제들을 회피하거나 받아들이는 행동을 하는 것은 사회에 의해 길들여졌기 때문이다. 인간의 사회화는 사회 안에서 우리가 같은 계층에 속한 다른 사람들의 도덕적 양심을 반영하는 것으로 나타나며, 또한 우리의 윤리적 사고는 우리 스스로 인생을 반성하거나 도덕적 결정들을 내릴 수 있기 이전에 주입된 것이다. 라인홀드 니이버의 용어를 빌리면 미덕은 낮은 수준에서 무너지는 것이다.[27] 간단히 말해 사회적인 삶은 집단적 사고방식 또는 집단적 행동양식으로 구성되며, 개개인의 의사결정이란 전체의 발전에 지극히 작은 영향을 미칠 뿐이다.

마지막으로, 사회적 삶은 종종 해결책이 없는 것처럼 보이는 복잡한 문제들로 구성된다. 문제를 해결하려는 모든 노력은 또 다른 심각한 문제들을 만들어낼 뿐이다. 몰트만Jurgen Moltmann은 이와 같은 패턴들을 "악순환"이라고 부르고 있으며 "삶을 죽음으로 몰아가는 절망적인 경제적, 사회적 및 정치적인 구조 만들기"에 대하여 언급했다. 그는 그 구조들 속에 놓여 있는 우리의 삶 가운데 사탄의 존재가 있음을 느낀다고 말하였는데, 적절한 지적이다.[28]

이와 같은 악순환의 사례들은 매우 많다. 불우하게 자라 자기 자식들을 불우하게 만드는 부모, 생명을 지탱하기 위하여는 필요하지만 자유로운 삶을 제공하지 못하는 구제기금, 평화를 보존하고자 시작되었으나 의미 없는 전쟁들로 치닫는 군비경쟁, 국제무역에서 선진산업국의 노동자들과 그들의 이익을 보호하고자 만들어진 무역정책으로 말미암아 피해받는 다른 나라 노동자들 사이의 냉엄한 마찰 등이다. 여기에는 물질적인 문제들을 기술로 해결하려는 인간의 노력도 포함된다. 이 과정에서 우리의 자원들은 파괴되고 생태계의 균형은 위협받고 있다. 이러한 문제들을 합리적으로 분석하는 일은 분명히 필요하며 문제를 해결하는 데 도움을 줄 수도 있다. 그러나 우리가 분석할 수 있는 영역 너머에 악이 존재하고 있다. 이 악의 세력이 우리를 좌절시키며 인간의 삶을 향상시키려는 노력을 무너뜨린다.

사회악과 그것이 사회 속에 실재한다는 말은 결코 인간 개인의 책임을 부정하기 위한 것이 아니다. 권세자들이 이 세상을 다스릴 수 있는 것은 개인들이 그들의 영향력을 따르고, 세상체제를 비판하기보다는 그것을 섬김으로써 세상질서에 자신을 스스로 일치시키고 있기 때문이다. 객관적인 상황과 개인의 선택은 상호 영향을 미친다. 사회적 현상들은 개인들의 의사결정에 따라 생겨나는 것이다. 그것들은 오랜 세월에 걸친 개인들의 의식적인 의사결정의 결과로 나타난 것이다. 그러나 그것들은 역으로 우리의 선택에 막강한 영향력을 행사하고 있다. 예수께서는 개인의 책임과 악의 사회적 기원과의 상호 관련성을 지적하셨다. "실족하게 하는 일들이 있음으로 말미암아 세상에 화가 있도다 실족하게 하는 일이 없을 수는 없으나 실족하게 하는 그 사람에게는 화가 있도다"마18:7 우리는 이 책임의 문제에서 이해하기 어려운 부분이 있음을 인정해야 한다. 윤리학에서 가장 두드러지는 문제들 가운데 하나는, 우리 주변에서 자행되고 있으며 우리가 가담하고 있거나 혹은 바로잡지 못할 뿐만 아니라 오히려 인정하지도 않는 착취현상들에 대한 책임의 소재를 밝히는 것이다. 언제까지 우리는 이러한 현상들을 못 본 척 외면해버릴 수 있을 것인가? 개인의 책임을 확대시키는 한 가지 방법은 사회악이 구체적으로 존재한다는 사실을 인식시키는 것이다. 이것은 우리가 관심을 둬야 할 대상이다.

우리의 사회체제들은 영원한 것도 절대적인 것도 아니다. 그것은 문화를 수호하는 천사들과 인간의 양면적인 속성을 반영할 뿐이다. 인간의 제도는 보수적인 견해를 가진 사람들이 말하는 것처럼 단지 죄를 억제하도록 주어진 것이 아니다. 인간의 제도들 자체가 죄로 가득 차 있다. 사회 구조는 선과 악을 모두 포함하고 있다. 개인적인 이익추구로 말미암아 죄로 분명하게 인식하지 못하거나 과소평가하고 있는 한 우리는 우리에게 이익을 주는 그와 같은 사회제도들을 선한 것으로 보려는 경향을 보이게 될 것이다. 인간의 사회적 삶은 인간과 함께 타락했으며, 모든 사회체제들은 개혁되거나 재구성되어야 할 필요가 있는 것이다.

여기에서 한 가지 설명하고 넘어가야 할 사항이 있다. 우리는 타락한 사회질서와 타락한 세상의 권세자들의 토대 위에 총체적인 문화신학을 세울 수는 없다는 것이다. 이것은 사회, 정부 혹은 다른 제도가 그 자체로 악하다거나 혹은 사탄적임을 의미하는 것은 아니다. 우리는 제도 없이 살 수는 없다. 제도는 인간의 삶에 핵심적인 요소다. 신약성경에서는 창조세계의 지배권을 쟁취하기 위한 영적 싸움을 다루고 있다. 이 싸움에서 하나님께서 이미 승리하셨다. 즉 대적자들은 하나님의 피조물이며 하나님께서 임명하신 존재들이다. 그들은 창조의 능력이 없으며 단지 창조세계를 왜곡시킬 뿐이다. 그들은 하나님에 의하여 창조된 물질들, 권세들, 그리고 계획들을 가지고 시작해야 한다. 요한복음에 언급된 바와 같이 어둠 속에조차 하나님의 창조는 존재한다.[29] "빛이 어둠에 비치되 어둠이 깨닫지 못하더라"요1:5

땅 위의 권세자들은 하나님에 의해 임명되며 하나님을 섬긴다.롬13:1,4 그러나 땅 위의 정사는 천사들의 불순종과 반란으로 타락하게 되었다. 이 불순종은 때때로 두드러지게 가시화되어 나타나며, 마지막 때에 사탄이 국가를 통제하게 됨으로써 그 절정을 이루게 될 것이다.계13 그러나 그때에도 사탄의 통치는 하나님이 허락하시는 가운데서 주어지는 것이다.계13:5 천하 만국의 모든 권세와 그 영광이 자기에게 주어졌다는 사탄의 주장은눅4:6 기록된 대로, 사탄의 자기주장으로 인정되어야 한다. 타락한 천사들은 하나님을 섬기는 범위 안에서 권세를 가지게 된다. 그러나 그것을 하나님으로부터 받은 사실을 부인하고 그들 자신의 것으로 주장하는 것이 사탄적인 권세의 특징이다.[30] 세상 질서와 악한 권세자들의 존재가 곧 구체적인 형태의 사회적 삶 또는 제도적 삶은 아니다. 제도는 인간들을 노예로 만들기도 하며 해방하기도 한다. 권세자들은 노예와 죽음이 있는 곳에는 정도의 차이에 상관없이 언제나 존재한다. 그들은 실제로 세상의 삶을 지배하려고 애쓰는 적대적인 가치체계들 배후에 존재하고 있는 것이다.

체제의 모습으로 나타나는 악의 형상들

세상에 대한 가르침에서, 신약성경은 죄에 관한 우리의 결론을 확증해주고 있다. 만일 우리가 생각하는 것처럼 죄가 광범위하게 퍼져 있고, 삶 속에서 참고 견딜 수 있는 요소가 아니라 사람과 사회 모두를 비참하게 파괴하는 세력이요 또한 하나님의 뜻에 대적할 뿐만 아니라 자연에 대해서도 대적하는 것이라면,[31] 이 죄는 우리의 개인적인 의지들, 의사결정과 행동뿐만 아니라 우리의 사회적인 삶에도 영향을 미칠 것이다. 죄는 우리의 관습, 전통, 사고방식과 제도들에 막강한 영향력을 행사할 것이다. 죄는 이 세상을 왜곡시킬 것이다.

제도 안에 악이 자리 잡고 있다는 사실을 인정하게 되면 엄청난 변화가 생길 것이다. 먼저 사회에 대한 우리의 태도가 변화될 것이다. 우리는 악이 존재하는 곳이라면 어느 곳에서든 그 악과 싸워야 한다. 복음 운동과 신앙훈련을 통하여 자신 속에 있는 악과 싸우는 것은 악의 중요한 측면을 다루는 것이 되지만 그것은 단지 한 측면일 뿐이다. 사회질서와 세상의 권세들이라는 악과 대항하는 것은 사회적인 행동 즉 세상 안에서의 행동을 요청한다. 사회 안에 싸워야 할 악의 세력이 존재한다는 것을 심각하게 인식하지 않는 종교개혁은 별 의미가 없다. 지난 세기의 복음주의적 개혁은 특별히 노예제도에 대항한 싸움으로 특징지어졌다.

자메이카에서 인종차별 정책에 대항하여 싸웠던 영국 선교사인 윌리엄 니브William Knibb는 자메이카에 도착하자마자 다음과 같이 말했다. "나는 사탄이 끔찍한 권세를 가지고 다스리며, 수많은 사람을 자기 뜻에 노예로 만든 이 죄와 질병과 죽음의 땅에 이제 도착했다."[32] 마찬가지로, 사회적인 삶의 일상적인 관행 속에 악이 침투해 있음을 깨닫지 못하였다. 니브가 그 지역에 대한 개선방안을 제안하자 막강한 힘을 가진 농장 주인들이 분노하고 있음을 알고, 선교위원회는 니브에게 다음과 같은 편지를 보냈다. "자메이카의 거주자로서 귀하는 다음과 같은 사실을 명심해야만 합니다. 귀하는 자메이카의 정치적 문제들이나 공민적 문제들과는 아무런 상관도 없습니다. 귀하는 이와 같은 문제에 대해 절대로 간섭해서는 안 됩니다. 귀하도 잘 아는 바와 같이 그리스도의 복음은 반역이나 불복종의 정신을 지지하지도 만들어내지도 않으며 오히려 그와 같은 경향과는 정반대되는 것입니다."33)

　개인의 삶 속에 뿐만 아니라 사회질서 속에도 악이 자리 잡고 있다는 사실을 발견하게 되면 죄의 개념에 대한 수정이 불가피하게 된다. 우리는 보통 "도적질, 노름, 음란, 주일을 거룩하게 지키지 않는 것, 살인 방탕 혹은 무엇이든지 영혼이 잘못된 것"과 같은 것들을 죄라고 생각해왔다.34) 죄에 대한 이러한 전통적인 개념은 성경이 죄라고 말하는 경제적인 착취, 압제 혹은 가난한 자들을 착취하여 부를 축재하는 것 등과 같은 내용을 제거해버린 것이다. 그러나 선지자들은 개인들의 죄성에 대해서 뿐만 아니라 사회계층들 간의 사회적 관계가 권력의 불공정한 분배로 말미암아 붕괴하는 것에 대하여도 경고했다. 따라서 그들은 부자가 땅을 지나치게 많이 소유하는 것을 인정하고 있는 경제구조들을 공격했다. 사5:7,8 성경에서는 사회의 불의에 가담하거나 또는 그 불의들을 바로잡지 못하는 것도 죄라고 말하고 있다. 그러나 사람들은 사회악에 관하여 무감각해졌기 때문에, 성경을 읽을 때 그와 같은 내용을 읽게 되더라도 그것을 이해하지 못하는 것이다. 우리가 잘 아는 구절인 이사야 1장 18절은 다음과 같이 기록하고 있다. "여호와께서 말씀하시되 오라 우리가 서로 변론하자 너희의 죄가 주홍 같을지라도 눈과 같이 희어질 것이요 진홍같이 붉을지라도 양털 같이 희게 되리라"

우리가 잘 아는 찬송 가운데 이 구절과 매우 유사한 구절이 있는데 "눈보다 희어지게 곧 씻어서 정결케 하옵소서"가 그것이다. 그러나 여기에서 언급하고 있는 죄는 특정한 사회악들이라는 사실을 깨닫고 있는가? 그 앞의 두 구절은 다음과 같이 기록하고 있다. "너희는 스스로 씻으며 스스로 깨끗케 하여 내 목전에서 너희 악업을 버리며 악행을 그치고 선행을 배우며 공의를 구하며 학대 받는 자를 도와주며 고아를 위하여 신원하며 과부를 위하여 변호 하라."

"만물보다 거짓되고 심히 부패된 것은 마음이라"렘17:9는 말씀도 우리가 잘 아는 내용이다. 그러나 사람 대부분은 예레미야가 이와 같은 상태의 첫 번째 예로 "불의로 치부하는 자"렘17:11를 들고 있 다는 사실을 잘 모르고 있다. 성경은 권세자들이 사회 안에서 치 부하는 모습이 바로 타락한 사회질서의 특징들이라는 사실을 증 거하고 있다.

그리스도인들은 사회의 구조로부터 만들어지는 죄에 대하여 민 감하여야 한다. 사회악은 우리와 매우 가까운 곳에 있다. 세상을 지배하는 권세자들은 매우 친숙한 목소리로 우리에게 다가온다. 존 베네트John Bennett에 따르면 어느 계층에 속한 개개인의 이익보 다는 계층 전체의 이익이 평범한 시민의 일상적인 의사결정을 왜 곡시키고 있다.35) 우리의 견해는 인종, 성별이나 국가에 대한 충 성심 등과 같은 것들에 의하여서도 조정되고 있다. 우리는 이와 같은 왜곡된 모습들을 발견하도록 우리 자신들을 점검해보아야 할 것이다.

사회적인 삶 속에 악이 자리 잡고 있다는 사실을 인정하게 되면 우리의 행동도 달라질 것이다. 그것은 그리스도인들의 태도를 수동적인 복종으로부터 능동적인 책임으로 바꿀 것이다. 우리는 절대 현존하는 질서를 하나님의 뜻이라고 수동적으로 받아들임으로써 우리의 책임을 회피해서는 안 될 것이다. 칼빈은 '대중의 악'에 대하여 언급하였는데 그것은 관습과 법률에 의하여 보호되는 악이었다. "우리는 인간들의 문제에 대하여 완전히 절망하든가 아니면 저항하며, 또한 만연하고 있는 악에 대항하여 담대하게 공격해야 할 것이다. 우리의 치료를 방해하는 요인이 있다면 그것은 우리가 질병에 길들어왔던 기간이 길다는 사실이다." 『기독교 강요』 서문

이와 같은 제도의 타락이라는 문맥 속에서 그리스도인들은 세상의 소금이어야 할 것을 명령받는 것이다. 마5:13 그리스도인들은 빛이 어둠을 물리치듯이 타락에 저항해야 한다. "너희는 세상의 빛이라" 마5:14 우리는 다른 질서 즉 그리스도의 통치에 복종한다. 이 질서는 타락한 권세에 의하여 지배되고 있는 사회질서 안에서의 삶의 방식과 대조되는 것이다. 우리는 타락한 질서에 저항하여야 한다. 야고보서 4장 4절에 의하면, 타락한 질서의 친구가 되는 것은 하나님의 적이 되는 것이다. 36) 우리는 세상을 정복하시고 세상을 심판하시는 그리스도의 '주 되심'을 따라야 한다. 권세들에 대한 그리스도의 승리는 확실한 것이다. 그는 권세자들의 무장을 해제시키셨다. 골2:15 그러나 하나님에 대한 적대행위들은 여전히 지속하고 있다. 왜냐하면 "모든 정사와 모든 권세와 능력"이 멸망

하게 되는 것은 그리스도의 재림 때에 될 일이기 때문이다.고전 15:24 37) 믿음으로 우리는 그리스도의 승리 안에서 살게 된다. 그러나 우리는 계속 싸워야만 한다.

악의 세력들에 대항한 이와 같은 싸움은 에베소서에 잘 설명되어 있다. 우리는 진리, 의, 평안 그리고 하나님의 말씀으로 우리 자신을 무장하여 세상을 지배하는 사탄의 권세에 대항하여 싸워야 한다. 우리는 죄에 대하여 공세를 취하면서 어둠의 열매 없는 행위들을 드러내야 한다.엡5:11 교회를 통하여 "하늘에서 정사와 권세들에게" 하나님의 각종 지혜가 알려지게 될 것이다.엡3:10 이 구절들에 대한 해석에서 슐리어Heinrich Schlier는 교회를 정의와 진리의 안식처로서 정사에 대항하는 것으로 보았다. 인간 역사는 교회와 정사 사이의 커다란 싸움으로 해석되고 있으며 결국 사탄의 영이 멸망함으로써 끝나게 된다.38) 교회가 인간 역사 안으로 들어오는 이와 같은 권세들에 대항하기 때문에 교회는 사회구조 안에 자리 잡은 악들과 대항하여 전투를 벌이지 않을 수 없게 된다.

사회변혁을 위한 그리스도인들의 활동은, 우주에 관한 신학을 연구하는 것이 아니라 세상 안에서 역사 하시는 하나님의 사역을 따르는 것이다. 그리스도인들이 어떻게 행해야 하는가는 기독교적인 사랑의 범위, 하나님 은혜의 의미, 정의에 대한 명령, 그리고 하나님 통치의 다양한 차원 등과 같은 주제들에 의하여 제시되고 있다.

사회변혁을 위한 자세

사회 체제들 안에 자리 잡은 악의 존재를 확신하는 사람은 막스 베버가 제시한 두 가지 행동양식 가운데 하나의 모습을 보이게 될 것이다.[39] 베버는 두 가지 행동양식을 모두 금욕주의라고 불렀다. 금욕주의는 제한 없이 자기 추구를 일삼는 사회 속에서 종교적인 반응으로 나타나는 행동양식이다. 금욕주의자들의 목표는 타락한 세상을 정복하는 것이다. 이와 같은 목적을 달성하고자 그들은 전 생애를 통하여 하나님의 뜻에 일치하도록 살아간다. 금욕주의는 체계적이며 방법론적인 특징을 보이며, 목적이 불분명한 것이나 허장성세와 같은 것은 무엇이든지 피한다. 베버는 내세지향적 금욕주의와 현세지향적 금욕주의가 있다고 말하였다. 이 두 가지 가운데 현세지향적인 금욕주의는 점진적인 사회개혁을 추구한다. 청도교주의의 일부 형태에서 가장 잘 나타나듯이 현세지향적인 금욕주의자들은, 자기 안의 죄를 멸하는 것보다는 그들 주변의 삶을 정복하는 일에 죄에 영적 훈련에 관한 자신들의 가르침을 적용한다. 내세지향적인 금욕주의자들은 세상으로부터 도피한다. 현세지향적인 금욕주의자들은 세상과 맞서며 인간의 삶의 모든 영역에서 악을 정복하고자 애쓰고 있다.

현세지향적인 금욕주의자들은 현존하는 세계질서를 거부하기 때문에 세상은 그들의 선교사역지가 된다. 세상을 비판하는 그들의 하나님 중심적인 세계관은 세상에서 하나님을 영화롭게 하는 소명의 근원이 되고 있다. 내면의 악과 싸우려고 바치는 열정은 선교에 대한 열정적 지원으로 나타난다.

예를 들면 칼빈주의자들에게는 일상적인 일에서 특별한 소명뿐만 아니라, 정의와 자비가 있는 사회를 건설하고자 이 세상에서 일해야 하는 일반적인 소명도 있다.[40] 칼빈주의자들은 어느 곳에서나 형제 사랑을 실천하고자 자발적인 단체들을 만들었으며 사회를 전체적으로 세우기 위한 체계적인 노력을 기울여왔다.[41]

복음주의적 기독교는 현세지향적인 금욕주의의 몇 가지 특징들을 가지고 있다. 20세기에 들어서서 사회정의를 실현하기 위한 열정은 결여되고 있지만, 세계선교에 대한 대단한 헌신은 종교적 열정과 훈련이 물질적인 헌신, 육체적 고난, 소명에 대한 순종과 기도 등으로 표출되는 일종의 행동주의다. 지원단체들이 늘어나는 것도 한 특징이다. 교회정치와 개인윤리에서의 분파주의적 행동양식조차도 부분적으로는 선교사역을 지원하는 방법적인 결과로 보고 있다. 따라서 개인영혼의 구원이 아니라 구원받은 영혼으로 하여금 세상을 구원하게 하는 방향으로 열정적인 활동이 전개됐다. 고대 이스라엘에서 열국으로 흩어진 백성이 선교의 사명을 감당한 일을 볼 수 있다. 성경에서 하나님의 백성은 세상과 구별된다는 사상은 여호와의 계시가 가지고 온 당연한 결과였다. 하나님의 계시를 받은 백성은 살아있는 진리를 가지고 온 인류를 향하여 선교의 사명을 감당하게 된다.[42]

성경을 통해서 죄를 심각하게 인식하게 될 때 효과적인 사회참여 활동에 힘을 불어넣어 주는 경건에 이르게 된다. 그러므로 열정적이며 체계적인 사회참여를 핑계 삼아 영성을 악화시켜서는 안 된다. 오히려 적극적으로 사회활동에 참여하고자 하는 자신들의 영성을 더욱 강화시켜 그 영성이 자연스럽게 사회활동으로 표출될 수 있도록 해야 한다.

　마지막으로 악에 대한 인식이 그를 둘러싼 사회를 교리상으로 비난만 하게 할지도 모르는 위험이 있다. 그러나 사회악은 두려움, 멸시, 고통이나 사람이 사람을 해칠 때 발생하는 손실 등을 의미하기도 한다. 하나님께서는 그와 같은 손실을 알고 계시며 그와 같은 일이 일어나지 않도록 경고하고 계신다. 우리는 이 땅의 고통을 부둥켜안고 함께 슬퍼해 보기 전까지는 죄가 무엇인지 알지 못한다. 우리 안에 있는 의정의를 위한 굶주림이 인간의 고통에 대한 번민과 하나로 어우러질 때에야 우리는 비로소 정의의 실체를 맛보게 되는 것이다. 그리고 난 후에야 그리스도께서 우리를 위하여 "죄가 되셨다"는 말씀의 의미를 좀 더 깊이 알게 될 것이다.

하나님의 은혜

경건한 행위들은 많은 그리스도인으로 하여금 사회참여 활동을 주저하게 하는 요인이 되고 있다. 그들은 사회변혁을 위하여 적극적으로 활동하는 행위를 하나님의 섭리를 믿지 못하는 행위라고 생각하기 때문에 적극적으로 사회참여 활동을 하는 사람들을 비난하곤 한다. 왜냐하면, 그런 사람들은 인생과 역사를 주관하고 계시는 그리스도의 능력을 의지하기보다는 자신들의 노력을 의지하고, 자신들의 계획을 신뢰하기 때문이라는 것이다. 기독교의 사회참여 활동은 그리스도 안에 나타난 하나님의 구속사역으로부터 유래한 것이 아니라, 그것과는 분리된 단순한 종교행위라는 의심을 받고 있다.

다른 관점에서, 예수 혹은 신약의 저자들의 급진적인 요구들에 대하여, 많은 그리스도인은 그와 같은 요구들을 성취하는 것은 자신들의 인간적 한계를 넘어선 것으로 생각하고 그것을 실천하지 않고 있다.

많은 사람이 기독교의 사회참여 활동에 관하여 반신반의하거나 두려워하고 있지만, 사실 그리스도인의 모든 행위는 예수 그리스도의 은혜에 기초하고 있는 것이다. 우리는 우리를 위하여, 우리 안에서, 그리고 우리를 통하여 일하시는 그리스도 안에 나타난 하나님의 능력을 의지하여야 한다. 기독교의 사회참여 활동은, 구원 사역에 나타난 하나님의 은혜에 관한 성경의 가르침에 기초하고 있다. 기독교윤리의 한 형태로서, 기독교 사회참여 활동은 십자가와 함께 즉 구속의 사건과 함께 시작되는 것이다.

은혜에 기초한 기독교윤리

기독교윤리에 선행하는 은혜

모든 윤리체계는 그 체계를 뒷받침할 수 있는 궁극적인 근거가 있어야 한다. 기독교윤리의 근거는 하나님이시다.

하나님께서 인간에 대하여 이처럼 절대적인 권위를 가지시는 이유는 무엇인가? 우리는 왜 하나님의 계명을 지켜야 하는가? 이 문제는 여러 가지 방법으로 설명할 수 있을 것이다. 먼저 인간의 필요에서부터 설명하는 것으로 할 수 있다. 또는 하나님의 속성, 하나님의 절대주권 그리고 창조세계와 역사와 율법 안에 계시 된 하나님의 뜻을 고찰하는 것으로부터 설명할 수도 있다. 그러나 위의 질문들은 논리적인 체계로서가 아니라 하나님과 인간의 개인적인 관계에서 해결될 수 있다. 그 질문들은 합리적인 설명을 요구하는 것이 아니라 인간은 왜 하나님께 복종하도록 애써야 하는가를 묻는 것이다.[1] 이와 같은 질문들을 염두에 두고, 칼 바르트 Karl Barth는 인간이 하나님을 나름대로 정의해놓고 있기 때문에 하나님께서 인간에 대해 권위를 갖지 못한다고 하였다. 하나님께서는 "예수 그리스도 안에서 우리에게 은혜를 베푸시는 하나님"이시기 때문에, 우리는 바르트의 이와 같은 주장을 인정한다. 여기에서 바르트는 신약신학과 윤리의 핵심적인 진리를 요약하고 있다. 즉 하나님께 대한 우리의 복종은 하나님의 은혜를 받는 것과 그로 말미암는 회개와 불가분의 관계에 있다는 사실이다.

사도 바울은 "너희는 누룩 없는 자인데 새 덩어리가 되기 위하여 묵은 누룩을 내버리라 우리의 유월절 양 곧 그리스도께서 희생되셨느니라"고전5:7고 말했다. 바울은 신자의 행위는 그리스도인으로서의 그의 신분과 일치해야 함을 요구하고 있다. "누룩 없는"이란 표현은 회개하고 세례를 받은 그리스도인의 특성을 말하며, 이것은 우리를 위한 그리스도의 희생적 사역에 기초하고 있는 것이다. "묵은 누룩을 내버리라"는 말은 그리스도인의 윤리적 의무를 언급하는 것이다. 묵은 누룩은 문맥을 통해 볼 때. 악을 말하는 것이며 특별히 성적 부도덕과 약탈 또는 탐심 등을 의미하는 것이다. 이 구절에서는 그리스도인들이 "신분에 합당한 자"[2]가 될 것을 권면 받고 있다. 우리의 윤리 행위는, 그리스도의 죽음과 부활에 나타난 하나님의 역사적이며 한 번에 영원히 이루신 사역에 기초하여 주어진 은혜와, 양자 삼으심으로 말미암아 변화된 우리의 신분에 일치하는 것이어야 한다. 우리는 그리스도 안에서 너희의 신분에 합당한 자직설법가 되라명령법는 명령을 받고 있다. 우리는 그것을 '은혜와 윤리' 라고 부를 수 있다.

로마서 6장은 이와 같은 은혜와 윤리의 관계를 가장 잘 보여주고 있다. 그것은 세례를 통하여 우리가 그리스도의 죽음과 부활에 동참하게 되는 은혜에 관한 부분롬6:2~10과 그리스도와 연합함으로 말미암아 필연적으로 요구되는 순종의 행위들을 가르치고 있다.롬6:12~23 12절은 두 부분을 연결하는 고리가 된다. "그러므로 너희는 죄가 너희 죽을 몸을 지배하지 못하게 하여 몸의 사욕에 순종하지 말고" 그러나 윤리적 명령들을 담는 구절들에서조차 은혜에 관한 말씀과 윤리적 명령들이 뒤섞여 있음을 보게 된다.3) 13절에는 "또한 너희 지체를 불의의 무기로 죄에게 내주지 말고 오직 너희 자신을 죽은 자 가운데서 다시 살아난 자 같이 하나님께 드리며 너희 지체를 의의 무기로 하나님께 드리라"는 명령이 기록되어 있다. 이 구절에서 바울은 그와 같은 명령이 주어지는 상황 즉 은혜의 상황을 제시하고 있으며 6장 전반부의 내용을 환기시키고 있다. 즉 "죽은 자 가운데서 다시 산 자같이"라는 말씀이다.

우리는 빌립보서 2장에서 이와 같은 성경적 관점이 가장 두드러지게 나타난 예를 발견하게 된다. 빌립보교회에서 발생한 원한과 자기 중심적 태도에 관해 언급하면서, 바울은 이와 같은 행동의 그들이 받은 새 생명의 근거를 부정하는 것임을 말하고 있다. 사랑하는 마음과 남을 나보다 낮게 여기는 마음빌2:2~4은 사랑의 위로빌2:1 4)와 일치하는 것이다. 그들은 자신들과 그리스도와의 관계를 가능하게 만들어준 하나님의 사랑을 보여주어야 한다.

"그는 근본 하나님의 본체시나 하나님과 동등됨을 취할 것으로 여기지 아니하시고 오히려 자기를 비워 종의 형체를 가지사 사람들과 같이 되셨고 사람의 모양으로 나타나사 자기를 낮추시고 죽기까지 복종하셨으니 곧 십자가에 죽으심이라 이러므로 하나님이 그를 지극히 높여 모든 이름 위에 뛰어난 이름을 주사 하늘에 있는 자들과 땅에 있는 자들과 땅 아래에 있는 자들로 모든 무릎을 예수의 이름에 꿇게 하시고"빌2:6~10

이 구절에 관한 중요한 논문에서 케제만은 주장하기를, 바울은 여기에서 의식적으로 그리스도를 모방할 것을 주장하고 있는 것이 아니라, 그리스도인들이라는 새로운 존재를 탄생시킨 구원 사역의 정신에 동참할 것을 주장하는 것이라고 하였다.[5]

은혜와 윤리의 관계에 관하여 요한복음 3장 21절은 다음과 같이 말하고 있다. "진리를 따르는 자는 빛으로 오나니 이는 그 행위가 하나님 안에서 행한 것임을 나타내려 함이라" 하나님 안에서 행한 행위는 무엇을 말하는가? 그것은 하나님과의 관계로부터 나오고 또한 하나님과의 관계와 조화를 이루는 행위를 말한다.

은혜는 구약에서도 윤리의 기초로 나타나고 있다. "고대 이스라엘 사람들이 이방인들과 다른 특별한 행동을 해야 했던 이유는 이스라엘을 위한 하나님의 활동에 반응을 보이는 것이 그들의 의무였기 때문이었다."[6] 언약의 내용이 이스라엘 민족의 행동양식을 결정했다. 초기 히타이트 언약은 서문에서 역사적인 사실을 언급하였는데, 그 서문에는 과거에 군주가 신하들에게 은혜를 베풀었다는 사실이 기록되어 있다. 그와 같은 은혜를 받았기 때문에 그 신하는 군주께 복종할 수밖에 없다.[7] 이와 마찬가지로 십계명도 "나는 너를 애굽 땅, 종 되었던 집에서 인도하여 낸 네 하나님 여호와니라"출20:2는 말씀으로 시작하고 있다. 그다음에 이어지는 율법이 요구하고 있는 행위는, 이전에 하나님께서 행하신 일에 대한 응답으로 요구되는 것이다. 십계명은 이스라엘 전체 역사에 있어

서 가장 중요한 사건인 구원을 회상함으로 시작되고 있으며, 율법
은 이 구원사건에 의해 발생하는 의무조항인 것이다. "나는 여호
와다"라는 말도 여호와의 이름이 계시가 된 역사상의 위대한 사
건들을 회상시켜주며, 하나님의 은혜를 행위들에 대해 응답해야
할 것을 계속하여 강조해주는 것이다.[8]

　뿌리가 줄기에 선행하는 것과 같이, 하나님의 은혜가 윤리에 선
행함은 하나님의 절대주권을 보여주는 것이다. 퍼니쉬Victor Furnish
가 지적한 것과 같이, 의는 인간이 마음대로 할 수 있는 것이 아니
다. 오히려 인간이 의에 의하여 지배되고 있다. 의는 인간이 자기
주관대로 하는 일과는 상관이 없다. 그것은 우리가 섬기는 하나님
의 능력일 뿐이다. 하나님에 의하여 창조되고 부여되는 의는 인간
의 복종을 요구한다. 그리고 그 의는 인간의 복종을 통해 도달할
수 있는 목표가 결코 아니다. 따라서 바울은 윤리는 근본적으로
하나님 중심이다. 그의 윤리는 인간의 전생애가 하나님의 절대적
이고 창조적이며 또한 구속적인 능력에 의존하고 있음을 전제로
하는 것이다.[9]

　그리스도인으로서 행해야 할 윤리의 동기에 관한 첫 번째 질문
은 "내가 무엇을 해야 하는가?"가 아니라 "하나님께서 나를 위하
여 어떤 일을 하셨는가?"다. "예수 그리스도 안에 있는 신자로서,
또한 그리스도 교회의 한 지체로서 나는 무슨 일을 해야 하는가?"
에 대한 대답은 다음과 같다. 즉 "나는 내 신분에 합당한 일을 해
야 한다."[10] 하나님의 권위를 깨닫고 그 명령의 의미를 이해하며,
그 명령을 지킬 수 있는 능력은 우리의 정체를 규정짓는 요소인
그리스도 안에서의 구원에 근거하는 것이다. 이러한 하나님의 명

령은, 우리가 믿음, 감사, 충성 또는 사랑 안에서 "신분과 일치하는 본래의 모습"을 갖게 될 때 실현된다. 즉 우리가 새롭게 창조된 자아를 갖도록 실현된다는 것이다.

기독교윤리가 인간을 위한 하나님의 사역에 기초한다는 것은, 하나님께서는 더는 인간의 행위에 관한 명령을 내리지 않으신다는 의미는 결코 아니다. 성경은 하나님께서 행하시는 일들을 계시해주는 동시에 그것의 의미를 우리에게 선포하고 있다.[11] 그와 같은 선포와 함께 우리의 행동에 관한 하나님의 계명이 주어지는 것이다.

율법 안에 나타난 하나님의 은혜는 인간으로 하여금 그에 합당한 행위를 하게 하지 못하였다. 그리스도 안에 나타난 하나님의 은혜는 성경의 말씀을 성취했으며 그 말씀들을 살아있는 것으로 만들었다. 하나님의 요구는 더는 인간이 행하지 못함을 정죄하거나 사망의 심판을 예고하는 것이 아니다. 하나님께서 우리를 위하여 행하신 일로 인하여, 우리는 이제 하나님께서 원하시는 일들을 깨닫고 그것을 행하는 것이 가능해졌다. 우리는 그리스도의 사역을 통하여 해방되었으며 그 결과 하나님께서는 앞에서 언급한 표현과 같이 "우리에게 율법의 요구를 이루어지게 하셨다"롬8:4 성경의 절대적인 권위는 우리에게 하나님의 구체적인 요구들을 전달해주는 것으로서 삶의 모든 영역에서 규범이 된다.

성경이 직설법과 명령법을 함께 제시하고 있는 것은 윤리에서 은혜가 필수적인 요소임을 강조해주는 것이다. 그러나 그것은 동시에 은혜를 얻음에 윤리가 중요한 요소라는 사실을 의미하는 것이기도 하다. 윤리는 은혜의 부가물이 아니다. 또한, 윤리적 권고

들은 신학이 적용될 수 있는 다양한 분야들 가운데 하나가 아니다. 교리와 마찬가지로 윤리는 하나님의 사역과 계시의 실질적인 내용이다.[12] "사도들은 하나님의 요구를 그가 주시는 은사의 실제적인 내용으로 생각했다."[13] 하나님께서는 새로운 사회적 실존 영역, 즉 믿음이 있고 또한 순종하는 인간 공동체를 창조하고 계시는 것이다. 그리스도 안에서 새 이스라엘이 건설되었다. 인간들이 따라야 하는 새로운 삶의 방식을 만드시고 명령하는 것은 하나님께서 계획하신 것의 완성이 아니다. 그것은 그리스도 안에서 이루시는 하나님의 사역 본질에 속하는 것이다.[14]

능력을 부여하는 은혜

하나님의 구속적 은혜에는 두 가지 측면이 있다. 첫째, 은혜는 우리를 향하신 하나님의 능력, 즉 그리스도의 구속으로 말미암은 칭의와 사죄의 사역이다. 둘째, 은혜는 우리 안에 있는 하나님의 능력, 즉 성령을 통하여 우리를 회개하게 하시고 변화시키실 뿐만 아니라 성화의 길로 나아가게 만드시는 것이다.[15]

우리 안에 계시는 하나님의 능력으로서의 은혜는, 우리로 하여금 자신의 힘으로는 할 수 없는 것들을 할 수 있도록 힘을 공급해 준다. 성령은 우리로 하여금, 사회참여 활동을 포함형, 윤리를 행할 수 있도록 능력을 주신다. 왜냐하면, 은혜는 "의로 말미암아 왕 노릇 하여 우리 주 예수 그리스도로 말미암아 영생에 이르게 하려 함이라"롬5:21 하나님의 존재 및 하나님의 사역에 근거하는 복종은 인간의 의지로 되는 것이 아니다. 왜냐하면, 하나님께서는 우리의 의지와 행동이 하나님 자신의 목적에 맞도록 우리 안에서 역사 하시기 때문이다.^{빌2:11,12} 기독교의 특징적인 요소들에 관하여 쓴 에세이에서 칼 홀Karl Holl은, "은혜는 마음속에 애정을 창조하는데, 이 애정은 반드시 외형적으로 표현되어야 할 감사의 감정으로서, 아무리 많이 표현해도 지나침이 없는 것이다"[16]라고 지적하였다. 이 애정으로 말미암아 하나님과의 관계로부터 나오는 행동들이 자연스럽고 또한 자발적인 모습을 갖는 것이다.

한 창기가 저녁 식사 중인 예수께 보인 애정은 사람들의 의심을 샀다.^{눅7:36~50} 예수께 향유를 붓고자 온 그 여인은 예수 곁에 서서 울었다. 그녀는 자신의 감정에 압도되어 예수의 발을 머리털로 씻었는데, 그 당시 사람들 앞에서 머리를 풀어 내린다는 것은 자신의 수치를 드러내는 것이었다. 그녀는 예수의 발에 "계속하여 입맞추었는데" 이것은 그리스도를 위하여 자기 자신을 더욱 비하하는 완전한 복종의 모습이었다.[17] 예수께서 이와 같은 행동을 용납하신 것은 그녀의 죄에 대한 용서의 표시였다. 예수께서는 이 상황을 설명하고 또한 매우 귀중한 교훈을 가르치고자 빚진 자의 비유를 말씀하셨다. "빚 주는 사람에게 빚진 자가 둘이 있어 하나는 오백 데나리온을 졌고 하나는 오십 데나리온을 졌는데 갚을 것이 없으므로 둘 다 탕감하여 주었으니 둘 중에 누가 그를 더 사랑하겠느냐"^{눅7:41~42} 이 비유의 요점의 더 많은 분량을 탕감받은 사람들이 그들에게 은혜를 베푼 자를 훨씬 더 사랑할 것이라는 점이다.

은혜에 관한 이와 같은 논의를 위해, 위에서 사용된 용서라는 용어는 은혜의 동사형이라는 사실을 언급할 필요가 있다. 기본적으로 이 용어는 "누구에게 은혜를 베푼다."라는 뜻이다. 은혜는 사랑하고 행하기 위한 자유를 제공해주는 능력이다. 그 창기가 사랑할 수 있는 능력은 어디에서 온 것인가? 그것은 그녀가 받았던 은혜로부터 온 것이다.

은혜의 사역에 일치하는 기독교 윤리

기독교윤리는 예수 그리스도 안에서 우리가 받은 하나님의 은혜에 대한 반응이다. 요한일서 4장 19절은 "우리가 사랑함은 하나님이 먼저 우리를 사랑하셨기 때문이다"라고 기록되어 있다.[18] 다시 한번 우리는 하나님의 은혜가 우리의 윤리적 행동에 선행함을 보게 된다. 우리의 행함은 하나님의 사역에 근거를 두고 있다. 우리는 하나님의 사랑을 받지 않고는 이웃을 사랑할 수 없다. "하나님께서 우리를 사랑하셨기 때문에 우리는 사랑한다." 요한일서 4장 10절은 하나님의 사랑의 모습을 좀 더 자세하게 설명하고 있다. 즉 하나님의 우리를 사랑하사 우리 죄를 위하여 화목제로 그 아들을 보내신 것이다. 우리는 여기서 매우 중요한 사실을 발견하게 된다. 즉 우리의 행함은 하나님의 행위와 같은 성질의 것이라야 한다는 사실이다. 하나님께서 우리를 사랑하셨기 때문에 우리는 사랑한다. 하나님의 은혜와 성격과 내용에 따라 우리들의 행함의 성격과 내용이 결정된다는 것이다. 우리의 반응이 사랑이어야 하는 것은 하나님의 은혜가 사랑으로 나타났기 때문이다. 바르트는, 우리는 하나님의 은총에 상응하는 행위를 보여야 한다고 말했다. 우리는 우리의 행함을 통하여 하나님의 은혜에 응답해야 한다.[19]

이와 유사한 가르침을 에베소서에서도 볼 수 있다. "사랑을 받는 자녀 같이 너희는 하나님을 본받는 자가 되고 그리스도께서 너희를 사랑하신 것 같이 너희도 사랑 가운데서 행하라"엡5:1,2 우리는 우리의 행함으로 사랑하여야 한다. 왜냐하면, 우리의 행함의 근거는 그리스도께서 우리를 위해 희생하신 사랑이기 때문이다. 이 구절에서 자녀같이 하나님을 본받으라는 명령은 그 교훈을 반복하여 강조하는 것이다. 자녀가 외모나 행동에서 부모를 꼭 빼닮는 것처럼 우리도 사랑에 있어서 하나님을 닮아야 한다.

그 앞의 두 구절도 같은 사상을 담고 있다. "너희는 모든 악독과 노함과 분냄과 떠드는 것과 비방하는 것을 모든 악의와 함께 버리고 서로 친절하게 하며 불쌍히 여기며 서로 용서하기를 하나님이 그리스도 안에서 너희를 용서하심과 같이 하라"엡4:31,32

하나님께서 우리에게 용서를 베푸셨기 때문에 우리도 다른 사람들에게 용서와 은혜를 베풀어야 한다. 우리는 우리를 위한 하나님의 사랑의 모습을 다른 사람들에게 보여주어야 한다.

우리 안에 계셔서 능력을 공급해주시는 하나님의 은혜는 다음과 같은 역설을 이해하는 열쇠가 된다. 즉 믿음은 가장 악한 죄인들에게까지도 주어지는 것이며 동시에 그들에게도 가장 높은 수준의 도덕을 요구한다는 점이다. 초대교회의 적대자였던 셀수스Celsus가 기독교의 하나님을 조롱하였던 것도 바로 이런 이유 때문이었다. 그에게는 하나님이 범죄자들에 둘러싸인 악당의 우두머리처럼 보였던 것이다. 그러나 하나님의 은혜와 윤리적 명령 사이에서 우리는 그리스도의 삶을 살아야 한다는 명령을 받고 있다.롬6:5~12 우리는 새 창조의 핵심이며 새 아담의 삶에 동참하여야 한다.[20] 칼 홀은 하나님께서 죄인들에게도 전적인 자기희생을 적용하신다고 믿는 이 믿음에 대해 놀라고 있다. 이러한 하나님의 은혜 위에 우리가 상상할 수 있는 가장 근엄한 윤리가 세워져 있는 것이다. 이 용서는 죄인으로 하여금 하나님과 친밀하고 부드러운 관계로 들어오게 하여주지만, 그와 동시에 하나님의 완전함을 모델로 하는 도덕성을 요구하고 있다. 엡5:1 [21]

사회적 행동으로 나타나는 은혜

바르트는, 은혜는 하나님께서 그리스도를 통하여 행하신 일을 우리도 우리가 처한 현실 속에서 행하라 요구하고 있다고 했다. 우리는 하나님의 창조행위, 화해행위 및 구속행위를 우리의 행함과 태도를 통해 증거해야 한다.[22] 그렇다면 우리가 속해 있는 현실은 무엇인가? 그것은 우리가 맺은 인간관계의 모든 영역을 의미할 뿐 아니라 오늘날에는 전 세계를 의미한다고 할 수 있다. 물론 이 현실에는 그리스도의 구속적 사랑을 아직 깨닫지 못한 사람들과의 친밀한 관계도 포함되어 있다. 그러나 우리는, 인간을 압제하는 사회적인 세력들을 포함하여, 우리가 맺은 사회·정치적 관계들과 책임들도 우리가 속해 있는 현실에서 제외할 수 없다. 빌립보서 2장에서 바울이 위대한 구원사역의 교훈을 교회 안의 분쟁에 적용한 것과 마찬가지로, 우리는 하나님께서 이루신 그 일을 우리는 일상적인 삶 속에서 실천해야 한다.

악한 종의 비유는 우리에게 주는 경고의 말씀이다. 예수께서는 임금으로부터 일만 달란트의 빚은 탕감받은 종에 관한 비유를 말씀해주셨다.마18:23~35 그런데 이 종은 자신에게 백 데나리온을 갚지 못한 다른 종을 옥에 가두어버렸다. 그러나 임금은 그 소식을 듣고 자신에게 빚졌던 종을 옥에 가두었다. 이 이야기는 다음과 같은 임금의 말에서 절정을 이루고 있다. 즉 "내가 너를 불쌍히 여김과 같이 너도 네 동료를 불쌍히 여김이 마땅하지 아니하냐"마18:33 예수께서는 엄중한 경고로 이 말씀의 의미를 부각시키셨다. "너희가 각각 마음으로부터 형제를 용서하지 아니하면 나의 하늘 아버지께서도 너희에게 이와 같이 하시리라"마18:35 그 종은 임금이 자기에게 베푼 것과 똑같이 행하지 않았다. 따라서 임금은 그가 그의 동관에게 행한 것과 똑같이 그에게 행하셨다.[23]

우리는 그리스도의 죽음이라는 엄청난 대가를 치르고 은혜를 받았기 때문에, 이 은혜는 우리의 모든 인간관계 속에서 구체적으로 나타나야 한다. 은혜를 받는다는 것은 그만한 책임이 따른다는 것을 의미한다. "내가 땅의 모든 족속 가운데 너희만을 알았나니 그러므로 내가 너희 모든 죄악을 너희에게 보응하리라"암3:2 [24]

이스라엘을 애굽으로부터 구출해내신 하나님의 은혜는 종종 사회적으로나 경제적으로 힘없는 자들에게 정의를 베풀라는 명령의 근거로 언급되고 있다. "너는 객이나 고아의 송사를 억울하게 하지 말며 과부의 옷을 전당 잡지 말라 너는 애굽에서 종 되었던 일과 네 하나님 여호와께서 너를 거기서 속량하신 것을 기억하라 이러므로 내가 네게 이 일을 행하라 명령하노라"신24:17,18 여호와께서 정의를 베푸셨기 때문에 그들로 다른 사람들에게 정의를 베풀어야 했다.[25]

그리스도의 죽음과 부활을 통해 나타난 하나님의 특별한 은혜로 말미암아, 그리스도인은 압제와 불의를 참을 수 없게 된다. 그리스도께서 죽으심으로 깊은 고통과 압제를 당하셨으며 또한 부활로 승리하셨기 때문에, 우리도 고통의 악순환이 하나님의 절대주권을 통하여 해결될 수 있다는 소망을 할 수 있다.[26] 하나님의 은혜 안에서 우리는 "우리의 모든 고통에 대한 치유를 경험했기 때문에, 우리는 이 세상에 분열과 고통이 있다는 사실을 아는 것만으로는 만족할 수 없게 된다."[27]

그러나 그리스도 안에 나타난 하나님의 은혜는 인간을 구원하는 것이기 때문에, 이에 대한 인간의 가장 적절한 반응은 다른 사람들도 이 축복에 동참하도록 복음운동을 통하여 말씀을 증거하는 것이라는 반론이 제기될 수 있다. 물론 복음운동은 이와 같은 의미에서 은혜에 대한 인간의 기본적인 반응이 된다. 우리를 생명으로 인도한 은혜를 받고서, 그것을 다른 삶에 나누어줄 마음이 생기지 않는다는 것은 불가능한 일처럼 보인다. 그러나 우리의 의무를 복음운동에 국한하는 것은, 하나님께서 이루신 화해사역의 범위를 과소평가하는 것이다. 고린도후서 8장과 9장은 은혜의 사회적 성격을 묘사하고 있으며, 본 장에서 다루는 특징들을 예시해 주고 있다. "우리 주 예수 그리스도의 은혜를 너희가 알거니와 부요하신 이로서 너희를 위하여 가난하게 되심은 그의 가난함으로 말미암아 너희를 부요하게 하려 하심이라"고후8:9

이 구절은 빌립보서 2장 6절에서 10절과 맥을 같이하는 구절로서, 구원계획을 훌륭하게 요약하고 있다. 이 구절에서 바울은 우리들의 행함의 가장 높은 근거를 보여주고 있는데, 여기서는 다른 어떤 구절들에서보다 그리스도 구속의 선물과 밀접하게 연결되고 있다.[28] 이 구절에서 요청하고 있는 행위는, 예루살렘교회 안에 있는 가난한 자들을 위한 모금이다. 바울은 자신이 고린도에 도착해서 모금할 계획으로 있었으며, 이 두 장은 그 계획을 준비하려고 쓰인 것이었다.

이 두 장에서 말하는 요점은 우리를 사랑하신 하나님의 은혜는 가난한 자들에게 은혜를 베푸는 우리의 행위로 나타나야 한다는 것이다. 다음 도표가 보여주듯이 그리스도인들에게 베푸신 하나님의 은혜와 가난한 자들에게 베푸는 그리스도인들의 은혜는 같은 구조를 가진 것이다.

우리가 베푸는 은혜가 하나님의 은혜와 같은 내용의 것이어야 한다는 사실은 8장 서두에서 언급되고 있다. 사도 바울은 마케도니아 교회들에 주신 하나님의 은혜에 대하여 말하고 있다.^{고후8:1} 이 은혜로 말미암아 마케도니아에 있는 그리스도인들은, 그들 자신도 환난의 많은 시련 가운데 있었음에도 풍성한 연보를 할 수 있게 되었다.^{고후8:2} 그들은 각자의 능력에 따라 하라는 사도행전의 말씀보다도 초과하여, 그들의 능력 이상으로 넘치도록 헌금했다. 그들은 사도 바울에게 모금 계획에 자기들도 참여시켜줄 것을 간절히 요구하였다.^{고후8:4절} 그들은 "이 은혜와 성도 섬기는 일에 참여하도록 간절히 구했다." 하나님께서 그들에게 은혜를 베푸셨으며, 그들은 은혜에 동참함으로써 가난한 사람들의 물질적 필요를 채우기 위한 헌금에 동참했다.

하나님의 은혜	인간의 은혜 베품
고린도후서 8:1	고린도 후서 8:4
8:9	8:6
9:8	8:19
9:14	8:7

주는 자와 받는 자, 은혜를 베푸는 자^{하나님}와 은혜를 받는 자^{그리스도인들} 모두에게 은혜라는 단어를 사용하는 것은 헬라문학에서는 흔히 있는 일이었다. 헬라문학에서 은혜는 상호관계를 의미하는 것이다.[29] 은혜를 베푸는 자의 은혜는 선물이며, 그 은혜를 받는 자의 은혜는 감사다. 그러나 그리스도인들은 이와 같은 상호관계 이상의 관계를 맺고 있다. 여기에서 언급되고 있는 은혜는 하나님의 권세에 속하는 것이다. 하나님의 은혜가 그리스도인들 안으로 흘러들어 가며, 그것은 다시 그들이 가난한 자들에게 은혜를 베푸는 행위로 나타나게 된다. 하나님의 은혜로운 행위는 단순히 그리스도인들의 반응을 '자극'하는 것이 아니라 그들이 반응할 수 있는 능력을 창조해주는 것이다. 하나님의 은혜로운 행위는 우리가 반응을 보여야 하는 이유가 됨과 동시에 반응을 보일 수 있는 능력도 된다.

따라서 고린도후서 9장 8절과 14절에서 하나님의 은혜와 믿는 자들의 은혜를 구분하는 것은 어려운 일이다. "하나님이 능히 모든 은혜를 너희에게 넘치게 하시나니 이는 너희로 모든 일에 항상 모든 것이 넉넉하여 모든 착한 일을 넘치게 하게 하려 하심이라"

고후9:8 그들에게 은혜가 넘치며 그 은혜로 말미암아 모든 선한 행동들이 나타나게 된다. 이 은혜는 하나님께서 주시는 은혜다. 더 나아가 그들의 후한 연보를 받은 가난한 사람들은 그것을 고린도 교인들의 헌금을 통하여 발견하였던 것이다. 그들이 나누어주고 베풀 수 있는 자원들은 하나님께서 공급하신다. 고후9:10,11 사실상 모금하는 일에 하나님께서 직접 개입하여 활동하신 것이다. [30]

가난한 자들에게 베푸는 것은 성령의 은사 가운데 하나다. 고린도후서 8장에서 바울은 마케도니아 교인들이 행한 것과 같은 은혜의 행위를 고린도교회에서도 이루고자 그들에게 디도를 보낸다고 말하고 있다. 고후8:6 바울은 다음과 같은 요청을 하고 있다. "오직 너희는 믿음과 말과 지식과 모든 간절함과 우리를 사랑하는 이 모든 일에 풍성한 것 같이 이 은혜에도 풍성하게 할지니라" 고후8:7 모페트Moffatt는 이 구절은 그리스도인들이 삶의 모든 영역에서 은혜를 베풀라고 요청하는 것이라고 해석했다. 바울은 고린도교인들이 성령의 다른 은사들과 마찬가지로 헌금하는 일에도 모범이 될 것을 말하는 것이다. [31] 고린도교인들은 이미 그들의 믿음을 전파하고 복음의 의미를 깨닫는 능력을 갖추고 있었지만, 은혜는 그것으로 끝나는 것이 아니라 가난한 자에게 은혜 베푸는 일이 반드시 뒤따라야 하기 때문이다.

고린도후서 8장 7절에서 바울이 말하는 바를 정확하게 이해하기란 쉽지 않다. 바울은 "오직 너희는 믿음과 말과…이 모든 일에 풍성한 것 같이"라고 말함으로써 비교 구문으로 시작하고 있으나, 그 비교 구문을 완성하는 대신에 "이 은혜에도 풍성하도록"이라는 구절로 문장을 마치고 있다. 해석자 대부분은 여기에 권면하는 동사를 첨부하여 "이 은혜에도 풍성해질 것을 바란다."로 해석했다. 그러나 게오르기Georgi는 이 구절을 쓰인 그대로 보았으며, 비교 절이 목적절과 함께 사용된 사실이 주목할 만하다고 보고 그 구절을 "너희가 모든 일에 풍성한 것 같이…너희가 또한 이 은혜도 갖도록"이라고 해석했다. 그들이 믿음, 말, 지식 그리고 간절함 같은 성령의 은사들을 가지는 것은, 그들이 가난한 자들에게 베푸는 은사를 갖도록 하기 위함인 것이다.[32]

앞에서 살펴본 대로, 바울은 그리스도의 위대한 은혜의 행위를 보여주고, 또한 자신의 이와 같은 권면에 무게를 더하고자 가난한 자와 부자를 대비시키고 있다.고후8:9 빌립보서 2장에서와 마찬가지로, 이 구절은 그리스도인들로 하여금 생명력을 갖게 하여주는 능력의 성격을 보여준다. 가난한 자들을 돌보는 것은 사랑의 진실성을 증명하는 것이다.고후8:8 [33] 그들에게 필요한 것은 그리스도의 사랑을 환기시켜주는 일뿐이었다. 만일 소망 없는 자들을 위하여 자신을 아낌없이 희생하신 그리스도의 십자가의 은혜를 받은 사람이라면, 연약한 사람들에게 결코 인색하거나 소홀할 수 없다.

요나단 에드워즈Jonathan Edwards는 이 구절에 대해 다음과 같은 주석을 했다. "이 모든 일을 고려할 때, 하나님의 은혜 받기를 소망하면서도 가난한 이웃을 구제하려고 무엇인가를 아낌없이 주지 못하는 것과, 그리스도께서는 자신들을 위하여 그의 피를 아낌없이 쏟아주셨건만 역경에 처한 형제 자매들을 도와주고 조그마한 짐을 함께 지는 일을 몹시 가슴 아파하는 것은 얼마나 한심한 일인가!"[34]

바울이 그들에게 제시하고 있는 목표는, 우리가 너무도 쉽게 망각하는 사회윤리의 기본원칙이다. "이는 다른 사람들은 평안하게 하고 너희는 곤고하게 하려는 것이 아니요 균등하게 하려 함이니 이제 너희의 넉넉한 것으로 그들의 부족한 것을 보충함은 후에 그들의 넉넉한 것으로 너희의 부족한 것을 보충하여 균등하게 하려 함이라"고후8:13,14

결국, 목표는 모든 교회들을 균등하게 만드는 것이다. 바울은 하나님의 은사에 대한 감사로 이 구절을 끝내고 있다. 이것은 바로 그리스도인의 사회적 행동의 속성이다. 즉 우리 안에 있는 하나님의 은혜가 인간관계 속에서 표현되는 것이다.

사회윤리인가 공동체윤리인가

요한일서는 하나님의 은혜에 대한 잘못된 반응을 언급하고 있는데, 그것은 은혜의 원천을 부인하는 것이다. "누구든지 하나님을 사랑하노라 하고 그 형제를 미워하면 이는 거짓말하는 자다"요일4:20 이보다 훨씬 더 분명한 언급도 있다. "누가 이 세상의 재물을 가지고 형제의 궁핍함을 보고도 도와 줄 마음을 닫으면 하나님의 사랑이 어찌 그 속에 거하겠느냐"요일3:17 기독교는 마음으로부터 우러나오는 행위로 가난한 자들을 돌보아 달라고 요구하고 있다. 이와 같은 행함이 없다면 구원의 확신을 했다고 할 수 없다. 이 서신이 전달하고자 하는 의미는 매우 분명한 것처럼 보인다. 즉 신명기와 레위기에서 이미 언급된 가난한 자들을 돌아보라는 명령이 그리스도인들에게는 무조건적인 명령임을 말하는 것이다.

그렇다면, 요한일서는 사회윤리를 명령하는 글인가? 사랑의 대상은 가난한 모든 사람들인가 아니면 가난한 그리스도인에게 국한되는가? 본 서신을 읽어보면, 그것은 가난한 그리스도인들을 언급하고 있는 것처럼 보인다. 이 서신에서 사용되고 있는 '형제'라는 용어는 초대교회에서 그리스도인들 사이에 서로 지칭하고자 흔히 사용되던 용어다.요21:23 참조 그들은 믿음으로 거듭남으로써 함께 하나님의 자녀가 되었기 때문에 형제요 자매들이다.요일5:1,2 35) 형제 혹은 이웃이 같은 이스라엘 백성을 의미했던 것과 마찬가지로, 형제는 모든 그리스도인을 의미한다. 따라서 요한일서는 사회 전반에 대한 책임보다는 기독교공동체에 대한 책임을 강조하는 것으로, 사회윤리가 아닌 공동체윤리를 제시하고 있는 것처럼 보인다. 예루살렘에 있는 가난한 자들을 위한 모금에 관하여도 같은 설명을 할 수 있다. 그 모금은 성도들 가운데 가난한 자들을 위한 것이었다.고후8:4 최근에는 마태복음 25장 40절의 "너희가 여기 내 형제 중에 지극히 작은 자 하나에게 한 것이 곧 내게 한 것이니라"에서 언급된 형제는 기독교 사역자들을 의미하는 것이라고 제한적으로 해석하고 있다. 또 사역자에 관한 다른 문맥에서, 마태는 도움이 필요한 그리스도인들을 언급할 때 "이 소자들"이라는 표현을 사용하였는데 이들은 그리스도와 동일시되고 있다.마 10:40~42 36)

　재물을 서로 나누어야 할 의무는 일차적으로 그리스도 안에 있는 그리스도인들 상호 간의 의무라고 해석하는 사람들은, 이와 같은 구절들을 제한적인 의미로 해석해왔다. 그들은 신약에서 사회 전반에 대한 그리스도인의 책임을 언급하는 경우는 거의 없다고 보고 있다.

그러나 우리는 이와 같은 제한적인 해석으로 만족할 수 없다. 그 이유는 다음과 같다. 첫째, 우리는 기독교공동체 안에서의 우리의 책임조차도 제대로 감당하지 못하고 있다. 외국에 있는 가난한 그리스도인들은 말할 것도 없고, 많은 그리스도인이 우리 주위의 빈민가에 살고 있다. 그리스도인이든 아니든 간에 이 사회에 속한 모든 사람에게 영향을 끼치게 될 공동체적 차원의 노력 없이는, 그리스도인들이 안는 사회, 경제적인 문제의 근원을 해결할 수 없다.

둘째, 우리는 위에서 언급한 제한적인 해석을, 원수를 사랑하라는 원리와 함께 생각하여야 한다. 예수께서는 이웃을 사랑하라는 전통적인 규범을 깨뜨리셨다. 마태복음 5장 43절부터 48절에서 하신 말씀과 선한 사마리아인 비유에서, 예수께서는 자신이 속한 집단의 사람들과 그 외의 사람들에 대한 책임이 서로 다르다는 사상을 정면으로 거부하셨다. 우리의 이웃^{형제 또는 자매}은 우리와 같은 공동체 안에 소속된 사람들뿐만 아니라 곤경에 처한 모든 사람들이다.^{롬12:20} 따라서 성경 전체의 가르침을 따르고 또한 예수의 이와 같은 가르침에 충실하려면, 우리는 요한일서와 고린도후서 8장 및 9장, 그리고 마태복음 25장의 가르침들을 일반화하고 보편화시킬 뿐만 아니라 그 가르침들을 사회윤리를 위한 근거로 보아야 할 것이다. 그 가르침들은 우리가 모든 사람들에게 베풀어야 하는 사랑의 기준이요 모범이 된다.

셋째, 요한일서 뿐만 아니라 다른 말씀에서도, 비 그리스도인들에게 사랑을 베풀 필요가 없다는 암시는 전혀 찾아볼 수 없다. 요한의 의도는 그리스도인들과 그들 주변에 있는 사람들과의 관계에서 행동의 원리들을 제공하려는 것이었으며, 따라서 자연히 그 초점은 기독교공동체에 모이게 되는 것이다. 초대 그리스도인들은 같은 그리스도인들 이외에 의지할 수 있는 사람이 아무도 없었다. 그들 가운데 사회적으로 특권을 가지고 있었던 사람들은 많지 않았다.고전1:26 그들은 미움을 받았으며요일2:13 세상으로부터의 사랑은 기대할 수 없었다.37) 만일 그리스도인들의 책임이 더 넓은 영역에까지 미치는 것이라고 한다면, 형제 또는 자매라는 구절은 '모든 인간' 으로 대치될 수 있을 것이다.

넷째, 바울 역시 이와 같은 보편적 적용을 뒷받침하는 증거를 보여주고 있다. 고린도후서 9장 13절에서 바울은 고린도교인들의 "그리스도의 복음을 진실히 믿고 복종하는 것과 저희와 모든 사람을 섬기는 후한 연보"로 말미암아 모든 성도들이 하나님을 찬양하게 될 것임을 말하고 있다. 여기의 '모든 사람' 은 단지 모든 그리스도인들을 의미하는 것이 아니라, 문자 그대로 모든 사람을 의미하는 것이라는 해석은 다음에 살펴볼 바울의 언급들이 뒷받침하고 있다. 고린도후서 8장과 9장의 원리들은 기독교공동체의 차원을 넘어서 적용되는 것이다.

갈라디아서 6장 역시 '주는 일' 에 대해 언급하고 있는데, 이 경우에는 말씀을 가르치는 자에 대한 것이다.갈6:6 말씀을 가르치는 자들은 아마도 예루살렘에 있는 그리스도인들일지도 모른다.롬15:27 참조 바울은 "우리는 기회 있는 대로 모든 이에게 착한 일을 하되 더욱 믿음의 가정들에게 할지니라"갈6:10는 말씀으로 그의 권면으로 마치고 있다. 헬라어에서 "착한 일을 하는 것"이라는 구절은 단순히 '옳은 관계를 맺음' 혹은 '악하지 않음' 을 의미하는 것이 아니라, 다른 사람들을 도와주는 구체적인 행위들을 의미한다. 바울은 특별히 기독교공동체 안에서, 특히 말씀을 전하는 자들에게 이처럼 할 것을 권면하고 있다. 그러나 이것은 그들이 받은 "사랑에 대한 최소한의 책임을 언급할 분이지 그들의 모든 책임이 이것으로 끝남을 의미하는 것"이 아니다. 10절의 전반부는 사랑은 '모든 이'를 향한 것이라는 사실을 언급하고 있다.[38] 따라서 교회의 특별한 필요를 강조한 것은 사회 전체를 향한 그리스도인의 책임을 전제하고 있는 것이다.

이처럼 그리스도인들은 그리스도 안에서의 형제를 사랑해야 할 뿐만 아니라 사회 전반에 대해서도 사랑해야 할 책임이 있다는 사실은 데살로니가전서에서 두 번씩이나 언급되었다. "또 주께서 우리가 너희를 사랑함과 같이 너희도 피차간과 모든 사람에 대한 사랑이 더욱 많아 넘치게 하사"살전3:12 "삼가 누가 누구에게든지 악으로 악을 갚지 말게 하고 서로 대하든지 모든 사람을 대하든지 항상 선을 따르라"살전5:15 우리는 우리와 가까우며 또한 우리를 의지하는 사람들을 특별히 사랑해야 한다. 그러나 모든 사람에 대한 우리의 책임은 이 사랑과 전혀 다른 것이 아니다. 따라서 공동체 윤리는 사회윤리를 요청하기도 하며 동시에 사회윤리를 의미하는 것이기도 하다.

은혜의 능력

하나님께 은혜를 받은 사람은 하나님께서 우리를 위하여 행하신 것처럼, 우리가 선을 베풀어주어야 하는 사람들, 즉 연약하고 압제 받고 궁핍한 사람들에 대한 태도가 바뀔 것이다. 우리는 우리 자신의 처지를 기억해야 한다. 즉 "우리가 아직 연약할 때에 기약대로 그리스도께서 경건하지 않은 자를 위하여 죽으셨도다" 롬5:6 우리에게 베풀어주신 하나님의 이 은혜로 말미암아 우리는 위선이나 미워하는 마음이 없이 궁핍한 자들을 돌보게 될 것이다. 속사도 교부인 이그나시우스는 다음과 같이 경고했다. "하나님의 선하심을 결코 가슴으로 느끼지 못하는 일이 없도록 합시다. 만일 하나님께서 우리가 다른 사람들에게 행하는 것과 같게 우리에게 행하신다면, 이 땅에는 아무도 존재할 수 없을 것입니다."
Magnesians 10:1

만일 하나님께서 우리를 대하시는 것과 같은 차원으로 우리가 가난한 자들을 바라본다면, 그들의 가난은 자업자득이요 따라서 고난받아 마땅하다는 편견에 가득 찬 생각은 더는 가질 수 없게 될 것이다. 우리의 존재 가치가 "예수 그리스도 안에서의 하나님의 행위에 근거하는 것이라면, 가난한 사람들보다 우리가 우월하다는 주장은 쓰레기 같은 것이 될 것이다." 바울에 따르면 우리는 모두 비참한 상태로부터 구원을 받은 자들이다.[39] 하나님의 은혜는 이 사회 안에서 우리가 계급, 인종과 성별에 따르는 기득권을 누리려고 그것들을 합리화하려는 노력을 포기하도록 한다. 이 은혜를 받은 사람들은 정치에 대한 새로운 의식과 관점을 갖게 될 것이며 그들은 더는 자신이 속한 사회 계층의 이익만을 대변하지 않게 될 것이다.

마르크스주의 비평가, 정치 사회학자 및 더 나아가 인간의 자연적 상태를 지적하는 기독교 현실주의자들의 관점에서 볼 때에는,

사람들이 사회 안에서 자기들의 이익을 추구하지 않는 삶을 산다는 것은 유토피아적 환상에 불과하다. 그러나 우리는 사람들이 하나님의 은혜에 복종할 때 하나님께서 가능하게 만드실 현상에 대하여 말하는 것이다. 이와 같은 사회의 실현은 하나님의 은혜만으로 충분히 가능하다. 신랑 되신 주님이 그의 신부 된 하나님의 백성에게 주시는 은사는, 사회 안에서 그의 명령을 구체적으로 행하는 사람들에게 필요한 자원을 제공해 주실 것이다. "내가 네게 장가 들어 영원히 살되 공의와 정의와 은총과 긍휼히 여김으로 네게 장가 들며"호2:19 40)

03 하나님의 사랑

사랑은 신약성경에서 가르치는 최고의 덕목으로서, 하나님의 은혜를 가장 완전하게 표현하는 개념이다. 하나님의 은혜와 사랑은 의무의 한계를 훨씬 초월하는 것이며, 특히 사랑은 사랑하는 자와 사랑받는 자 사이를 견고하게 묶어주는 애정의 끈이다.

성경에 나타난 사랑의 의미를 이해하려면 무엇보다 먼저 사랑과 은혜의 관계를 살펴보는 것이 중요하다. 믿음의 기초가 되는 사랑의 본질은 사랑 자체의 윤리적 속성에 있는 것이 아니라, 사랑의 주체가 절대주권자이신 하나님이라는 사실에 있다. 스텐리 하우워바스Stanley Hauerwas가 말한 것처럼 "사랑을 구체적으로 가시화시키고자 하나님이 존재하시는 것이 아니라, 하나님께서 존재하시기 때문에 사랑이 구체적으로 가시화되는 것이다. 하나님께서 사랑으로 우리에게 오실 수 있는 것은, 그가 천지 만물을 창조하시고 창조된 피조물을 계속하여 섭리하실 뿐 아니라 그 가운데 있는 인간을 구속하시는 하나님이기 때문이다." 따라서 우리

의 윤리는 '사랑의 윤리'가 아니라 예수 그리스도에 대한 '복종의 윤리'다.[1]

2장에서, 우리는 하나님의 은혜에 대한 응답이 성경윤리의 기초라는 사실을 살펴보았다. 하나님의 행동과 인간의 반응은 모두 사랑으로 표현되고 있다. "우리가 사랑함은 그가 먼저 우리를 사랑하셨음이라"요일4:19 "사랑을 받는 자녀 같이 너희는 하나님을 본 받는 자가 되고"엡5:1 "누가 그를 더 사랑하겠느냐…많이 탕감함을 받은 자니이다"눅7:42,43 이처럼 사랑은 하나님의 은혜에서 출발한다.

"사랑은 여기 있으니 우리가 하나님을 사랑한 것이 아니요 하나님이 우리를 사랑하사 우리 죄를 속하기 위하여 화목 제물로 그 아들을 보내셨음이라"요일4:10 "해방과 변혁을 가져오는 하나님의 은혜 역시 사랑과 마찬가지로 역사 한다. 우리의 죄를 대속하기 위한 그리스도의 죽음은 하나님의 사랑이 역사 안에서 구체화하여 나타난 것이다."[2] 요한일서에서는 이 사랑이 그리스도인들의 이웃사랑으로 확대되어 완성되는 것을 묘사해주고 있다.[3] 요한 웨슬리John Wesley는 다음과 같이 기록하고 있다.

"그리스도 안에 나타난 하나님의 사랑을 체험하는 것보다 더 우리로 하여금 하나님을 사랑하게 하는 동기는 없다. 이 사실에 대해 분명히 확신하는 것 외에는 그 어떤 것도 우리를 위하여 이 땅에 오신 예수그리스도를 신뢰할 수 있게 하지 못한다. 이와 같은 하나님께 감사할 때만이 형제 사랑이 가능해진다."[4]

사랑은 강제로 되는 것이 아니며 훈련에 의해 창조될 수도 없다. 사랑이란 다른 사람을 향하여 발산되는 단순한 반응이다. 사랑은 은혜의 창조물이다. 사랑할 수 있는 능력은 하나님의 은사며, 더 나아가 하나님이 먼저 우리를 사랑하셨기 때문에 우리가 사랑할 수 있다. 우리는 다른 사람들로부터 사랑을 받게 됨으로써 다른 사람을 사랑할 수 있게 된다.[5] 만약 어떤 아이가 부모나 다른 사람으로부터 사랑을 받지 못한다면 그 아이는 사랑할 수 있는 능력을 상실하게 된다. 따라서 어린 시절에 사랑받지 못하고 자란 사람들은 부모가 되어 그들의 자녀에게 사랑을 베풀지 못하는 비극적인 악순환이 되풀이되는 것이다. 심오하고 진실한 사랑을 받은 자들은 안정감이 있으며, 성장하면서 다른 사람을 사랑할 수 있는 능력을 갖추게 된다. 이와 같은 사랑의 모습은 우리가 그리스도를 어떻게 사랑할 수 있게 되는가 하는 사실을 보여주고 있다.

그렇다면, 성경에서 자주 사랑하라고 명령하는 이유는 무엇인가? 사랑은 하나님의 은혜에 근거를 두고 있지만, 그렇다고 해서 사랑해야 하는 인간의 책임이 면제되는 것은 아니다. 남을 사랑할 수 있는 능력은 인간의 기본적 인격의 반영이다.[6] 우리는 우리의 가장 깊은 감정들을 억제할 수도 있고 표현할 수도 있다. 따라서 회개와 마찬가지로 인간의 의지는, 사랑을 위한 적절한 조건들을 생성하는 것으로서 중요한 요소가 된다.

사랑에 기초한 기독교윤리

신약성경에서 가장 핵심적인 주제는, 그리스도 안에서 거듭난 삶의 모습은 사랑이라는 것이다. "환난은 인내를, 인내는 연단을,

연단은 소망을 이루는 줄 앎이로다 소망이 우리를 부끄럽게 하지 아니함은 우리에게 주신 성령으로 말미암아 하나님의 사랑이 우리 마음에 부은 바 됨이니"롬5:3~5

성령의 첫 번째 열매는 사랑이다.갈5:22 성령은 선을 행하도록 도우시는 분이 아니다. 성령은 사랑을 창조하는 새 생명의 능력이다.[7] 하나님께서 우리에게 사랑을 부어주심으로 말미암아, 우리는 종말론적인 소망 가운데서 이웃을 사랑할 수 있다. 우리는 여기서 바울이 말하는 은혜와 행함의 관계를 볼 수 있다. 즉 우리는 행함에 의하여 구원받는 것이 아니다. 우리는 행함을 필연적으로 동반하는 하나님의 은혜, 즉 하나님의 사랑에 의해 구원받는 것이다. 사랑은 예수의 새 계명이다. "새 계명을 너희에게 주노니 서로 사랑하라 내가 너희를 사랑한 것 같이 너희도 서로 사랑하라"요13:34 예수께서 최후의 만찬 석상에서 제자들에게 하신 이 말씀은, 은혜로서의 사랑과 기독교윤리의 원동력이 되는 사랑 과를 연결해주고 있다. 사실 구약의 역사를 통해 볼 때 사랑에 대한 명령이 독특한 것은 아니다. 그럼에도, 이 명령이 새로운 이유는, 서로 사랑할 수 있는 새로운 세계를 도래케 하신 구속주와 연결되어 있기 때문이다. 이 구절에서 헬라어 카토스는 비교와 이유의 두 가지 용법으로 사용되고 있다. 이 구절은 "내가 너희를 사랑한 것 같이 너희도 서로 사랑하라."라는 뜻이다. 예수는 사랑은 그들의 사랑의 원천임과 동시에 기준이다. 제자들의 발을 씻기는 예수의 행위가 사랑의 모델을 제시해주고 있다. 예수의 모범을 따른다는 것은 단순히 발을 씻기는 행위를 문자적으로 모방하는 것을 의미하지 않는다. 예수의 섬김의 삶이 우리의 삶으로 뚫고 들어와 우리로 하여금 다른 사람의 필요에 민감하게 하고 그들을 섬길 수 있는 자유함을 갖게 한다. 34절 후반부의 말씀은 예수께서 우리를 사랑한 목적을 나타낸다. "내가 너희를 사랑한 것은 너희도 서로 사랑하도록 하기 위함이다." 우리를 향하신 예수의 위대한 사랑의 행위는 우리로 하여금 서로 적극적으로 사랑하도록 하려는 것이었다.[8]

이 사랑이 행동으로 구체화하여 나타날 대, 우리에게 명하신 하나님의 다른 명령들도 완성되게 된다. 바울은 "사랑은 이웃에게 악을 행하지 아니하나니 그러므로 사랑은 율법의 완성이니라"롬13:10고 했다. 이 말은 예수께서 우리가 행해야 할 의무에 대해 아주 잘 요약해주신 말씀을 생각나게 한다. "율법 중에서 어느 계명이 크니이까…네 마음을 다하고 목숨을 다하고 뜻을 다하여 주 너의 하나님을 사랑하라 하셨으니…둘째도 그와 같으니 네 이웃을 네 자신 같이 사랑하라 하셨으니 이 두 계명이 온 율법과 선지자의 강령이니라"마22:36~40 이 두 계명은 우리들의 대한 하나님의 근본적인 요구다. 또한, 우리는 이 말씀을 요한일서 4장 20절과 비교해 볼 수 있다. "누구든지 하나님을 사랑하노라 하고 그 형제를 미워하면 이는 거짓말하는 자다." "만일 우리가 하나님을 사랑한다면 이웃을 사랑해야 할지의 여부는 우리가 결정할 사항이 아니다."[9]

네 이웃을 사랑하라는 명령은 레위기 19장 18절을 인용한 것이다. 신약성경에 이 구절이 네 번이나 인용된 사실은 형제 사랑이 초대교회에 있어 대단히 중요한 일이었음을 보여주는 것이다(공관복음서에서 유사하게 인용된 경우는 제외하고). 그것은 마태복음 19장 19절(여기에서는 십계명에 첨가되었다), 로마서 13장 8절에서 10절(여기에서 형제 사랑은 율법의 완성이며 또한 십계명의 후반부 및 "그 외에 다른 계명"을 이루는 것으로 언급되고 있다), 야고보서 2장 8절(여기에서는 이웃 사랑이 최고의 법으로 제시되고 있다), 또한 마지막으로 갈라디아서 5장 14절(여기에서도 이웃 사랑은 율법의 완성이라고 말하고 있으며, 이것은 13절에서 그리스도 안에서의 우리의 자유는 육체의 기회를 위한 것이 아니라 오직 사랑으로 서로 종노릇 하려는 것이라는 말씀에 이어지는 것이다)에 인용되어 나온다.

이와 같은 가르침들에 비추어볼 때, 기독교윤리는 사회적 행동을 위한 기독교적 기초와 함께 사랑에 근거를 두어야 한다. 다음의 대표적인 구절들은 신약에 나타난 사랑의 의미를 이해하는 데에 대단히 중요하다. "그리스도께서 너희를 사랑하신 것 같이"엡5:1 "네 몸과 같이"마22:39 "남에게 대접을 받고자 하는 대로"마7:12 "자기의 유익을 구하지 아니하며"고전13:5 사랑은 이 두 가지 확실한 근거, 즉 그리스도 안에서 우리를 향하신 하나님의 사랑과 인간의 자기 사랑에 의해 측정된다.10) 사랑은 다른 모든 사람들의 유익을 구하며 그들이 잘되기를 원하며 자기 자신의 이익을 챙기지 않는다. 이것은 기독교의 사랑을 최소한으로 표현한 것이다. 하나님의 희생적인 사랑에 기초하며 또한 인간의 이기심의 정도에 따라 측정되는 이 사랑은, 다른 사람의 유익을 위해 자신을 희생하는 데에서 그 절정을 이룬다.11)

사랑의 중요성

생명의 가치를 인정케 한다

사랑은 행동으로 구체화하여야 하는데, 이 사랑이 지니는 가장 중요한 의미는, 그것이 인간 생명의 가치를 인정한다는 사실이다.

"우리가 아직 연약할 때에 기약대로 그리스도께서 경건하지 않은 자를 위하여 죽으셨도다 의인을 위하여 죽는 자가 쉽지 않고 선인을 위하여 용감히 죽는 자가 혹 있거니와 우리가 아직 죄인 되었을 때에 그리스도께서 우리를 위하여 죽으심으로 하나님께서 우리에 대한 자기의 사랑을 확증하셨느니라 그러면 이제 우리가 그의 피로 말미암아 의롭다 하심을 받았으니 더욱 그로 말미암아 진노하심에서 구원을 받을 것이니 곧 우리가 원수 되었을 때에 그의 아들의 죽으심으로 말미암아 하나님과 화목하게 되었은즉 화목하게 된 자로서는 더욱 그의 살아나심으로 말미암아 구원을 받을 것이니라"롬5:6~10

폴 렘제이Paul Ramsey는 말하기를, 하나님의 사랑이 주는 교훈은 "그리스도께서 우리를 위하여 돌아가셨으므로 누구도 악하다고 부르지 말라는 것"이라고 했다.[12] 본문에서도 사도 바울은 선하고 의로운 사람들을 위하여 자신의 생명을 바치는 것은 특별한 행동임을 언급하고 있다. 하나님의 사랑은 우리가 연약할 때, 우리가 죄인이었을 때에 또한 우리가 원수 되었을 때에 그리스도께서 우리를 위하여 죽으신 사실에서 나타나는 것이다. 이 사실은 하나님께서 우리를 얼마나 가치 있는 존재들로 여기고 계시는가를 보여 준다. 따라서 우리는 장차 올 심판에 대해서도 확신을 하게 된다. 이와 같은 확신의 근거는, 악하고 무가치한 자들을 위하여 누군가가 대신하여 죽었다는 놀라운 사건이다. 모든 인간의 존엄성은 그들을 향한 하나님의 사랑 안에서 견고하게 세워진다. 인간이 존엄성을 갖는 가장 높은 근거는 하나님의 사랑이다. 하나님께서 가인에게 "네 아우 아벨이 어디 있느냐?"창4:9고 물으셨을 때 아벨의 가치가 확증되었던 것이다.

예수께서 가르치신 윤리가 보편적인 성격을 띠는 것은, 하나님께서 인간에게 베푸신 구속사역들의 속성과 일치한다. 그리스도는 이웃을 향한 윤리의 차원을 넘어서 우주적인 윤리로까지 나아가신다. "원수를 사랑하라"마5:43,44는 예수의 명령은 기존의 율법이 가르쳤던 원리, 즉 이방인을 향한 책임을 언급하는 것이면서도 그것을 더 강화시키는 것이다.레19:18; 신10:18,19 참조 예수께서 이 계명을 주시는 유일한 이유는, 우리의 사랑이 모든 사람을 향한 하나님의 사랑에 기초를 두어야 하기 때문이다. 악인과 선인에게 해를 비춰시며 의로운 자와 불의한 자에게 비를 내리시는 "하늘에 계신 너희 아버지의 아들들이 되어라"마5:45 "하늘에 계신 너희 아버지의 온전하심과 같이 너희도 온전하라"마5:48 여기서 온전하라는 말씀은 사랑에서 온전하라는 뜻이며, 이 사랑은 모든 사람에게 공평하게 베풀어져야 한다.

모든 사람들을 향한 우리의 태도가 이 구절에서 중요하게 언급되고 있다. 퍼니쉬는 우리를 사랑하는 자들만의 사랑하는 것과 우리의 형제 자매들에게만 문안하는 것 사이의 유사성을 지적하고 있다.마5:45~47 고대세계에 있어서 어떤 사람을 문안하는 것은 그 사람의 존재를 인정함을 의미했다. 원수를 사랑하는 것, 원수에게 문안하는 것은 "그들의 존재를 인정해주며 그들과의 유대관계를 인정한다는 것"이다.[13] 따라서 사랑은 모든 사람의 인간됨을 인정한다는 것을 의미한다.

우리가 누군가를 사랑한다는 것은 두 가지 특성으로 드러나게 된다. 즉 태도와 행동이 그것이다. 태도는 우리가 사랑하는 대상을 존경하고 인정하는 것을 말하며, 행동은 사랑하는 대상에게 잘해주려는 마음이 외적으로 드러나게 되는 것을 말한다.[14]

이 두 번째 특징은 원수를 사랑하라는 명령에 대한 누가의 기록에서 강조되고 있다. 누가는 "너희를 미워하는 자를 선대 하라"는 명령을 "너희 원수를 사랑하라"눅6:27는 말씀과 같은 위치에 기록하였으며, 32절과 33절 사이에도 유사성이 발견된다. 이 구절들에서 선을 행하는 것을 설명하고자 사용된 용어들은, 헬라세계의 윤리에서는 특별히 사회관계에 도움이 되는 구체적인 행동을 언급하는 것이었다.[15] 우리는 사랑을 자비와 친절한 행위로 구체화해야 한다는 명령을 받고 있다. "예수에게 있어서 사랑은 단순한 태도가 아니었다. 그것은 삶의 방식이었다. 사랑은 자기의 시간, 노력과 자원들을 실제로 투자하라고 요구하고 있다."[16]

진정한 사랑에는 위에서 말한 두 가지 특징이 반드시 있어야 한다. 바울은 사랑하는 태도가 빠진 의미 없는 행위들에 대하여 경고하고 있다.고전13:3 반대로 우리는 사랑하는 태도를 보이고 있다는 자기만족으로 말미암아 실제로는 아무 행동도 하지 않을 수 있다. 그리스도인들이란 본래 사랑하는 자들이기 때문에, 그들은 당연히 모든 사람들을 사랑하고 있다고 착각할 수도 있다. 그런 사람들은 언제나 친절하게 말한다. 그리고 사람들이 도움을 청할 때 대체로 도움이 되어줄 각오를 하고 있다. 사람들이 도움을 청하지 않을 때는, 소명으로 받은 일들을 돌보기에 너무 바쁘다. 그러나 이런 사람들에게는 보통 도와달라는 요청은 오지 않는다. 왜냐하면, 그들의 사랑의 범위는 다른 사람들에게 보이지 않기 때문이다. 그 사랑은 그들 속에 갇혀 있어 표현되지 않은 채로 남아 있기 때문이다. 다음 예화는 이 점을 신랄하게 지적하고 있다.

"어느 만화책에서 한 여인이 병들어 비참하게 누워 있는 모습이 그려져 있었다. 싱크대에는 더러운 접시들이 산더미처럼 쌓여 있었다. 구겨진 옷들이 바구니에 가득 쌓인 채로 내동댕이쳐져 있었다. 방 한구석에서는 두 명의 어린 아이들이 꾀죄죄한 모습으로 서로 싸우고 있었고 또 다른 구석에는 고양이가 앉아서 깨진 우유병에서 우유를 핥아먹고 있었다. 환하게 웃는 여인이 문간에 서 있는 그림이 있었고, 그 그림에는 다음과 같이 적혀 있었다. '플로렌스 아줌마, 혹시 제가 도와드릴 일이 있으면 주저하지 말고 알려주세요.'"[17]

예수께서는 선한 사마리아인의 비유를 통하여 적극적인 사랑을 해야 할 것을 말씀하셨다.눅10:29~37 이 비유는 "내 이웃이 누구오니이까?"라는 질문에 대한 대답으로 구성되어 있다. 예수께서는 이 질문에 대하여 이웃으로 생각하기에는 도저히 어울리지 않는 사마리아인(사마리아인에게는 유대인)이 이웃이라는 놀라운 대답을 하셨다. 우리의 이웃은 '이웃'이라는 용어의 정의에 포함되지 않는 자들 즉 원수들, 적대적인 민족, 종교집단이나 경제집단들을 포함하고 있는 것이다. 이웃은 우리가 만나는 사람들 가운데 누군가의 도움이 필요한 모든 사람이다.

이 비유는 또한 이웃 사랑을 구체적인 행함으로 표현해야 할 것을 강조하고 있다. 이 비유는 하나님 사랑과 이웃 사랑이라는 두 계명으로 시작되고 있다.^{눅10:25~28} 그런데 누가복음에서는 사랑의 계명을 예수가 아니라 율법사가 말하고 있다. 예수께서는 율법사가 말한 내용이 율법에 따라 영생을 얻는 근거가 된다는 사실을 확인해주셨다.^{눅10:25,26,28} 그리고 나서 "이를 행하라 그러면 살리라"^{눅10:28}고 하셨다. 누가복음에서 강조하고 있는 바는 사랑의 본질에 관한 것이 아니라 사랑의 행위에 관한 것이다.[18] 선한 사마리아인 비유가 예수의 가르침의 핵심을 분명하게 드러내 주고 있다. 이 비유는 해도 좋고 하지 않아도 좋은 선택의 문제를 다루는 것이 아니라, 영생을 얻고자 한다면 당연히 행해야 하는 문제를 언급하고 있는 것이다. 율법사가 강도 만난 자의 참된 이웃은 "자비를 베푼 자"라고 말한 것은 정확한 답변이었다. 이 비유는 율법사의 대답에 대한 예수의 반응으로 끝나고 있다. "가서 너도 이와 같이 하라"^{눅10:37}

모든 인간들은 그들이 우리와 같은 인간이라는 이유 하나만으로 우리가 사랑해야 할 대상이 된다. 그들이 우리의 이웃인 이유는 같은 공동체에 속해 있다거나 어떤 특별한 자질이 있기 때문이 아니다. 사랑한다는 것은 상대방을 "무한히 가치 있고 존귀한 존재"로 여기는 것을 말하는데, 이와 같은 사랑은 모든 사람들에게로 균등하게 확대되어야 한다. 모든 인간은 우리가 인정해줄 수 있는 가치를 지니고 있으며 우리의 사랑을 받을 무엇인가를 갖고 있기 마련이다.[19]

모든 인간이 가치를 가진다는 사실은 인류를 향하신 하나님의 사랑 말고도 또 다른 이유에 기초하고 있다. 성육신 사건은 인간에게 존귀를 부여하신 사건이다. 인간으로서의 그리스도는 우리와 같은 운명을 겪으셨으며, 그리스도 안에서 인간의 잠재적인 영광이 나타나고 있다.[히2:5~18] 인간이 존엄하다는 사상은 인간이 하나님의 형상대로 창조되었다는 성경의 가르침에 기초하고 있다. 성경은 인간이 하나님의 형상에 따라 창조되었다는 사실을 근거로 윤리적인 명령을 하고 있다. 예를 들면 살인에 관한 명령이 그것이다.[창9:6] 구약이 욥기에서는 인간이 하나님의 형상이 아니라 할지라도 인간을 창조하신 분은 한 분이라는 사실에 근거하여 계층 간의 평등과 가난한 자들과 노예들을 친절하고 정의롭게 대해야 할 것을 말하고 있다.

"만일 남종이나 여종이 나와 더불어 쟁론할 때에 내가 그의 권리를 저버렸다면 하나님이 일어나실 때에 내가 어떻게 하겠느냐 하나님이 심판하실 때에 내가 무엇이라 대답하겠느냐 나를 태 속에 만드신 이가 그도 만들지 아니하셨느냐 우리를 뱃속에 지으신 이가 한 분이 아니시냐"[욥31:13~15] [20]

사람들은 '주위 사람들이 인정해주는 존엄'과 '천부적으로 부여받은 존엄'을 구별해왔다. 사람들이 인정해주는 존엄은 그 사람이 가진 독특한 자질에 대한 평가에 기초하는 것이다. 천부적으로 부여받은 존엄은 그 사람에게 주어진 것으로, 반드시 외형적으로 드러나는 것은 아니다.[21] 인간을 향한 하나님의 사랑에 기초하는 인간의 가치는 부여받은 존엄성이다. 인간의 가치는 인정되는 존엄일 수도 있다. 왜냐하면, 하나님의 형상에 따라 창조된 인간은 창조된 세계를 지배하라는 명령을 받았고, 그 명령을 수행할 수 있는 능력을 소유하고 있기 때문이다.[창1:28] 그러나 성경에 따르면, 하나님의 형상대로 창조된 인류에게 주어지는 가치는 분명히 하나님에 의해 부여된 것이다. 인간을 창조하신 분이 하나님이시며 그들을 사랑으로 보호하고 계시는 분이 하나님이시기 때문에 온 인류는 존귀하게 여겨져야 한다.

인간의 존엄성은 인간이 가진 자질에 대한 평가는 근거한다는 사상은, 하나님의 영광을 무시하는 사상이라고 반박하는 사람들도 있다. 아담의 범죄로 말미암아 인간에게 있는 하나님의 형상이 어느 정도나 훼손되었는가 하는 점은 또 다른 문제를 제기하며, 이에 관하여는 다양한 의견이 있다. 우리는 자기 중심적 경향이나 탐심 때문에 다른 사람들의 존엄성을 인식하지 못할 때가 잦다. 압제자들은 자신들의 비인간적인 착취와 학대를 합리화시키고자 인간은 무가치한 존재라는 사상을 이용하고 있다. 마지막으로, 인간에게는 존엄성을 인정받을 만한 자질이 있다는 사상은 인간에 대한 비현실적인 태도나 어느 특정 집단에 국한된 평가에서 기인하는 것일 수 있다. 그러나 좀 더 현실적으로 생각해본다면 이 주장의 근거는 무너지게 된다. 아무리 소수 민족이라 하더라도 그들은 하나님이 보시기에 가치 있는 존재들이기 때문에 그들을 학대할 수 없다는 사실을 받아들인다면 어떠한 잘못된 사상이나 편견도 무너지게 될 것이다.

인간 존엄성의 근거가 하나님의 사랑, 특별히 그리스도의 속죄 사건에 있는 것이라는 사실은, 인간의 존엄성이 하나님의 은혜의 토대 위에 세워진 것이라는 사실 뿐만 아니라 하나님께서 가장 비참하고 가치없는 상태에 처해 있던 인간에게 가치를 부여하신 것이라는 사실을 보여준다. 아무리 많은 죄를 범하고 타락한 사람이라 할지라도 하나님의 사랑에서 제외되지 않는다.

그리스도의 십자가가 인간 존엄성의 근거라는 사실은, 인간이 창조될 때에 부여받은 존엄성을 부정하는 것이 아니다. 오히려 그 사실을 뒷받침해준다. 인간을 향하신 하나님의 사랑에 비추어 우리가 다른 사람들을 생각하게 될 때, 우리는 예전에 미처 보지 못했던 자질들을 그들에게서 발견하게 된다.

그리스도의 구속사역으로 말미암아 모든 사람이 존엄성을 부여받게 되었다는 주장은 반드시 보편은총 교리, 즉 그리스도는 모든 사람을 위해 죽으셨다는 교리를 받아들이는 것을 의미하지는 않는다. 사실상 제한적 속죄 즉 그리스도는 선택받은 사람들을 위하여만 죽으셨다는 교리를 주장하는 사람들조차도, 하나님의 사랑은 '모든' 사람을 향한 것임을 믿고 있다. 이러한 믿음을 다음과 같은 실례를 들어 설명해보자. 어느 프랑스의 한 박애주의자가 미국인들을 대단히 사랑하기 때문에 그들이 파리에 와서 공부할 수 있도록 장학회를 설립했다. 그가 장학회를 설립하게 된 동기는 모든 미국인들에게 대한 사랑 때문이었다. 그러나 그 장학기금의 혜택을 받는 자는 자격과 능력에 의해 선발된 몇 사람에 불과해질 것이다.[22] 그럼에도 그 장학 규정은 그 계획이 모든 미국인에게 해당하는 것이라고 명시하고 있다.

이 이야기는 칼빈주의적 예정 교리 및 제한적 속죄 교리를 설명해준다. 이 교리는, 선택받은 자들은 그들이 어떤 뛰어난 자질을 가졌거나 사회 안에서 어떤 지위를 가졌는가에 상관없이 선택된 것이라는 점에서 모든 사람들을 동등하게 여기는 것이다. 더군다나 이 교리에 따르면 선택된 자가 누구인지는 하나님만이 알고 계실 뿐이다. 인간은 누가 선택받은 자인지 아닌지를 말할 수 없다. 따라서 모든 사람을 선택받은 사람이라고 보고 복음을 전파해야 하는 사실과 마찬가지로, 모든 사람이 그리스도의 죽음으로 말미암은 존귀하다는 사실을 인정해야 할 것이다.

결국, 사랑은 모든 사람들의 가치를 세워주는 역할을 한다. 요한 웨슬리는 다음과 같은 설명을 통해 모든 사람을 존귀하게 대할 것과 그들을 사랑해야 할 것을 말했다.

"어느 불쌍한 거지가 내게 적선을 구한다. 나는 그가 더러운 누더기와 먼지를 뒤집어쓰고 있음을 본다. 그러나 이 누더기와 먼지들 속에서, 나는 살며 사랑하고 또한 하나님과 영원히 거하도록 창조된 불멸의 영혼을 본다. 나는 그를 지으신 창조자를 인하여 그를 존귀하게 여긴다. 나는 이 누더기 속에 그리스도의 피로 옷 입혀진 한 인간을 본다. 나는 그를 구속하신 자를 인하여 그를 사랑한다. 내가 그에 대해 느끼고 그에게 베푸는 사랑은, 하나님의 자녀요 그의 아들이 피로 값 주고 사신 자들과 영원한 삶을 살 자들에 대한 존경하는 마음과 사랑이 결합한 것이다."[23]

정의의 기초가 된다

사랑이 율법의 완성이라는 신약의 말씀은 첫째, 율법이 의미하는 것이 곧 사랑이라는 것과 둘째, 율법은 사랑의 내용을 제시한다는 두 가지 중요한 의미를 담고 있다.

율법이 의미하는 바가 곧 사랑이라는 점은, 마태복음에 나오는 그리스도의 대명령이 강조하고 있는 것이다. 예수께서 하나님을 사랑하고 이웃을 사랑하라는 두 가지 사랑의 계명이 "온 율법과 선지자의 대강령이다”라고 말씀하신 것은 마태복음에서 뿐이다.
마22:40 이 말씀은 “이것이 율법이요 선지자니라”고 말씀하신 마태
복음 7장 12절의 황금률을 생각나게 한다. 마태에게 있어서 사랑
의 계명은 율법 전체를 올바로 해석하기 위한 열쇠다.24) 율법 전
체가 말하고자 하는 내용은 하나님에 대한 헌신과 이웃 사랑이다.
신약의 다른 계명들은 범사에 하나님을 사랑하며 이웃을 진정으
로 존귀하게 여기는 태도와 매우 밀접하게 연관된 것으로서 중요
하다.25) 결국 사랑은 율법 요구들을 지키는지를 측정하는 기준이
다.

사랑은 다른 것이 아니라 바로 율법의 완성이라는 사실이 특별
히 중요하다. 사랑으로 완전해지는 것은 하나님의 율법이다. 사랑
은 다른 사람의 유익을 먼저 추구하는 것이다. 그런데 사랑은 그
유익의 내용에 대하여는 구체적으로 규정하지 않고 있다. 사랑을
베푸는 것은 인간의 필요와 인간의 가치 및 그들의 상호관계에 의
해 결정되어야 한다.26) 우리는 어떠한 도덕적 기준을 가지고 사랑
하는지를 명백하게 제시하여야 한다.27) 성경에서 인간의 사랑의
방법을 제시하는 도덕적 기준은 구약에서 제시되었고 신약에서
구체화한 하나님의 율법이다.

율법의 본질 되는 내용, 즉 그 의미가 사랑에 의해 드러나며 동
시에 사랑에 의해 완성되는 내용은 ‘정의’(우리말 성경에서는 대
개 공의로 번역되었으나 여기에서는 정의로 번역함—역자 주)다.
예수께서는 정의를 율법의 가장 중요한 내용 가운데 하나로 보셨
다.마23:23 정의는 사랑 안에 포함된 것으로 하나의 미덕이며 사랑
의 완성된 모습이다.

사랑에는 우리가 사회에 대해 책임을 져야 할 구체적인 조건이 제시되어 있다. 인간의 권리를 인정해주는 근거가 되는 기독교적 사랑의 세 가지 요소는 평등, 존경, 그리고 공동의 필요에 대한 자각이다.

기독교의 사랑은 모든 인간이 공유하는 사실, 즉 그리스도 안에 나타난 하나님의 사랑, 하나님의 섭리, 하나님의 형상 및 한 분 창조주에 기초하고 있기 때문에, 이 사랑은 각자가 가진 자질이나 능력에 의해 좌우되지 않는 사랑이다. 따라서 이웃은 복지는 나 자신의 복지와 동일하게 중요하다는 기본적인 평등사상이 두드러지게 된다.[28] 하나님 앞에서 천부적인 가치 혹은 존엄성을 가진다는 측면에서, 모든 인간은 평등하다. 키에르케고르는 이 사실을 다음과 같이 분명하게 지적했다.

"당신의 이웃은 모든 인간이다. 그 사람이 훌륭한 사람이라는 사실 혹은 당신과 비슷한 사람이라는 사실이 그를 당신의 이웃으로 만드는 것이 아니다. 그는 하나님 앞에서 당신과 평등한 존재기 때문에 당신의 이웃이다. 이 평등은 모든 사람이 동등하게 소유하고 있는 것이며 그것도 절대적으로 소유하고 있는 것이다."[29]

사랑은 사회적 지위와 같은 세상의 요인들과는 전혀 무관한 것이다. 야고보서는 이 점을 분명히 밝힌다. 지위나 계층 등과 같은 문제와 관련하여서 야고보는 사랑의 계명을 언급하고 있다. 교회 안에서의 가난한 자들에 대한 차별, 가난한 그리스도인들이 부자들에 의해 경제적으로 착취당하고 정치적 종교적으로 무시당하는 데 대해약2:1,5~7 [30] 야고보는 다음과 같이 기록하고 있다. "너희가 만일 성경에 기록된 대로 네 이웃 사랑하기를 네 몸과 같이 하라 하신 최고의 법을 지키면 잘하는 것이거니와 만일 너희가 사람을 차별하여 대하면 죄를 짓는 것이니 율법이 너희를 범법자로 정죄하리라"약2:8,9 백인사회에서 배척당하던 흑인 그리스도인들은 그들의 본질적인 인간 평등과 존엄성을 그리스도의 사랑 안에서 발견했다. 최근에 제임스 코운James Cone은 그의 저술에서 대단히 감동적으로 이 경험을 묘사하고 있다.

"비록 자신들이 가축과 같이 사고 팔리는 신세였지만 그들은 예수 그리스도를 통하여 자신들이 '인간' 임을 알게 되었다. 예수 그리스도는 초월한 세계로부터 그들의 역사에 들어오셨고 채찍과 권총으로 파괴될 수 없는 '인간' 이라는 자격을 그들에게 부여하셨다."31)

우리는 사랑으로 말미암아 모든 사람을 평등하게 대할 뿐만 아니라, 그들 모두가 공유하며 또한 그들에게 부여된 '인간적 존엄성' 을 존귀하게 여긴다. 사랑은 인간이 무엇인가에 대한 자각과 각 사람이 지닌 이와 같은 존엄성에 대한 경외다.

모든 사람들의 사람됨을 소중하게 여길 수 있으려면 다른 사람들도 나와 마찬가지로 똑같은 필요를 느끼고 있으며 즐길 수 있는 권리를 가지고 있다는 사실을 인정해야 한다. "우리 이웃을 우리 자신과 동등하게 여기기 위한 첫 번째 단계는, 그 이웃의 현실을 그대로 들여다보는 것이다. 그래서 그 이웃의 현실도 우리 자신의 현실과 같은 종류의 구조와 수준을 가지고 있음을 깨닫는 것이다."32) 노오먼 포터스Norman Porteous는 출애굽기 23장 9절을 다음과 같이 번역했다. "왜냐하면 너희는 이방인이 된다는 것이 어떤 것인지를 알기 때문이다."[33] 택함을 받은 자들이 쉽게 잊어버리는 사실은, 사람들은 모두 고통이나 애정을 느끼며 자신이 존귀하게 여겨질 것을 원하고 있다는 점이다.[34] 다른 사람들이 당하는 고통은 우리가 당하는 고통보다는 더 중요한 것이라고 합리화하는 한 그것은 사랑이 아니다. 우리는 극심하게 가난한 사람들을 보면서, 그들은 그런대로 만족하고 있고 또한 스스로 살아갈 수 있다고 생각한다. 우리 자신에게는 결코 그런 일이 닥치지 않기를 바라면서 말이다. 소작농이나 라틴 아메리카의 농부들도 자식이 죽었을 때 우리와 똑같이 가슴 속에 비통함을 느끼는 인간들이다. 고통받는 사람들은 굶주림이나 추위, 질병의 고통에 다른 사람보다 덜 민감하게 반응하는 이상한 사람들이 아니다. 체 게바라Che Guevara가 그의 자녀들에게 보낸 마지막 편지는 이 문제에 대해 명확하게 언급하고 있다. "무엇보다도, 이 세상의 그 어느 지역에서 그 어떤 사람에게 자행되고 있는 그 어떤 불의에 대해서도 뼈아프게 느낄 줄 알아야 한다."[35]

모든 사람의 복지에 적극적으로 관심을 두게 되면 자연히 그들의 기본권에 관심을 두지 않을 수 없다. 인간의 권리라는 개념은 앞에서 논의한 사랑의 세 가지 측면을 반영해준다. 즉 평등으로서의 사랑(모든 사람이 권리를 소유하고 있다는 점에서), 존귀하게 여기는 마음으로서의 사랑(권리는 인간의 존엄성을 유지하는 데 도움을 준다는 점에서) 및 공동의 필요에 대한 자각으로서의 사랑(권리는 더불어 살기 위한 최소한의 조건들을 보호해준다는 점에서)이다.

윌리엄 호킹William Ernest Hocking은 역사 속에서 인간의 삶을 더욱더 인간적으로 만들려면, 인간 상호관계가 요구하는 복잡한 도덕적인 문제에 부딪혔을 때, 모두가 인정하는 도덕적 원리를 찾아내야 할 필요가 있다고 했다.[36] 사랑이 무엇을 의미하는지는 분명하게 가르쳐져야 한다. 그래야만 사랑의 의미들이 상황에 따라 변하거나 혹은 합리화, 왜곡 또는 무지의 대상이 되지 않고 시대를 초월한 규범이 될 수 있을 것이다. 사회관계에서의 인간의 권리는 인간이 가지는 기본적이고 최소한의 가치가 무엇인지를 설정해줄 것이다.[37] 이와 같은 사랑은 하나님을 사랑하기를 거부하며 또한 하나님의 권위를 인정하려고 하지 않는 사람들에게도 베풀어져야 하는 고정된 의무로 언급되고 있다.

일부 그리스도인들은 권리라는 개념을 잘 이해하지 못한다. 그들은 권리란 본래 세속적인 것으로 하나님보다는 인간을, 책임보다는 자유를 강조하는 것으로 생각하고 있다.

권리라는 개념이 발전하게 된 것은 인간의 가치에 대한 기독교적인 자각 덕분이다. 자연권이라는 용어가 스토아학파에서 나온 것이긴 하지만, 그 개념이 발전하게 된 데에는 기독교의 영향이 컸다. 인간의 권리란 인간이 수단이 아니라 목적으로 존경받을 때, 인간으로서 그가 주장할 수 있는 모든 것의 결정체이다. 폴 렘제이는 말하기를 "역사적으로 구세계에서는, 이와 같은 자연권들은 기독교윤리에서 의무의 근거가 되는 초자연적인 기준에 의하여 측정되어왔다. 기독교의 사랑은 그 속성상 모든 인간을 가치 있는 존재로, 또한 모든 사물에 우선하여 섬김을 받아야 하는 목적으로 여겨왔다."[38] 초기 개신교와 특히 청교도는, 권리라는 개념이 현대적 의미로 발전하게 되는 데 있어 매우 중요한 역할을 하게 되었다. 개개인의 권리는 공동체의 압제로부터 보호받아야 한다는 사상은 공동체의 필요를 앞세웠던 중세적 관점으로부터 발전한 것이다.

비록 성경은 '인권'을 열거하고 있지는 않지만, 정의를 베풀어야 할 것을 반복하여 명하고 있다. 이 정의는 공동체에 속한 모든 사람의 권리로 나타나는 것이다. 어떤 성경에서는 정의를 말하는 용어들을 자주 권리로 번역하고 있다(예를 들어 렘 5:28; "그들은 가난한 자들의 권리를 보호하지 않는다"—역자 번역). 후대에 인간의 권리를 법률에 명시하게 된 것은 상당히 중요한 발전이다. 왜냐하면, 그것은 사회관계에서 그 사회의 구성원들이 합의하는 최소한의 권리를 명백하게 확인시켜주는 것이기 때문이다. 만일 성경에 인간의 권리에 대한 항목들이 기록되었다고 한다면, 그것은 다음과 같은 내용으로 시작하였을는지도 모른다. 삶의 성결, 땅을 빼앗기지 않을 권리, 생계수단을 갖추는 데 있어서의 평등 또는 이것이 가능하지 않은 지역에서의 기회의 평등, 일주일 중에 하루는 노동으로부터 휴식할 권리, 다른 사람의 종이 아니라 하나님의 종이 될 권리, 권력의 교묘한 행사로부터 보호받을 권리, 법 앞에 평등 혹은 모든 계층이 공정한 법의 심판을 받을 것 등이다.[39] 이와 같은 내용 일부는 현대의 자유주의 국가가 시행하고 있는 권리들보다 한 단계 진전된 것이다.

이제까지 우리가 살펴본 인간 존엄성이나 사랑의 신학에 따르면, 인간의 권리를 주장하는 것은 하나님의 절대주권을 부정하는 것이 아니다. 오히려 인간의 권리를 존중하는 것이 하나님의 절대주권을 인정하는 것이 된다. 인간의 존엄성은 하나님의 사랑에 기초하여 주어진 것이기 때문에, 그 존엄성을 지키고 나타내는 데 필요한 권리들 또한 하나님에 의해 주어진 것이다. 하나님께서 인간에게 권리를 제공하신 분이며 하나님께서 인간의 권리를 보호하신다. 우리가 하나님의 사랑을 깨닫게 되고 인간에 대한 하나님의 권위를 인정하게 될 때, 그와 같은 인간의 권리들을 우리의 의무로 받아들이게 된다.

권리는 인간이 하나님께 요구할 수 있는 것이 아니다. 그 권리는 하나님께서 인간에게 명하신 것이다.

권리란 자유일 뿐만 아니라 책임도 된다. 모든 권리는 의무를 포함하고 있다. 권리는 우리를 모독과 압제로부터 해방해주지만, 그와 동시에 다른 사람들을 존경할 것도 요구하고 있다. 개인의 권리는 공동체의 선과 충돌할 수 있다는 점에서 한계가 있다. 여기에 자유의 위험성이 놓여 있으며 또한 초기 개신교가 이바지한 바의 장점뿐만 아니라 약점도 있는 것이다.

명시된 권리 또는 공인된 권리는 정의의 핵심적인 요소가 된다. 권리를 말하는 것은 정치적인 비판을 말하는 것이다. 미국 혁명은 그 사상과 대의명분을 인권에서 가져왔다. 사회복지 정책은 개개인의 가치라는 모호한 개념이 아니라 인권 사상을 토대로 시행되어야 한다. 사회윤리를 말하려면 이와 같은 개인을 더욱 넓은 차원에서 이해하여야 한다.

사랑으로 시작하였으나 사랑만으로는 완성할 수 없는 그것을 이루려면 우리에게 정의가 필요하다. 사랑은 정의에 앞서는 더욱 위대한 요소지만, 이 사랑을 실현하기 위하여는 정의가 반드시 필요하다. 폴 렘제이는, 사랑은 "다른 사람과 나 두 사람만 관련된 일에서, 나 자신의 유익보다 상대방의 유익을 먼저 고려하는 것"
이며, 정의란 "두 사람 혹은 그 이상의 이웃들이 관련된 일에서
기독교적 사랑이 나타나는 것"이라고 정의했다.[40] 사랑은 어떤
사람의 복지도 다른 사람의 것과 마찬가지로 가치 있는 것으로 여
기기 때문에, 사랑 자체는 어느 한 개인의 대의명분을 지지해줄
수가 없다. 왜냐하면, 사랑은 모든 사람을 평등하게 대하기 때문
이다. 우리는 우리와 밀접한 사람들에게는 특별한 도덕적인 책임
을 져야 하는 것으로 생각한다. 즉 배우자, 자녀, 부모, 교회의 구
성원들에 대한 경우가 그것이다. 이와 같은 관계들이 사랑의 관점
에서 어떻게 이해될 수 있을 것인가? 우리와 밀접한 관계에 있는
사람들에게는 어떻게 대하는 것이 올바른 것인가? 우리는 이와
같은 문제들을 사랑과 함께 정의의 관점에서 생각해야 한다. 왜냐
하면, 부모나 자녀, 극빈자 혹은 인종차별 정책의 희생자 등 내 이
웃에게 각각 특별한 요구들이 있고 그들이 나의 도움이 필요할
때, 내가 공동체의 한 지체로서 그들에게 무엇을 해야 할까를 정
하는 것은 정의와 관련된 문제기 때문이다.[41]

정의는 사랑이 시작한 일을 완수한다. 정의는 "사랑이 실현되는
데 필요한 질서"다.[42] 질서로서의 정의는 사랑이 지향하는 사회
를 만들어낸다. 인간의 죄성으로 말미암아 우리는 각 사람이 각자
처한 상황에서 사랑이 요구하는 바를 자발적으로 행할 수 있다고
기대할 수 없다. 정의란 사랑과 반대되는 어떤 다른 원리가 아니
다. 오히려 정의는 사랑이 사회의 다양한 상황들 속에서 확실한
의무 또는 책임이라는 모습으로 표현된 것이다. 사랑의 행위들은
노예제 사회와 같은 악한 사회에서도 일어날 수 있다. 그러나 그

사회의 질서가 변화되지 않는 한, 즉 "부자가 부자로, 가난한 자가 가난한 채로 남아 있으며 또한 근본적인 사회적 구조가 전혀 바뀌지 않는 한"[43] 사랑 자체는 왜곡되게 된다. 사랑이 "기존 세계질서 안에 독특한 정신을 불어넣을 때" 비로소 사랑이 자리 잡게 되는 것이다.[44] 제도는 그 안의 사랑을 왜곡시킨다. 따라서 "사랑을 좀 더 가능한 것으로 만들기 위하여는"[45] 구조적인 변화가 선행되어야 한다. 정의를 통하여 그와 같은 변화를 추진하게 하는 것이 바로 사랑이다.

정의를 포용한다

정의의 영역에서도 사랑은 사라지지 않고 계속되어야 한다. "사랑은 정의가 요구하는 것 이상의 행동들을 하도록 한다."[46] 정의에 도덕적 의미를 부여하는 것이 바로 사랑이기 때문에, 사랑은 정의를 초월하는 것이다. 바울은 "내가 내게 있는 모든 것으로 구제하고 또 내 몸을 불사르게 내어줄지라도 사랑이 없으면 내게 아무 유익이 없다"고전13:3고 하였다. 이처럼 자신의 모든 재산을 처분하여 구제하는 것은 정의의 요구에 대한 적절한 반응이 된다. 시편에서는 그와 같은 가난한 자들에게 구제하는 행위를 정의라 부르며 높이 칭송하고 있다.시112:9 그러나 그것이 이웃을 존귀하게 여기며 사랑하는 태도에서 나온 정의가 아니라고 한다면 그와 같은 행위는 공허한 것이다.

사랑의 행위는 결코 끝이 없어서, 사랑은 정의를 초월한다. 사랑은 정의가 요구하고 명령하는 것 이상의 도덕적 행동들을 창출해낸다. 비근한 예로서, 자신의 부하들을 살리고자 수류탄 위에 몸을 던지는 군인의 예가 있다. 그러나 우리는 나름대로 기준을 정하여 이만 하면 사랑의 계명을 다 지킨 것이라고 결코 말할 수 없다. 나는 하나님을 온 마음과 영혼과 몸을 다하여 사랑하였으므로 더는 하나님을 사랑하려고 애쓸 필요가 없다고 누가 감히 말할 수 있겠는가?[47] 예수의 가르침에는 아무도 그 가르침을 다 지켰다고 말할 수 없게 만드는 특성이 있다.[48]

정의를 위한 그 어떤 운동에도 사랑은 필수적이다. 정의는 사랑의 실천을 위한 도구기 때문에, 사랑은 참된 정의를 자각하지 못하도록 방해하는 이기적인 관심을 배격한다. 사랑에서 나온 것이 아닌 대의명분(그것이 아무리 정당한 대의명분이라 할지라도) 때문에 희생될지도 모르는 개인들을 보호하고자 사랑이 요구되는 것이다. 폭력적이든 아니든 그리스도인이 사회변혁을 위한 투쟁에 참여하고 있다면 그는 개개인에 대한 사랑과 관심을 끝까지 유지해야만 한다. 그리스도인은 정의에 대해 헌신할 뿐만 아니라 정의를 초월한 사랑에도 헌신하는 사람이다. 빈민들을 착취하고 억압하는 자들도 역시 인간이다. 비록 그들은 엄청난 유혹 아래 있는 사람들이며 또한 경제력은 사람을 타락시키는 요인이지만 말이다. 라우센부쉬도 그와 같은 구분을 하였으며 자본주의자가 아닌 자본주의 자체를 공격하였다. 우리가 사회악의 실재에 대하여 깊이 자각하면 할수록, 우리의 적대자들이 우리와 마찬가지로 인간적인 연약함을 지니고 있다는 사실을 깨닫게 된다.

개인윤리에서 요구되는 점들은 사회윤리에도 적용된다. 사회윤리는 때로 개인윤리와 충돌할 수 있기 때문에 사회윤리의 요구들이 개인의 이익에 해를 가져다줄 수도 있다(빈민을 착취하는 자가 경제적으로 손해를 볼 수 있다). 그러나 사랑은 그와 같은 손해를 줄여주며 또한 구조 때문에 어쩔 수 없이 매여 있는 개인들에 대한 비난을 막아준다. 쏠 알린스키Saul Alinsky는, 권력구조와 그와 관련된 개인들과의 혼동하여서는 안 될 것을 배웠다고 하였다. 즉 인간이 처한 상황은 미워해도 인간은 미워하지 않는다는 말이다.[49] 라인홀드 니이버는 이것을 매우 잘 설명하였다.

"사회적인 문제를 놓고 분쟁할 때 분개하지 않도록 하는 영적 훈련은 많은 유익을 준다. 그 중의 하나는, 사회제도 혹은 상황의 악과 그 안에 관련된 개인들 사이를 구분하려고 노력하게 한다는 것이다. 개인들은 그들이 몸담고 있고 또한 그들에 의해 나타나는 사회적 상황들만큼 부도덕하지는 않다."[50]

창조의 힘이 있다

폴 렘제이는, 자기의 개인적 이익 혹은 상호이익 윤리 즉 공리주의적 윤리는 사회를 유지할 뿐이나, 사랑은 하나의 사회를 창조해내는 능력을 갖추고 있다고 하였다. 공리주의적 윤리는 공동의 이익에 기초하고 있기 때문에, 그것은 공동의 이익이라는 차원을 넘어설 수 없다. 사회나 개인에게 도움이 되는 사람이나 대의명분은, 각자가 사회에 대해 의무를 행함으로써 보호된다. 그러나 공동의 이익 외의 영역들에 대하여는 어떻게 할 것인가? 즉 공동체가 없거나 개인적인 이익과 공동체 전체의 이익이 서로 일치하지 않는 것처럼 보이는 경우에는 어떻게 할 것인가? 이와 같은 문제들에 대한 해답을 줄 수 있는 것은 기독교적인 사랑의 사역 즉 화해의 사역뿐이다. "기독교의 사랑만이 모든 인간 공동체들로부터 버림받은 절망적이고 멸시당한 자들이 거하는 '버려진 땅' 안으로 들어가며, 그들과 함께 새로운 공동체를 탄생시킨다."[51] 윌리엄 부스는 "전반적인 사회의 분위기가 무계획적이고 게으른 자들, 악한 자들 및 범죄자들의 문제를 해결하려고 하지 않는다면, 아무도 그 분위기를 바꾸려고 노력하지 않을 것이다. 성경에 제시된 영원한 구원계획만큼 포괄적이지 않은 사회구원계획은 논의할 가치가 없다."[52]라고 말했다.

하나님의 은혜가 윤리적인 내용을 담는 것과 같이, 기독교의 사랑도 그 성격상 세속적인 권리 개념들을 초월하는 것이다. 로버트 펑크Robert Funk는 예수께서 비유를 통하여 두 가지 유형의 사람들을 언급하고 계신다는 사실에 주목하였다. 첫 번째 부류의 사람들은 정상적인 기준의 정의 또는 정의에 대한 기대를 대표한다. 이 사람은 종교적이나 사회적으로 기득권을 가진 계층에 속한다. 이 부류에 속하는 예로는 탕자 비유에서 아버지가 동생을 지나치게 호화롭게 영접하는 데 대해 못마땅한 태도를 보이는 형을 들 수 있다. 두 번째 부류의 사람은 아무것도 기대하지 않으며 또한 상식적으로 생각해볼 때에도 아무것도 기대할 권리를 가지고 있지 못한 자다. 즉 그들은 열한 시에 고용된 자들, 잔치에 초대받지 않았던 길거리의 사람들, 탕자 및 여리고로 가는 도상에서 강도 만난 자 등이다. 예수께서는 언제나 이와 같은 사람들 편에 계신다. 예수께서는 이 두 부류의 사람들이 각자 기대하는 바들을 정반대로 뒤집어놓으셨다. "예수께서는 인간들의 운명의 근본적인 역전을 선언하고 계신다."[53]

성경적인 정의로 표현되고 있는 이와 같은 역전은, 은혜가 사랑에 앞선 것임을 다시 한번 강조해준다. 불경건한 자들을 의롭다고 칭하는 것은 일상적인 도덕적 지각을 가진 사람들에게는 이해되기 어려운 것이다. 바울은 율법이나 윤리를 근거로 자신들은 하나님과 올바른 관계에 있다고 생각하는 사람들에게, 하나님의 의는 율법과 상관이 없으며 이 사실은 율법에 따라 저주를 받은 예수의 부활을 통하여 증명되고 있다갈3:13고 하였다. 일상적인 도덕적 판단들이 혼선을 가져오게 되었다.[54]

이처럼 도덕적 기준이 변화됨으로 말미암아 도덕적 행동도 새롭게 변해야 할 필요가 생긴다. 이미 우리가 살펴본 대로, 선한 마리아인 비유의 요점은 자비를 행하여야 하는 의무다. 퍼니쉬는 이 비유에 대한 그의 논의들을 다음과 같은 표현으로 결론 내리고 있다. "사랑을 통한 복종은 이전에는 상상할 수도 없었고 또한 가능하지도 않았던 관계들을 맺어준다."[55]

기독교의 사랑은 상호성의 원리에 기초한 헬라적인 자애와는 다르다.

헬라의 사상에 따르면 자신이 받은 은혜에 구체적으로 보답할 수 있는 사람만이 선물을 받을 자격이 있다고 생각되었다.[56] 그러나 예수께서는 보답을 기대하고 선물을 베푸는 행위를 비난하셨다.마5:42,46 대등하게 주고받는 원리 대신에, 예수께서는 우리에게 일방적이면서도 스스로 희생하여 짐을 져주는 행위를 보이라고 요구하셨다.[57] 사랑은 우리로 하여금 제도적으로 보호받는 영역을 넘어서, 제도권 바깥의 잃어버린 양들을 찾아나가게 한다. 버림받았던 소자들은 사랑에 의하여 만들어지는 새로운 제도들 안으로 인도되고, 그 속에서 그들은 위로를 발견하게 된다. 초대교회는 사회조직을 통하여 그리스도의 사랑을 나타냈으며, 그 조직 안에서 모든 사람이 존귀함을 받았다.

실제로 사랑은 그리스도인들로 하여금 사회참여를 하게 하며 그것은 개인에 대한 완전한 사랑으로부터 시작되는 것이다. 기독교적인 사랑이 사회적 사랑으로 나타나는 첫 번째 모습은, 존 스토트가 말한 것처럼, 다른 사람의 필요를 볼 때마다 자발적으로 섬기는 "단순하며 계산되지 않은 연민이다."[58] 우리가 극심한 가난에 빠져 있거나 다른 사람의 편견에 의해 심한 상처를 받은 사람을 보고, 또한 그 사람을 사랑한다면 그가 당하는 불행의 원인이 무엇인지 깊이 생각해야 하는 때가 온다. 즉 그의 상처들을 치료할 뿐만 아니라 그에게 상처를 주는 원인을 제거하는 데 관심을 기울인다는 것이다. 선한 사마리아인이 예루살렘에서 여리고로 갈 때마다 강도 만난 자들을 발견하고 그의 상처를 치료해주는 일만 했다고 할 때, 그의 사랑은 완전한 것이라고 볼 수 있는가? 어려움에 처한 사람들에 대한 관심과 함께, 그들에 대한 자발적이고 단순한 사랑은 사회구조에 대한 관심으로 발전하게 된다. 그 사랑은 개개인에 대한 관심으로부터 그 개인들이 속해서 통제받는 집단들의 상호관계로까지 확대되게 된다.

진정한 사랑으로부터 출발하게 되는 사회적 행동의 범위에는 한계가 있을 수 없다. 트뢸치는 초대교회의 모습이 바로 그와 같았다고 주장하였다. 초대교회는 초대교회의 삶에 영향을 미치는 사회문제에 일차적인 관심을 뒀으며, 그 사회적인 문제들은 당시 국가를 구성하고 있던 다양한 제도들과 관계있는 것들이었다. 즉 법률 체계, 부의 분배 및 사회 구조가 그것이다. 따라서 교회는 국

가와 부딪치지 않을 수가 없다.[59)

"이웃을 사랑한다는 것은 그에게 예수 그리스도가 절대적으로 필요한 분이라는 사실 이외에도 그의 의식주 문제, 경제적인 안정, 평안함, 교육과 자유의 평등 등에 대해서도 관심을 둠을 의미한다."[60)

하나님의 정의

은혜와 사랑과 정의

사랑과 정의는 성경의 가르침 중에서 가장 중요하면서도 특징적인 요소다. 성경에는 정의에 관한 말씀으로 가득 차 있다. 그런데 정의라는 단어가 의나 심판이라는 용어로도 번역되어 있기 때문에 정의에 관한 말씀이 성경 곳곳에 가득 차 있다는 사실이 가려지고 있다. 다음의 도표는 '정의'에 해당하는 히브리어와 헬라어 및 영어 단어들이다.

구분	본래용어	영어성경의 번역
히브리어	sedaqah	righteousness, justice
	mispat	justice, judgement
헬라어	dikaiosyne	righteousness, justice
	krima	judgement, justice
	krisis	judgement, decision, justice

의와 심판이라는 단어가 사회적 책임 혹은 사회로부터의 압제라는 문맥에서 사용되었을 때에는, '정의'로 번역하는 것이 훨씬 더 적절하다고 할 수 있다.

우리가 다른 사람에게 은혜를 베푸는 것은 하나님의 은혜에 대한 반응이며제2장 또한 우리가 이웃을 사랑하는 것은 하나님의 사랑에 대한 반응인 것과제3장 마찬가지로, 인간이 정의를 실현해야 하는 것은 하나님의 정의에 대한 인간의 응답이다. 바울은 고린도후서 8장과 9장에서 가난한 자들을 위하여 헌금한 고린도교회 교인들에게 하나님의 은혜가 넘치도록 충만할 것을 약속한 다음에 그들에게 가난한 사람들을 위한 하나님의 정의를 상기시키고 있다.

"그가 흩어 가난한 자들에게 주었으니 그의 의가 영원토록 있느니라 함과 같으니라 심는 자에게 씨와 먹을 양식을 주시는 이가 너희 심을 것을 주사 풍성하게 하시고 너희 의의 열매를 더하게 하시리니"고후9:9,10

인간의 정의는 하나님의 정의에 대한 응답이다. 우리가 남에게 베풀 수 있는 것은 하나님께서 우리에게 베풀 수 있는 능력을 주셨고 우리로 하여금 가난한 자들에게 베풀도록 하시기 때문이다. 우리로 말미암아 드러나는 하나님의 은혜는 정의라는 모습으로 나타난다.

성경은 하나님의 백성에게 정의를 베풀라고 명령하고 있다. 왜냐하면, 그들의 삶의 원천이 되시는 하나님께서 정의를 베풀고 계시기 때문이다. 하나님께서 연약하고 힘없는 자들에게 특별한 관심을 두고 계시기 때문에, 하나님의 백성도 삶 속에서 그와 같은 모습을 반드시 보여야 한다.^{신10:18,19} 하나님의 백성이 보여야 하는 정의는 그들 자신의 정의가 아니라 하나님의 정의 즉 "정의를 사랑하는 자"^{시99:4}의 정의다. 이웃 간의 법적 분쟁을 해결하는 데 있어서 재판관은 공평해야 하는데, 그 이유는 "재판은 하나님께 속한 것"이기 때문이다.^{신1:17} 정의가 적절하게 시행될 때 하나님의 백성은 하나님의 뜻을 대행하는 자들이 된다.^{사59:15,16 참조}

정의는 하나님의 가장 중요한 속성이다. 하나님은 압제 받는 자들을 옹호하시며 연약한 자들을 변론하시는 분이다. "여호와께서 공의로운 일을 행하시며 억압 당하는 모든 자를 위하여 심판하시는도다"^{시103:6} 하나님에 관한 이와 같은 일반적인 진술은 그다음 구절에서 구체적으로 적용되고 있다. "그 행위를 모세에게 그 행사를 이스라엘 자손에게 알리셨도다." 이것은 출애굽에 대한 언급으로, 출애굽 사건으로 노예들이 해방을 받았으며 새로운 국가를 형성하게 되었던 것이다. 시편 146편에는 이 말씀이 반복적으로 제시되고 있다.

"억눌린 사람들을 위해 정의로 심판하시며 주린 자들에게 먹을 것을 주시는 이시로다 여호와께서는 갇힌 자들에게 자유를 주시는도다 여호와께서 맹인들의 눈을 여시며 여호와께서 비굴한 자들을 일으키시며 여호와께서 의인들을 사랑하시며 여호와께서 나그네들을 보호하시며 고아와 과부를 붙드시고 악인들의 길은 굽게 하시는도다"^{시146:7~9}

하나님께서 돕지 않으면 어떠한 도움도 받을 수 없는[1] 가난한 자들과 힘없는 자들에게 하나님께서는 확실한 변론자가 되신다. 그들은 하나님께 "고아와 압박당하는 자들을 위하여 심판하실 것을” 호소할 수 있다.시10:18; 35:10 참조 “고아가 주께로 말미암아 긍휼을 얻는다”호14:3 그들은 참으로 지혜로운 자는 “나를 알며 나 여호와는 인애와 공평과 정직을 땅에 행하는 자인 줄 깨닫고 있다. 나는 이 일을 기뻐하노라”렘9:24는 말씀이 적용되는 사람들이다. 하나님이 어떤 분이신지를 아는 사람들은, 하나님께서 언제나 가난한 자의 편에 계심이 깨달을 수 있는 사람들이다. 그들은 이 깨달음으로 말미암아 그들이 사는 사회의 모순을 해결하려면 어떤 행동을 취해야 할지를 결정하게 된다. 하나님께서는 하나님의 속성을 깨닫지 못하는 자들에게 성경의 명령들을 통하여 그들의 책임을 분명하게 밝혀주신다. 구약의 말씀들은 현대에 적용하는 데는 무리가 있다고 생각하는 사람들도 있으나, 정의는 구약 혹은 어느 한 시대에 국한될 수 없다. 이 정의는 이스라엘이라는 신정국가가 나타나기 이전에도 있었고 그 이후에도 계속되는 것이다. 정의는 바로 오늘날 기독교윤리의 기초이다. 왜냐하면, 정의는 우주의 왕이신 하나님의 속성에 근거하고 있기 때문이다.시99:1~4 하나님께서 “압박당하는 모든 자를 위하여 판단하신다”시103:6 하나님께서는 “땅의 모든 온유한 자를 구원하시려고 정의를”시76:9; 렘9:24 참조 세우신다. 하나님의 정의로운 행사로 말미암아 혜택을 받는 자들은 압박받는 이스라엘 백성이나 그리스도인들 뿐만은 아니다. 하나님께서는 한 분이시며 따라서 모든 시대와 모든 민족을 위하여 한가지로 정의를 시행하신다.

인간의 정의는 하나님께로부터 받은 은혜에 대한 표시다. 그것은 은혜로운 하나님께서 정의를 베푸신 것이라는 의미에서뿐만 아니라 정의는 그 속성상 은혜와 그 은혜의 표현인 사랑과 유사하기 때문이다. 성경에 의하면 사랑과 정의는 뚜렷하게 구분되는 두 가지 원리가 아니라 서로 겹치는 것이며 또한 연속성을 갖는 것으로 나타난다. 정의란 하나님께로부터 받은 은혜에 대한 표시라고 해석하는 것은 중요하다. 왜냐하면, 이와 같은 해석은 그리스도인의 책임을 그리스도의 구속사역을 통하여 받은 능력 및 사명과 연결하고 있기 때문이며 정의의 내용을 이해하는 데 중요한 기준이 되기 때문이다.

몇몇 신학자들은 정의와 사랑은 서로 다른 두 개의 신학적 원리라고 주장하고 있다. 어떤 학자들은 그 두 가지는 하나님의 속성 가운데 구별이 있음을 뜻하는 것이라고 주장하기까지 한다. 그들은 한 국가의 관심사는 사랑이 아니라 정의라고 말한다. 정의는 악에 대한 하나님의 진노와 관계있으며 도덕을 강조함으로써 사회를 유지하는 것이다. 이와 같은 견해에 따르면 정의는 공정한 것이다. 그것은 차별 없이 모든 사람에게 적절한 분량을 나누어주는 것이며 따라서 정의는 모든 사람에게 균등히 나누어질 수 있는 정치적 권리 또는 시민의 권리로 생각하지 않는다. 왜냐하면, 그와 같은 필요들을 충족시키려면 다른 사람의 것을 취하여 나눌 수밖에 없는데, 그러한 정의는 불공평한 정의가 될 수밖에 없기 때문이다. 그러므로 그들은 정부는 사랑에 근거해서 사회 경제적 복지에 관한 문제들에까지 관심을 둬야 한다고 주장하는데 그것은 사랑과 정의를 혼동하고 있기 때문이다.[2] 이 문제는 매우 중요하다. 라인홀드 니이버가 말한 것처럼, "아가페를 개인적인 관계에서의 사랑으로 제한하고 또한 모든 정의로운 구조와 정의의 기능을 아가페의 영역밖에 두려는 노력은, 기독교적인 사랑을 공동의 삶의 문제와는 상관이 없는 것으로 만든다.”[3] 이 문제를 어떻게 해결하느냐에 따라 우리의 정치철학의 방향이 결정되게 될 것이다.

사랑과 정의는 두 가지 구별되는 원리라는 사상은, 조직신학에서 흔히 볼 수 있는 용어의 혼동임과 동시에 정의에 대한 잘못된 해석에서 기인한다고 볼 수 있다. 어느 때부터인가 정의란 인간을 구원하신 하나님의 사랑과 대조되는 것이며, 또한 죄에 대한 하나님의 심판으로 생각하였다. 이와 같은 이해는 정의를 정적인 용어로 만들었으며, 반면에 사랑은 하나님의 역동적인 활동으로 만들었다. 우리가 사회제도 안에 나타난 정의의 두 가지 양식을 살펴본다면, 우리의 논지는 더욱 분명해질 것이다. 즉 분배적 정의와 보복적(형법상의) 정의가 그것이다. 분배적 정의는 부의 균등한 분배를 위한 기준(지은 죄에 따라 벌을 줌)을 제공한다. 죄에 대하여 죽음을 요구하는 하나님의 정의는 그리스도의 대속적인 죽음을 통하여 나타난 하나님의 사랑에 의하여 충족되었다. 이것은 보복적 정의로서 조직신학에서 의미하는 정의의 내용이다. 그러나 성경은 정의라는 용어를 분배적인 기능을 가진 것으로 광범위하게 적용하고 있다. 성경에서는 이와 같은 분배적인 기능들이 사랑의 개념과 연결되고 있다. 따라서 구속사역에서 하나님의 의^{분배적} 정의가 하나님의 진노^{보복적} 정의를 능가하는 것이다.

정의를 의미하는 히브리어 단어 가운데 ‘체다카’는 선물, 풍성함 혹은 관대함이란 의미를 담고 있으며,[4] ‘미스파트’는 종종 위로, 위안 혹은 구원이라는 뜻으로 사용되고 있다.[5] 성경에서는 체다카^{정의}라는 단어가 하나님께서 인간의 죄를 벌하신다는 의미로

사용된 적이 한 번도 없음은 매우 중요한 사실이다.[6] '체다카'는
사회 안에 혜택받지 못한 사람들을 위하여 하나의 공동체를 만들
고 그것을 유지하시는 하나님의 적극적인 행동을 언급할 때 사용
되고 있다. 출애굽기 23장 7절에서 하나님께서는 "나는 악인을
의롭다(의; 차다크의 히필4격) 하지 아니하겠노라"고 말씀하신 것
으로 보아 정의는 무죄한 자들에게 적용된다.[7] 하나님의 정의는
선지자의 말씀 선포에서와 마찬가지로 심판을 말하는 문맥에서도
나타난다. 그 같은 경우에 정의는 무죄한 자들 혹은 압제 받는 자
들을 위한 하나님의 승리를 나타내며, 그 반대는 악한 자들 혹은
압제하는 자들의 패배다. 이것은 종종 정의라는 용어 이외의 다른
용어들로 묘사되기도 하였다. 여기에서 강조하고자 하는 것은, 성
경에서 말하는 정의는 처벌의 의미로 사용되지 않았다는 것이 아
니라, 처벌의 의미에만 국한되지 않았음을 말하려는 것이다. 즉
정의는 변호, 구원과 공동체의 창조를 의미하기도 한다. 히브리어
'체다카'에 해당하는 헬라어 '디카이오시네'(의)에 관하여도 이
와 유사한 설명을 할 수 있다. 바울에게 있어서 하나님의 의는 하
나님의 구원을 가져오며 또한 하나님이 만드시는 구속된 공동체
안으로 들어가는 길을 열어주는 창조적인 능력이다.[8] 바울은 심
판의 권세는 결코 하나님의 의가 아니라 오히려 하나님의 진노로
보고 있다는 점에서 구약과 맥을 같이하고 있다.[9]

　따라서 은혜는 하나님이 분배적 정의와 밀접한 관계가 있다. 연
약하고 압제 받는 사람들이 그들의 권리를 위하여 하나님의 정의
에 호소하는 것과 마찬가지로 그들은 자신들의 연약함과 비통함
을 근거로 하나님의 돌보심을 구한다.[10] 70인 역의 역자들이 은

혜로 번역한 히브리어는 '헤세드'로서, 이것은 '꾸준한 사랑' 혹은 '언약에 충실함' 등의 뜻으로 사용되고 있다. 정의는 언약의 내용을 규정하며 공동체 안의 다양한 관계들의 질서를 정하는 것이지만,[11] 사랑은 언약에 대한 신실함 혹은 주어진 관계나 자신의 역할 안에서 친절하게 행동하는 것이다. 견고한 사랑은 정의와 밀접한 관련이 있으며 결코 서로 대립하는 원리가 아니다. "너희가 자기를 위하여 의를 심고 긍휼을 거두라"호10:12; 2:29; 10:12; 12:7; 렘 9:24; 미6:8 참조 [12] 정의는 사회에서 고통당하는 사람들의 불공평을 바로잡는 것으로서, 은혜와 사랑이 가지는 창조적 힘을 확대시킨다. 연약한 자와 소외당한 사람들에게 베풀어지는 은혜, 사랑과 정의는 세상의 정상적인 기대를 뒤집어엎으며, 공동체가 형성될 수 있는 기반이 전혀 없는 곳에서 새로운 공동체를 만들어낸다. 이스라엘을 애굽으로부터 구원해내신 일미6:5; 호11:4 참조과 타락한 인류를 죄로부터 구원해내신 일롬3:23~36; 5:8 참조을 통해서 볼 때, 하나님의 선택적인 사랑은 정의로 묘사될 수 있다.

정의가 사랑의 실현을 위한 도구라고 할 때, 사랑과 정의의 관계는 어떤 것인가? 사랑은 모든 사람에게 동등하게 적용되며 개인들을 존경하고 모든 사람의 필요와 그들이 삶을 향유할 수 있는 능력을 인정하기 때문에, 사랑은 인권을 탄생시킨다. 이것이 바로 정의의 내용이다. 정의는 인간의 삶 속에서 서로를 위하여 살도록 하는 기능을 하며 이것은 또한 사랑의 의미기도 하다.[13]

사랑은 평등한 사람을 단순히 평등히 대해야 한다는 것 이상으로 정의의 수준을 끌어올리며, 정의는 모든 인간이 하나님께로부터 똑같이 가치를 부여받았다는 사실 하나만을 근거로 모든 인간을 평등하게 대하는 것이다. 하나님의 백성들은 그들이 하나님께로부터 받은 은혜로 인하여 정의를 행할 것을 명령받고 있다. 정의와 사랑이 함께 언급되고 있는 구절에 다음과 같은 말씀이 있다.

"고아와 과부를 위하여 정의를 행하시며 나그네를 사랑하여 그에게 떡과 옷을 주시나니 너희는 나그네를 사랑하라 전에 너희도 애굽 땅에서 나그네 되었음이니라" 신10:18,19

이스라엘 백성과 마찬가지로 우리가 누리는 편안함은 우리가 뛰어난 자질을 가졌기 때문이 아니라 하나님의 은혜 때문이다. 따라서 우리는 다른 사람들이 어려움에 부닥치었을 때 그들을 책임져야 한다. 그리고 그들에게 정의를 베풀 때에는 그들의 가치, 출생, 장점 혹은 능력에 따라서가 아니라 그들의 필요에 의해 베풀어야 한다. 모든 사람이 평등의 원리에 따라 정의롭게 대우받아야 할 동등한 자격을 가지는 것은 이와 같은 사실에 근거한 것이다. 이러한 사실에 근거하지 않고 모든 인간을 평등하게 대우한다는 것은 그들이 받을 수 있는 대우 이상의 자비로운 대접을 베풀라는 말이 될 것이다.14) 정의 안에 은혜와 사랑이 들어 있음은, 동등한 사람들을 동등하게 대해야 하는 원리를 보편화시킨다. 그리고 각 사람의 필요에 대한 관심을 일으키고 모든 사람의 유익을 추구해야 할 의무를 창출해내는 것이다. 따라서 모든 사람들의 자유와 복지는 나 자신의 것과 마찬가지로 소중한 것이 된다.

압제 받는 자들에 대한 관심

창조적 정의

사랑할 만하지 않은 사람까지도 사랑하도록 가르치는 그리스도의 사랑은 사회 안에 존재하는 차별을 초월하는 행동원리다. 성경에서 가르치는 정의에 의하면 공동체 안의 모든 사람은 평등한 존재며 각 사람 혹은 각 집단은 공동체를 위해서 없어서는 안 될 존재기 때문에, 사회에서 소외받는 사람들에게 관심을 둬야 하는 것은 당연한 일이다. 이 정의는 노예가 되었던 자들을 해방해 자유국가를 만들어낼 수 있는 역동적인 정의다.

성경적 정의는, 아리스토텔레스적인 보존적 정의와는 반대로, 창조적 정의다. 보존적 정의는 각 개체로 하여금 사회 안에서 자신들의 위치를 유지하기 위한 정의다.[15] 보전적 정의에 따르면, 만일 사회질서가 무너진다고 할 때, 사회질서가 무너지기 이전의 상태를 정의라고 말하게 된다. 따라서 사람들은 그 사회에서 이전에 갖고 있던 지위에 따라 판단되는데, 그것은 개인의 능력, 장점 혹은 경제적 부 등에 의하여 결정된 것이다. 소외된 존재들은 이전에도 평등하지 않았기 때문에, 새로운 질서 개편에 따른 혜택을 나누는 데도 균등한 몫을 받지 못하게 된다. 소외된 존재들은 정의가 시행되고 난 이후에도 여전히 소외된 상태로 남게 된다.

그러나 성경적 정의에 의하면, 사회에 무엇인가를 이바지할 수 있는 개체의 능력은 보호될 뿐만 아니라 정의에 의해 그와 같은 능력이 실제로 창조되기도 한다. 아리스토텔레스적인 정의가 끝나는 곳에서 성경적 정의가 시작된다. 성경적 정의와 보존적 정의가 차이점을 보이는 근본적인 원인은 어떤 사회가 정상적인 사회인가에 대한 시각의 차이에 있다. 성경은 개인이나 집단이 그 사회에서 평등한 대우를 받지 못하고 개인의 고유한 권한을 박탈당하는 상태를 인정하지 않는다. 이와 같은 이유 때문에 성경 저자들은 정의를 학대받는 자들을 위한 활동으로 묘사하고 있다.

분배의 원리

성경적 정의를 이해하기 위하여는, 대체로 평등한 사회를 유지하였던 이스라엘 사회를 알아야 한다.[16) 이스라엘 공동체는 포도 재배자들과 목축업자들로 구성된 사회였다. 그들은 과수원, 목장이나 숙소를 소유하고 있는 자영업자들이었다. 가장 중요한 사실은, 이스라엘 사람들은 모두 가장 고귀한 생산수단인 땅을 세습으로 소유하고 있었다는 점이다. 이 세습 재산은 영구 소유였으며 매매할 수 없었다. 그 결과 독립 자영업자들로 구성된 평등사회가 가능하였다.[17) 민수기 2장에서 하나님은 최초로 땅을 분배할 것을 지시하셨다. 그 땅은 동등한 비율로 나누어져야 했다. 선지자들 역시 그 세습 재산을 여호와께로부터 받은 신성한 권리로 이해하였다. 미가는 "사람과 그 집, 사람과 그 산업을 학대하는"미2:2 사람들을 비난하고 있다. 알브레크트 알트Albrecht Alt는 정치적 평등이라는 용어를 사유재산에 적용하면서 "미가 선지자의 견해는 여호와의 거룩한 규정에 따라, 사유재산 제도는 한 사람이 집 한 채와 할당된 구역의 땅을 소유하는 것을 무조건 인정하는 것이었다."라고 하였다.[18)

아모스, 미가 및 이사야의 시대인 기원전 8세기 무렵까지, 자영업자들이 소유하고 있던 재산 대부분이 새로운 귀족 정치 아래에서 대농장으로 흡수되었다.^{사5:7,8} 저당 빚을 갚지 못하거나 착취에 의한 소작 거래로 말미암아, 자영업자들은 여호와께로부터 받은 그들의 기업을 잃었으며 동시에 그들의 경제적, 사회적 지위도 잃어버렸다. 독립 계층으로서의 자영업자들은 사라지게 되었으며, 많은 사람은 노예로 전락하기조차 하였다.^{사3:14,15; 암8:4~6} 선지자가 사회정의를 외친 것은 이와 같은 맥락에서다. 창조적 정의의 임무는 가난한 자들로 하여금 공동체 안에서 그들이 갖고 있던 정치 경제적인 권리를 되돌려주는 것이었다.

만일 성경적 정의가 가난한 자들에게 그들의 권리를 찾아주는 것이라면, 그것은 상황적이며 의존적인 형태를 취할 수밖에 없다. 그럴 때 '평등한 대우'는 개인의 필요와 능력에 따라 차등을 둘 때 가능하다.[19] 만일 우리가 모든 사람이 안정과 복지를 누리기를 원한다면, 어떤 특정한 사람들에게는 남보다 더 많은 관심을 쏟아야 할 것이다. 만일 어느 시민이 폭력의 위협을 받고 있다면, 그 사람의 안전을 지키려면 특별히 경찰의 보호가 있어야 할 것이다. 모든 사람들이 안정된 삶을 살 수 있는 권리를 동등하게 누리도록 보장하려면 이와 같은 '동등하지 않은' 처사가 필연적으로 동반되어야 한다.[20] 기본권을 평등하게 배분하기 위하여는, 서로 다른 필요들에 대해 동등하지 않은 해결방안이 강구되어야 한다. 정의는 공정을 기하려면 편파적이 되지 않으면 안 된다. 가난하고 학대받는 자들에게 특별한 관심을 기울여야 '인간을 평등하게 대하는 원리'를 준수한다고 말할 수 있을 것이다.[21]

특정한 계층의 특별한 필요와 모든 사람의 기본권 사이의 이와 같은 밀접한 연관은, 정의가 언약을 말하는 문맥 속에서 언급되고 있다는 사실에 의해서도 알 수 있다. 모든 사람의 기본적인 필요들은 공동체 전체에 의하여 해결되어야 하기 때문에, 언약 아래서는 필요가 곧 권리다. "네 형제가 가난하게 되어 빈 손으로 네 곁에 있거든 너는 그를 도와 거류민이나 동거인처럼 너와 함께 생활하게 하되"레25:35 공동체 안에서 각자가 가지는 기본적인 필요들을 불공정하게 분배하는 것은, 언약을 통해 하나님께서 주신 규범적인 질서를 어기는 것이다. 공동체 안에서 분배가 공정하게 이루어질 때 비로소 성경적 정의가 언약 관계를 회복시키는 것이라고 말할 수 있다.[22] 정의는 단순히 공동체 안의 다양한 관계들에서 나타나야 할 신실함 혹은 화목이라는 형식적 원리로 축소되지 않는다. 정의는 본래 하나님의 정의에 의해 건설된 그 공동체를 재건하는 것이다. 그것은 평등사회요 압제로부터 자유로운 사회다.

따라서 성경적 정의는 연약한 자들에게 관심을 두는 태도 이상이다. 그것은 공동체의 모든 구성원들이 다른 구성원들과의 관계에서 자신의 지위를 유지하기에 충분한 능력을 갖추는 것을 의미한다.레25:35,36 따라서 공동체 내의 평등을 이루고자 해결되어야 할 것은, 생계를 위한 필수품들 즉 음식, 의복 및 주택신10:18; 사58:7 들만이 아닌 것이다. 그것은 이와 같은 필요들을 근본적으로 해결하기 위해 필요한 자원들을 포함한다. 즉 땅,왕상21; 사65:21,22 법의 공정한 집행,출23:1~3,6~8 개인적 차원이나 국가적 차원의 예속으로부터의 자유함레25:39,42; 신23:15,16; 삼상8:11~17 [23] 및 합법적인 의사결정에의 참여 등이 포함된다.[24]

성경적 정의의 특징은 분배의 원리에 있다. 이 원리는 공동체에 속한 개인이 기본적인 평등을 누리는 데 필요한 조건들을 갖추는

데 있어 불평등한 요소들을 평등에 가깝도록 바로잡을 것을 규정하고 있다.[25]

그와 같은 정의의 원천이며 근거는 하나님이시다. "다시 압박과 재난과 우환을 통하여 그들의 수를 줄이시며 낮추시는도다 여호와께서 고관들에게는 능욕을 쏟아 부으시고 길 없는 황야에서 유리하게 하시나 궁핍한 자는 그의 고통으로부터 건져 주시고 그의 가족을 양 떼 같이 지켜 주시나니"시107:39~41 "가난한 자를 진토에서 일으키시며 빈궁한 자를 거름더미에서 올리사"삼상2:8 정의는 "스스로 자신의 권리를 확보하지 못하는 자들을 하나님께서 보호하시는 것"이다.[26]

시편 107편이 암시하고 있는 것처럼, 항상 공동체 안의 모든 사람에게 골고루 분배가 되지는 않는다. 궁핍한 자들을 착취하여 부를 쌓는 자들과 그와 같은 축재를 가능하게 하는 구조들을 만들어 낸 자들은 피해를 보게 될 것이다.삼상2:4~10 가난한 자들이 고통을 당하는 것과 마찬가지로 불의한 자들이 호사를 누리는 것도 비정상적인 것이다.사3:14~26 하나님의 새로운 사회에서는, 가진 자들은 하나의 사회 계층을 형성할 필요도 없으며 또한 그럴 권리도 없다. "주리는 자를 좋은 것으로 배불리셨으며 부자는 빈 손으로 보내셨도다"눅1:53

분배 정의의 목표는, 특히 생계를 유지하고 행복한 삶을 영위할 수 있는 능력의 측면에서, 공동체에 소속된 모든 사람들이 정상적으로 혜택을 받고 만족할 수 있는 수준에 이르게 하는 것이다.[27] 성경에서 가장 중요한 관심사는 땅의 평등한 소유를 회복하는 일이었다. 땅의 소유에 관한 것은 레위기 25장에 기록된 희년법이 가장 잘 알려진 예지만, 이에 대한 관심사는 선지자들에게서 뿐만 아니라 율법서 및 지혜문학에서도 나타나고 있다.[28] 희년법은 성경적 정의를 가장 잘 보여준다. 희년법에는 50년마다 모든 토지를 본래 그 토지의 주인에게 돌려주어야 한다는 내용이 있다.레25:25~28 이와 같은 조항으로 말미암아 땅이 생산의 중요한 수단이었던 이스라엘에서 모든 사람의 상대적 평등이 제도화되게 되었다. 그것은 강력한 평등주의적 조치며 확실한 분배의 수단이었다. 한 사회 안에 고통당하는 사람들의 수가 지나치게 많은 때, 개인이 베푸는 자선행위로는 그 사회의 병폐들을 해결할 수 없게 된다. 따라서 사회정의를 달성하고자 구조적 차원의 조치들이 필요해진다.[29]

선지서에서는 이스라엘 12지파가 균등하게 받은 토지에 대한 관심이 재분배의 개념으로 나타나고 있다. 포로시기 및 옛질서가 붕괴하는 상황에서 쓰인 에스겔서는,[30] 이스라엘 백성이 다시 국가를 건설할 때 지켜야 할 지침들을 기록하고 있다. 에스겔은 예전과 동일하게 땅을 재분배할 것을 말하고 있다.

"내가 옛적에 내 손을 들어 맹세하여 이 땅을 너희 조상들에게 주겠다고 하였나니 너희는 공평하게 나누어 기업을 삼으라"겔47:14

희년법에서와 마찬가지로, 이와 같은 땅의 재분배에서도, 땅은 하나님께로부터 받은 기업이라는 개념에 기초하여 재산법이 만들어진다. 독립적인 자영업자들을 위해 땅을 분배하는 것은 당연한 일로 여겨졌으며 이는 이전에 자행되던 불의와 대조되는 것이었다.[31] "이 땅을 왕에게 돌려 이스라엘 가운데에 기업으로 삼게 하면 나의 왕들이 다시는 내 백성을 압제하지 아니하리라…이스라엘의 통치자들아 너희에게 만족하니라 너희는 포악과 겁탈을 제거하여 버리고 정의와 공의를 행하여 내 백성에게 속여 빼앗는 것을 그칠지니라…군주는 백성의 기업을 빼앗아 그 산업에서 쫓아내지 못할지니 군주가 자기 아들에게 기업으로 줄 것은 자기 산업으로만 할 것임이라 백성이 각각 그 산업을 떠나 흩어지지 않게 할 것이니라"겔45:8,9; 46:18 따라서 새로운 시대에서 땅을 재분배하는 것은 정의를 베푸는 일로 제시되고 있다.

마지막으로 미가서는 2장 1~5절에서 사회적인 역전 즉 땅을 소유하고 있던 자들이 그것을 잃게 될 것을 예언하고 있다. 이 어려운 본문에 대한 알트의 해석이 옳은 것이라면, 여기에는 또 한 번의 땅의 재분배가 예견되는 것이다. 알트는, 땅을 측량하고 나누는 것과 여호와의 회중에서 제비 뽑는 것 등에 대한 언급미2:4,5은, 예루살렘에 본거지를 둔 귀족 정치 하에서의 대농장제도가 종말을 고할 것을 암시하는 것으로 해석하였다. 여호와께서는 이와 같은 지배층의 방자한 축재를 무너뜨리고자 개입하실 것이며, 땅을 새롭게 분배하실 것이다. 노예로 전락하였던 가정들은 다시 기업을 얻게 될 것이며, 가능한 한 공정하게 부가 분배될 것이다.[32] 미가는 모든 사람이 균등하고도 안전한 생산수단을 소유함으로써 "자기 포도나무 아래와 자기 무화과나무 아래"미4:4; 슥3:10 참조 앉게 될 때가 올 것을 기대하고 있다.

가진 자들에게 있어 정의가 의미하는 바는, 혜택받지 못한 자들로 하여금 공동체의 삶에 온전히 참여할 수 있는 능력을 갖추도록 도와주어야 하는 의무(역으로 말하면, 소외된 집단들이 하나님의 돌보심 아래 요구할 수 있는 권리)다. "너희 중에 가난한 자가 없으리라"^{신15:4} 가진 자들이 자신이 가진 것을 자유롭게 사용할 수 있는 것은, 모든 사람이 누려야 할 기본적인 조건들이 충족된 다음에야 가능한 것이다.[33] 능력에 따른 사치품을 사용하는 것도 그 이후에야 가능한 일이다.[34] 이스라엘에서는 자기가 얻은 이득을 자유롭게 사용할 수 있는 범위가 제한되어 있었다. 왜냐하면, 이스라엘은 자원이 부족한 사회였고 또한 물질의 소유에 대한 규범은 충족성의 원칙, 즉 부하지도 가난하지도 않음을 근거로 하고 있었기 때문이다. 시30:8,9; 딤전6:6~8

우리는 블라스토스^{Vlastos}의 잘 알려진 분배정의의 지침을 예로 들어 성경적 정의에서 말하는 분배의 원리에 관한 논의를 요약할 수 있을 것이다.[35] 즉 첫째, 각 사람의 필요에 따라 둘째, 각 사람의 가치에 따라 셋째, 각 사람의 자격에 따라 넷째, 각 사람의 노동에 따라 다섯째, 모든 사람이 합의하는 바에 따라 분배되는 원리가 그것이다.

성경적 정의에는 첫째 항목이 가장 중요하다. '각 사람의 필요에 따라'는 분배 원리의 기초였다.[36] 이 원리는 구약의 예언이 성취된 것으로서, 초대교회에서 실천되었다. 행4:35 '각 사람의 가치에 따라'는 인간의 차별 근거가 아니었다. 왜냐하면, 모든 사람은 동등한 가치를 갖고 있기 때문이다. '각 사람의 자격에 따라'는 본래 잘못된 것을 바로잡는 정의와 관련이 있는 것이다. 출생이나 신분에 따른 자격은 인정되지 않았다. '각 사람의 노동에 따라'는 사회 안의 모든 사람들의 기본적 필요들이 충족된 다음에야 적용되는 원리다. '모든 사람이 합의하는 바에 따라'는 하나님의 언약 관계 안에서만 유효하며 약속 이행에 이차적인 중요성을 가진다.

하지만, 이것은 다른 원리들의 근원이 되며 또한 그것들을 시행하게 하는 원리다. 이 원리들에 덧붙여 성경은 또 하나의 원리를 추가시키고 있다. 그것은 첫 번째 원리들의 근원이 되며 또한 그것들을 시행하게 하는 원리다. 이 원리들에 덧붙여 성경은 또 하나의 원리를 추가시키고 있다. 그것은 첫 번째 원리와 같이 형식적 평등에서는 다소 벗어난 것이다. 즉, 각 사람의 능력대로 베푸는 것이다. 이것은 초대교회에 나타났던 모습이다.[행11:29] 가난한 자들의 필요를 도울 수 있는 능력은 물질적 축복의 근원이 되시는 하나님에 의해 주어진다.

"너는 반드시 그에게 구제할 것이요, 구제할 때에는 아끼는 마음을 품지 말 것이니라 이로 인하여 네 하나님 여호와께서 네 범사와 네 손으로 하는바에 네게 복을 주시리라"[신15:10]

이 원리는 정의가 하나님의 은혜에 근거하는 것임을 상기시켜 준다. "하나님이 능히 모든 은혜를 너희에게 넘치게 하시나니 이는 너희로 모든 일에 항상 모든 것이 넉넉하여 모든 착한 일을 넘치게 하게 하려 하심이라…너희 의의 열매를 더하게 하시리니"[고후9:8,10]

압제 받는 자들을 옹호하는 견해의 편견

분배 정의는 무엇보다도 먼저 최소한의 경제력도 없는 사람들을 위해 시행되어야 한다는 것은, 노먼 스네이스Norman Snaith의 말을 빌리면, "이 가르침에는 근본적인 편견에 깊이 자리 잡고 있다."라는 것이다.[37] 성경적 정의는 이 땅의 가난한 자들과 연약한 자들의 편에 서 있다. 이와 같은 편파성은 예수의 가르침에서 가장 분명하게 언급되고 있다. "가난한 자는 복이 있나니…화 있을 진저 너희 부요한 자여"눅6:20,24 분배 정의의 첫 번째 원리는 압제를 바로잡는 것이다. 이것이 제일 큰 관심사며 다른 것들은 그다음의 문제다. 한 사회의 정의의 수준을 가늠하려면, 그 사회에서 가장 혜택받지 못하는 사람들을 보면 된다. 그 사람의 수준을 통해 그 사회제도들이 정의로운지를 평가하게 된다.[38]

필요는 결핍 혹은 부족함을 의미하며 반면에, 개인이 받아야 할 보상으로서의 공적은 각자가 가진 자질로 말미암아 나타나는 당연한 결과기 때문에, 필요에 따른 분배는 공적에 따른 분배와는 다른 것이다.[39] 이스라엘에서 가난은 악으로 생각되었으며 두려움의 대상이었다. 자신의 영적 상태를 위해 스스로 가난을 선택하게 된 것은 후대의 고행주의자들에 의해서였다. 잠언에 기록된 것처럼 "가난한 자의 궁핍은 그의 패망이다"잠10:15 모든 사람이 동등한 가치를 갖고 있다는 사실에 근거하여 평등을 실현하려면 가난한 자들의 비참한 상태에 더 큰 관심을 기울여야 한다. 그래서 가난한 자들에게 우선권이 주어지게 된다. 만일 공동체 내에 불평등이 존재한다면 그 불평등은 모든 사람의 유익을 위한 것, 특별히 가장 혜택을 받지 못한 자들의 유익을 위한 것이 되어야 한다.[40] 그와 같은 불평등은 정치권력, 즉 권위를 요구하는 장로, 재판관 혹은 왕에게서 주로 나타난다. 그들은 자신이 가진 직책 외에 압제 받는 자들을 해방해야 하는 역할도 동시에 안는 것이다.시72:1~4 이러한 불평등은 직책의 속성이지 그 직책에 있는 사람의 속성이 아니다.

따라서 형법상(보복적 혹은 잘못된 것을 바로잡는)의 규범은,

법 앞에서는 만민이 형식적으로 평등하다는 것이다. 이 영역에서
는 가난한 자들도 공정한 자격을 지니게 된다. 가난한 자라고 해
서 법정에서 그들의 권리 이상의 특별한 대우를 받으리라고 기대
할 수는 없다.신16:20 이런 의미에서 가난한 자나 부유한 자나 공평
하게 대해야 한다.레19:15 만일 가난한 자가 언약을 어겼을 경우, 그
는 그에 합당한 처벌을 받아야 한다. 그러나 여기에서의 주된 관
심사는 법정에서 규범으로 정해진 평등을 무너뜨리는 불평등 세
력부의 힘이 존재한다는 것이다. 공평을 명하는 말씀들에서 종종 초
점이 되는 것이 뇌물에 관한 것이다.출18:21; 23:8; 신16:18,19; 대하19:17

재판관들이 공평해야 한다는 말은 중립을 지키라는 의미가 아
니다. 그들은 당면 문제들로부터 초연한 입장을 취하여서는 안 되
며, 법이 선을 위하여 시행되도록 하고 압제의 수단으로는 사용되
지 않도록 관심을 기울여야 한다.[41] 법을 공평하게 시행한다는 핑
계로 가난한 자들에게 불이익이 돌아가게 해서는 안 된다. 욥은
만일 "도와주는 자가 성문에 있음을 보고"욥31:21 자신이 손을 들어
고아를 쳤다면 그것은 불의한 일이었을 것이라고 말하고 있다. 만
일 그가 율법에 기록된 축복을 약속받았을지라도, 연약한 자들에
게 고통을 주는 행위는 여전히 잘못된 일이었을 것이다.[42]

성경적 정의는 가난한 자들 편에서 그들에게 특별한 관심을 보
이며, 하나님의 백성에게 책임을 요구하는 적극적인 사회원리다.
그래서, 성경적 정의란 가난한 자들의 이익을 나 자신의 일처럼
떠맡는 것을 의미한다고 말할 수 있다.

"내가 의로 옷을 삼아 입었으며…빈궁한 자의 아비도 되며 생소
한 자의 일을 사실하여 주었다"욥29:14,16

정의실현에 대한 명령

하나님께서는 자기 백성의 순종을 통하여 정의를 시행하신다. 하나님의 정의 혹은 하나님을 대리하는 왕의 정의에 대한 설명은 별도로 하더라도, 성경적 정의는 일차적으로 하나님의 명령들 속에서 발견된다. 정의란 우리가 아는 것으로 끝나는 것이 아니라 우리가 행하여야 한다. 그것은 개인적으로 단순히 의롭게 행하는 것 이상의 것이다. 그것은 사회 안에서 정의가 올바로 시행되게 하려고 적극적으로 책임을 지는 것을 의미한다. 하나님께서는 이 땅 위에서 가난하고 궁핍하며 소외된 자들에 대한 압제를 제거하고자 "이 땅을 위하여 성을 쌓으며 성 무너진 데를 막아서는"겔 22:29,30 자들을 찾으셨다. 그러나 그는 그와 같은 사람을 찾을 수가 없었기 때문에 그들 위에 하나님의 진노가 부어졌다.

"내가 기뻐하는 금식은 흉악의 결박을 풀어 주며 멍에의 줄을 끌러 주며 압제 당하는 자를 자유하게 하며 모든 멍에를 꺾는 것이 아니겠느냐 또 주린 자에게 네 양식을 나누어 주며 유리하는 빈민을 집에 들이며 헐벗은 자를 보면 입히며 또 네 골육을 피하여 스스로 숨지 아니하는 것이 아니겠느냐 그리하면 네 빛이 새벽 같이 비칠 것이며 네 치유가 급속할 것이며 네 공의가 네 앞에 행하고 여호와의 영광이 네 뒤에 호위하리니…만일 네가 너희 중에서 멍에와 손가락질과 허망한 말을 제하여 버리고 주린 자에게 네 심정이 동하며 괴로워하는 자의 심정을 만족하게 하면 네 빛이 흑암 중에서 떠올라 네 어둠이 낮과 같이 될 것이며"사58:6~10

여기에 사용된 언어는 구체적인 행동들을 두드러지게 부각시키고 있다. "결박을 풀어주며, 멍에의 줄을 끌러주며 압제당하는 자를 자유케 하며, 모든 멍에를 꺾는 것"이 그것이다.욥29:14,17 이와 같은 행동들은 단순한 자선행위의 차원을 넘어서 고통의 원인을 공격하는 것이며, 모든 형태의 압제에 대해 적극적인 관심을 두는 것이다. 하나님의 뜻은 하나님의 백성이 인간이 당하는 모든 불행을 제거하는 일에 적극적으로 참여하는 것이다. 이러한 행동들은 정의를 실현하고자 권력을 활용할 것을 암시하고 있다.

정의를 실현하려고 권력을 활용하는 것은 우선 정부와 법률의 영역에서 가능하다. 선지자 이사야가 "선행을 배우며 정의를 구하며 학대 받는 자를 도와 주며 고아를 위하여 신원하며 과부를 위하여 변호하라 하셨느니라"사1:17을 호소한 것은 관원들에게사1:10였다. 여기에서의 정의는 압제를 제거하는 것을 의미한다. 고아와 과부는 압제의 대표적인 희생자들이다. 정의는 그 어떤 사람보다도 왕과 관련이 있는 것이다. 왕의 주된 임무는 "정의를 베풀며 압제자들에 대항하여 연약한 자들을 돕는 일"이었다.[43]

정부는 정의 실현을 위한 도구인 까닭에, 그것은 불의의 도구가 될 가능성도 갖고 있다. 성경 기자들은 두 가지 가능성 모두를 언급하였다. 예레미아는 '유다 왕의 집에' 대해 말하였다.렘21:11 "여호와께서 이와 같이 말씀하시니라 다윗의 집이여 너는 아침마다 정의롭게 판결하여 탈취 당한 자를 압박자의 손에서 건지라 그리하지 아니하면 너희의 악행 때문에 내 분노가 불 같이 일어나서 사르리니 능히 끌 자가 없으리라"렘21:12

하나님의 백성은 모두 그들이 속한 사회, 즉 정치적 영역을 포함한 모든 영역에서, 정의를 세워야 할 책임을 지고 있다. "너희는 악을 미워하고 선을 사랑하며 성문에서 정의를 세울지어다 만

군의 하나님 여호와께서 혹시 요셉의 남은 자를 불쌍히 여기시리라"암5:15

이 여호와의 말씀은 이스라엘 민중들 즉 '이스라엘 집'에 대해 주어진 것이다.암5:1,4,15 성문에서 공의를 세운다는 말은 히브리 성읍에서 이루어졌던 정치적인 문제들에 대한 언급이다. 이스라엘 족속은, 그들의 출입구인 성문에서 법적인 문제를 해결하고자 이른 아침에 모이곤 하였다. "재판을 원하는 사람은 누구나 사람들에게 모여 달라고 요청하였고 요청받은 모든 거민들은 기꺼이 회집하였다. 왜냐하면, 정의를 시행하는 것은 모든 사람의 관심사였기 때문이다."44) 여호와께서는 성읍 거민 전체에게 정의를 유지할 책임을 부과하셨는데, 그와 같이 하는 것이 점차로 어려워진 상황에서도 그것을 요구하셨다. 성문에서 벌어진 토론들은 사법, 입법 또는 행정의 기능을 수행하였다. 따라서 스가랴는 정치제도에서의 정의를 부르짖는 것이다. "너희는 각기 이웃으로 더불어 진실을 말하며 너희 성문에서 진실하고 화평한 재판을 베풀라"슥8:16 예레미야는 백성과 정부 모두에게 다음과 같은 여호와의 명령을 전하고 있다.

"다윗의 왕위에 앉은 유다 왕이여 너와 네 신하와 이 문들로 들어오는 네 백성은 여호와의 말씀을 들을지니라 여호와께서 이와 같이 말씀하시되 너희가 정의와 공의를 행하여 탈취 당한 자를 압박하는 자의 손에서 건지고 이방인과 고아와 과부를 압제하거나 학대하지 말며 이 곳에서 무죄한 피를 흘리지 말라"렘22:2,3

성령의 영감을 통하여, 선지자들은 모든 수단을 총동원하여 정의를 행하라는 하나님의 명령이 얼마나 중요하고 심각한가를 백성에게 전하려고 애썼다. 은혜로 말미암아 하나님의 백성이 되고자 하는 모든 사람들은 이 명령에 귀를 기울여야 한다. 선지자들은 이 하나님의 명령을 불순종하면 민족적 재앙이 임할 것을 경고하였으며, 복종하는 자들에게는 생명을 약속하였다. 겔18:5~9 사회정의는 선지서와 신약성경을 관통하여 흐르는 주제다. 사회정의는 기독교신앙에서 너무도 핵심적이어서 사회정의 없이는 어떠한 형태의 경건도 가치 없다. 성경에서 말하는 사회정의를 위한 메시지는 매우 강력하다.

"내가 너희 절기들을 미워하여 멸시하며 너희 성회들을 기뻐하지 아니하나니 너희가 내게 번제나 소제를 드릴지라도 내가 받지 아니할 것이요 너희의 살진 희생의 화목제도 내가 돌아보지 아니하리라 네 노랫소리를 내 앞에서 그칠지어다 네 비파 소리도 내가 듣지 아니하리라 오직 정의를 물 같이, 공의를 마르지 않는 강 같이 흐르게 할지어다" 암5:21~24

"내가 무엇을 가지고 여호와 앞에 나아가며 높으신 하나님께 경배할까 내가 번제물로 일 년 된 송아지를 가지고 그 앞에 나아갈까 여호와께서 천천의 숫양이나 만만의 강물 같은 기름을 기뻐하실까 내 허물을 위하여 내 맏아들을, 내 영혼의 죄로 말미암아 내 몸의 열매를 드릴까 사람아 주께서 선한 것이 무엇임을 네게 보이셨나니 여호와께서 네게 구하시는 것은 오직 정의를 행하며 인자를 사랑하며 겸손하게 네 하나님과 함께 행하는 것이 아니냐" 미6:6~8

이사야 1장 11~20절도 제사와 정의를 대조시키고 있다. 이스라엘의 종교사를 연구하는 학자들은, 이 구절들이 의미하는 바가 기원전 8세기의 선지자들이 제사제도를 전적으로 부정한 것인지에 대해서는 의견의 일치를 보지 못하고 있다. 어쨌든, 이 구절들에서 말하고자 하는 바는 제물들에 대한 비난이 아니라 사회정의의 결핍에 대한 경고였다. 지혜문학에 나타난 사회정의에 대한 명령은 비교의 형태다. "공의와 정의를 행하는 것은 제사 드리는 것보다 여호와께서 기쁘게 여기시느니라"잠21:3 예수께도 제단에 예물을 드리기 전에 형제와 먼저 화해해야 할 것을 가르치셨다.마5:23,24 이 가르침의 배후에 놓여 있는 원리는, 사회정의에 대한 책임을 회피하고서는 그 어떤 형태의 경건도 의심을 살 수밖에 없다는 것이다.

예레미아는 이스라엘 백성이 성전 숭배가 신앙의 전부라고 생각하는 것을 공격하였다. 이스라엘 백성은 하나님의 성전이 자신들과 함께 있는 한 안전하기 때문에, 정의를 행하지 않아도 하나님의 진노를 모면할 수 있다고 생각했다.

"너희는 이것이 여호와의 성전이라, 여호와의 성전이라, 여호와의 성전이라 하는 거짓말을 믿지 말라 너희가 만일 길과 행위를 참으로 바르게 하여 이웃들 사이에 정의를 행하며 이방인과 고아와 과부를 압제하지 아니하며 무죄한 자의 피를 이 곳에서 흘리지 아니하며 다른 신들 뒤를 따라 화를 자초하지 아니하면 내가 너희를 이 곳에 살게 하리니 곧 너희 조상에게 영원무궁토록 준 땅에니라"렘7:4~7

하나님께 대한 순종의 표시로서 사회정의를 행하는 것이 하나님을 아는 것이다.

"네가 백향목을 많이 사용하여 왕이 될 수 있겠느냐 네 아버지가 먹거나 마시지 아니하였으며 정의와 공의를 행하지 아니하였느냐 그 때에 그가 형통하였었느니라 그는 가난한 자와 궁핍한 자를 변호하고 형통하였나니 이것이 나를 앎이 아니냐 여호와의 말씀이니라"렘22:15,16

'신원하다'는 표현은 본문의 사상을 전달하기에는 미흡한 표현이다. 이 용어는 공정한 재판을 의미하는 것이 아니라, 정의가 시행될 때까지 가난한 자의 입장을 변론하는 것을 의미한다. 정의를 행하는 것이 어떻게 하나님을 아는 것이 되는가? 그것은 압제 받는 자들에 대한 하나님의 관심이 하나님의 속성일 뿐만 아니라 역사 속에 나타난 하나님 사역의 본질적인 부분이기 때문이다. 신앙 안에서 이와 같은 하나님을 진정으로 만난 사람들은 그와 같은 모습을 보일 것이다.

이러한 명령들은 구약에서 주어졌기 때문에 우리들의 삶과는 상관없는 것이라고 말할 수 없다. 정의에 대한 명령들은 구약의 윤리의 중심이 되기 때문에, 이것을 거부한다는 것은 구약의 모든 윤리를 거부한다는 말이 된다. 구약은 초대교회가 인정한 '성경'이었다. 신약은 구약의 권위를 거부하기는커녕 구약성경의 모든 내용은 "하나님에 의해 영감 된 것"으로 특별히 "의로 교육하기에 유익하다"딤후6:16고 가르쳤다. 앞에서 언급한 대로, 정의에 대한 구약의 가르침들은 어느 특별한 시대에서만 적용되는 것이 아니라, 하나님의 속성 자체에 기초를 두는 것으로서, 모든 언약 시대에 동일하게 적용된다.

구약에서 하나님은, 연약한 자들에 대한 당신의 태도와 가진 자들에게 요구하시는 바가 무엇인지를 계시하고 계신다. 신약은 이러한 계시를 전제로 하고 있으며, 그것을 더욱 강조하고 있다. 바울 사도는 정의에 관한 구약의 명령을 가난한 자에 대한 그리스도인의 책임과 연결하고 있다.고후9:9,10 예수의 윤리적 가르침과 삶은 선지자들의 전통과 같은 맥락을 유지하고 있다. 그와 같은 구약과의 연속성에 비추어보지 않고서는 예수의 윤리나 신약의 윤리를 이해할 수 없을 것이다.

"화 있을진저 외식하는 서기관들과 바리새인들이여 너희가 박하와 회향과 근채의 십일조는 드리되 율법의 더 중한 바 정의와 긍휼과 믿음은 버렸도다 그러나 이것도 행하고 저것도 버리지 말아야 할지니라"마23:23

본 구절에서는 두 가지 측면에 주목할 필요가 있다. 첫째, 예수께서는 선지자들과 마찬가지로 사회정의가 빠진 경건을 공격하고 계신다.[45] 둘째, 예수께서는 정의에 관한 구약의 권위를 분명히 인정하고 계신다. 즉 사회정의는 구약 윤리에서 가장 고귀한 것이며, 예수께로부터 유래하는 새로운 질서에서도 본질적인 요소이다.

야고보서 역시 이와 유사한 말씀을 담고 있다. 야고보서는 선지자들에게서 발견되지 않는 내용을 담고 있다. "하나님 아버지 앞에서 정결하고 더러움이 없는 경건은 곧 고아와 과부를 그 환난 중에 돌아보는 것이다"약1:27

정의와 사회

우리가 정의를 행하여야 한다는 것은, 사회 안에서 일어나는 모든 행동들에 책임을 진다는 것을 말한다. 인간의 기본적인 필요가 있는 곳이라면 어디에서나, 우리는 우리의 능력과 기회가 닿는 대로 도와야 할 의무가 있다. "네 손이 선을 베풀 힘이 있거든 마땅히 받을 자에게 베풀기를 아끼지 말며"잠3:27라는 말씀은, 이 모든 가르침을 요약한 것인 동시에 다양한 상황 속에서 행해야 할 실천 방안에 대한 요약이다. 우리는 개인이 갖춘 능력이나 자원뿐만 아니라 계층적 지위와 정치적 기회들을 모두 동원하여야 한다. 정의라는 주제가 성경 전체에서 제시되고 있다는 사실은, 성경이 사회적 행동을 직접적이고도 시종일관 요구하고 있음을 보여주는 것이다.

정의는 무엇보다도 사회적 행동을 위한 기본적인 규범이다. 정의에 관한 모든 이론들은, 그것이 자연권에 기초한 것이든 사회 공리에 기초한 것이든 간에 적어도 이 점에는 일치하고 있다. 즉 정의는 다른 사람들과의 관계를 규정짓는 용어며, 정의에 따라 살아가는 사람들이 사회 안에 존재한다는 것이다.[46] 따라서 성경에서 사용된 히브리어 체다카는 "인간과 사물이 따라야 하며 또한 인간과 사물을 가늠하는 척도가 되는 규범"을 의미한다.[47]

한 사회의 정의의 수준은 그 사회 안에서 더불어 사는 사람들이 얼마나 그들의 이익을 공유하며 어려움을 함께하는가에 따라 평가되게 된다. 부, 소득, 처벌, 보상, 권위, 자유, 권리, 의무, 혜택과 기회의 배분은 윤리적 차원에서뿐만 아니라 법적이고 관습적인 차원에서도 정의에 따라 이루어져야 한다. 이와 같은 사회적 가치들의 토대는 인간에 대한 관심이다. 이 관심이 구체적으로 나타나는 것이 정의다.[48]

진정한 정의, 또는 정의를 실현하기 위한 그 어떠한 헌신도 사회제도의 모든 영역에까지 확대되어야 한다. 왜냐하면, 사회 안에서 그 구성원들이 받는 혜택과 불이익을 조정하고 있는 것은 제도들이기 때문이다. 존 롤즈John Rawls는 다음과 같이 말하였다.

"진리가 사상체계에서 가장 중요한 덕목이듯이, 정의는 사회제도들에서 제일 중요한 덕목이다. 아무리 거창하고 경제적인 이론이라 할지라도 그것이 진리가 아닌 한 거부되거나 수정되어야 한다. 마찬가지로 아무리 효율적이며 훌륭하게 정리된 법률이나 제도도 그것이 정의롭지 못할 때에는 개혁되거나 폐지되어야 한다."49)

정의의 개념에 관하여 매우 다양한 해석이 있다는 사실은 앞에서 언급하였다. 정의는 생활필수품들의 분배와 관련된 것이기 때문에, 정의를 어떻게 이해하느냐에 따라 인간의 상황에 대한 이해도 달라진다. 제도의 불평등으로 말미암아 사회 안의 다양한 집단들은 각기 서로 다른 기대를 하게 된다. 예를 들어 교육제도를 생각해보자. 누가 교육의 혜택을 받아야 하는가? 부유하고 신분이 높은 집안의 자제들인가? 어떤 사회에서는 그와 같이 생각한다. 즉 그러한 사회는 신분, 재정적 능력에 따라 교육받는 것을 정의로 여기는 사회임을 반영하는 것이다. 흑인들도 백인들과 같이 좋은 교육을 받을 수 있는가? 가난한 자들도 부자들과 같은 교육을 받을 수 있는가? 우리 사회에서 시행되어온 정의, 더 나아가 정의에 관한 이론조차도 종종 이 질문들에 대해 부정적이었다. 모든 사람이 균등한 교육의 기회를 얻어야 하는가? 아니면 이 사회에서 혜택받지 못하는 사람들인 가난한 사람들, 저능아들이나 장애인들에게 우선권이 주어져야 하며, 따라서 더 많은 제정이 그들을 위해 지출되어야 하는가? 우리가 가진 정의의 개념이 이 질문들에 해답을 제공할 것이다.

정의가 시행되어야 할 가장 중요한 영역은 법과 권력의 영역이다. 정의가 시행되어야 하는 영역들 가운데 공동체의 모든 구성원들이 특별한 관심을 두게 되는 영역이 있다. 즉 정의는 국가권력에 의해 뒷받침되는 법률들로 형성된다.[50] 한 사회에 대한 평가는 그 사회의 법률을 보면 가능해진다. 따라서 정의는 법률 및 국가권력과 분리될 수 없다.

히브리적 사고에서는 정의와 국가권력이 분리되는 개념이 아니다. "율법이 해이하고 공의가 아주 시행되지 못한다"[합1:4] 정의와 국가 권력의 관계는, 정의를 의미하는 가장 중요한 히브리 용어인 미스파트의 사용에서 분명해진다. 왜냐하면, 미스파트는 '법적 결정 혹은 개인의 법적 주장'이라는 의미로 가장 널리 사용되었기 때문이다.[51] 이 단어가 복수 형태로 사용되면 법률들 혹은 법령들을 의미했다. 성경의 명령은 정의를 '행하는 것'이기 때문에, 우리 사회의 법들을 비평적으로 평가하다 보면 기존 법체제를 지지하거나, 개혁하고, 전복시켜야 할 필요성을 느끼게 될 것이다.

만일 우리가 하나님의 정의에 따라 행할 때, 우리의 생각과 행동은 엄청나게 달라질 것이다. 우리는 복지 수혜자들을 위해 정부가 세금을 적게 거둠으로써 각 가정의 생활비의 지출은 절약시킬 수 있지만, 결과적으로 복지단체의 재정은 줄어들게 됨으로써 수혜자들에게는 불이익이 돌아갈 것이다. 실업의 증가를 통해 인플레이션을 억제하려는 정부 시책의 결과 종종 맨 나중에 입사한 사람을 해고시키는 일이 발생하기 때문에, 언제나 해고 대상이 되는 흑인들은 자신들의 불이익에 대항하여 싸우게 될 것이며 하루 종일 일하면서도 여전히 가난에서 벗어나지 못하는 노동자들은 낙심하게 될 것이다. 또한, 우리는 자신들의 손으로 뽑은 정부가 외국의 지원을 받은 소수 특권 집단에 의해 전복되는 것을 보는 제3세계 노동자들의 좌절을 함께 나누게 될 것이다. 우리는 감옥에서 죽은 자식의 몸에 모진 고문의 흔적들을 발견한 어느 아버지의 절망을 함께 느낄 수 있게 되며 또한 인권을 짓밟는 독재 정권을 외국에서 돈으로 지원하는 이유에 대해 의구심을 갖게 될 것이다. 자기 나라에서는 생산이 엄격하게 금지되어 있기 때문에, 하청을 맡겨 비닐 화학제품을 생산하다가 산업재해 때문에 신장암으로 죽어가는 남편을 바라보는 여인에 대해서도 관심을 두게 될 것이다.

창조적 정의에 대해 깊은 인식을 할 때, 그리스도인들은 연약한 자들의 필요에 더욱 민감해질 것이다. 그와 같은 동정의 마음은 분명히 성령의 은사다. 이러한 마음이 있을 때, 우리의 생각과 행동은 사회 안에서 가난하고 혜택받지 못하는 처지에 놓여있는 사람들에게 개인적으로나 제도적 차원 모두에서 우선권을 두게 될 것이다.

정의가 각 사람의 동등한 가치와 사회적 삶에 참여할 권리에 기초하고 있다고 해서, 압제 받는 사람들을 옹호하는 모든 행위가 자동으로 정당한 것이 되지는 않는다. 정의는 모든 사람의 기본권과 의무라는 전체적인 틀 속에서 시행되어야 한다. 우리는 나중에 기본적인 인권들이 서로 충돌하는 문제를 다루게 될 것이다. 여기에서 언급할 수 있는 것은, 그 문제들이 생명, 존엄성 또는 인간이 함께 살아갈 수 있는 최소한의 조건에 가까운 것일수록 침해당해서는 안 되며, 동시에 그런 문제들에 접할 때 정의를 행하도록 부르심을 입은 우리들의 책임은 더욱 커진다는 사실이다.

그리스도인의 삶 속에 정의가 나타나는 것은 성령이 역사 하시는 증거다. 왜냐하면, 기독교의 정의는 특징적으로 구별되기 때문이다. 이 정의는 자신이나 자신이 속한 계층의 이익보다 다른 사람들의 이익을 앞세우라고 요구하고 있는데, 이것은 여러 측면에서 불가능한 일이다. 그러나 하나님께서는 가난한 자들을 보호하시며 그 일을 하나님의 백성을 통하여 하고 계신다. 만일 우리의 행위가 "하나님 안에서 행한 것"요3:21일 때, 인간사회 안에서 연약한 자들에 대한 하나님의 관심은 우리를 통해 나타나게 된다. 따라서 만일 우리의 정치적 선택들이 이 사회의 부유한 자들의 이익을 위한 것이 아니라고 한다면, 우리는 하나님의 은혜를 왜곡시킨 것이라고 말할 수 있다. 부유층이나 가난한 사람들이나 모두 자신들의 이익이 어디에 있는지 알지 못한다고 생각함으로써 자신을 속여서는 안 될 것이다.

이와 같은 정의는 우리가 실현할 수 없는 거창한 것이 결코 아니다. 정의실현의 명령을 받은 우리는, 하나님께서 먼저 사랑해주심으로 말미암아 구원을 받았으며, 이스라엘의 축복에 참여할 권리가 없던 자들엡2:12이었으며, 그리스도 안에서 하나님의 돌보심을 얻게 된 자들이다. 우리를 향하신 하나님의 위대한 행위를 바울이 '의' 라고 묘사한 것은 우연한 것이 아니라 성경적 정의의 전체적 틀과 일치하는 것이다.

05 하나님의 통치

하나님의 통치 혹은 하나님나라라는 말에는 세상에서 실천해야 할 그리스도인의 의무야말로 하나님이 원하시는 뜻이라는 개념이 내포되어 있다. 정의는 단순히 윤리적 원리라기보다는 하나님의 섭리(인간의 타락, 그리스도의 성육신 및 궁극적으로 하나님의 절대적 통치 아래 만물이 화해함)의 일부분이다. 그러므로 사회정의는 만물을 새롭게 하려는 하나님의 오래 참으시는 사역이라는 맥락에서 생각해볼 수 있다.

하나님의 통치는 예수께서 가르치신 핵심적인 내용이다. 오늘날 성경학자들은 예수께서 팔복과 비유를 통해 가르치신 것이 사실상 하나님의 통치하는 데 대부분 동의하고 있다. 예수께서는 "회개하라 천국이 가까웠느니라"마4:17고 선포하셨다. 마태는 세례요한도 똑같은 메시지를 전했다고 기록하고 있다.마3:2 하나님의 통치 혹은 하나님나라의 개념은 초대교회의 말씀 선포에서 중심이 되는 내용이었다. 사도행전은 로마에서 가택연금 상태에 있던 바울이 그를 방문하는 사람들에게 "담대히 하나님나라를 전파하

며 주 예수 그리스도께 관한 것을 가르쳤다"행28:31; 29:8; 28:23 참조는
내용으로 끝나고 있다. 히브리서는 하나님의 '성' (하나님의 경영
하시고 지으실 터가 있는 성히11:10)에 대하여 말하고 있는데, 이것
은 헬라 유대교의 용어로서, 교회는 이 용어를 수 세기 동안 하나
님나라를 의미하는 것으로 사용하였다.

통치 혹은 왕국의 의미로 사용되는 '바실레이아' 라는 헬라어는
일차적으로 통치의 장소보다는 통치 행위를 의미했다. 따라서 대
부분 그것은 왕국으로 번역하기보다는 통치, 다스림, 왕권 혹은
절대주권 등으로 번역되어야 한다. 공관복음의 병행구절들은 하
늘의 통치(또는 나라)는 하나님의 통치(또는 나라)와 동의어임을
보여준다. 예를 들어, 마태복음 3장 11절, 마가복음 4장 11장 및
누가복음 7장 10절을 비교해보라. 하늘이란 용어는 유대인들이
하나님의 거룩한 이름을 마음대로 부르지 못했기 때문에 생겨난
용어다.[1] 따라서 마태가 속한 공동체는 유대인 회당과 접촉이 잦
았으므로 아마 '하늘의 통치' (하늘나라)라는 표현을 사용하였을
것이다. 하나님의 통치는 인간의 역사에 대한 하나님의 다스리심
이라는 사상을 표현하기 위한 전문용어다.

구약의 배경

헤르만 리델보스Herman Riderbos는 구약에 대한 지식 없이는 신약
에서 하나님의 통치에 관한 선포를 이해할 수 없다고 말하였다.
그러므로 예수와 요한은 자신들의 메시지를 듣는 사람들은 이미
하나님의 통치가 무엇을 의미하는지 알고 있음을 전제로 하고 있

다. 그들이 강조한 것은 하나님의 통치의 임박성, 즉 그것이 가까이 왔다는 사실이지 하나님의 통치 속성이 아니다.[2] 마가복음에 의하면 예수께서는 "때가 찼고 하나님의 나라가 가까이 왔으니 회개하고 복음을 믿으라"막1:15는 말씀으로 그의 사역을 시작하셨다. 이 구절에서 그는 미래에 대한 이스라엘 민족의 모든 기대를 요약하였다.[3]

구약에서는 여호와의 왕권이 두 가지 방법으로 묘사되고 있다. 첫째, 하나님은 이스라엘의 파수꾼이며 인도자라는 사실이다. 출애굽기 15장은 이스라엘 민족을 애굽사람들로부터 구원해내신 여호와의 영광스러운 일을 찬양한 후에 다음과 같은 구절로 끝마치고 있다. "여호와의 다스리심이 영원무궁하시도다"출15:18 발람은 두려움에 떨면서 그의 백성에게 "여호와 그의 하나님이 그와 함께 계시니 왕을 부르는 소리가 그중에 있도다"민23:21라고 말하고 있다. 하나님의 통치는 역사상의 사건들을 통해서 드러나고 있다.[4] 시편 기자도 이와 유사하게 말하고 있다. "그들이 주의 나라의 영광을 말하며 주의 업적을 일러서 주의 업적과 주의 나라의 위엄 있는 영광을 인생들에게 알게 하리이다"시145:11,12

둘째, 하나님의 다스리심은 능력과 위엄 있는 일로 나타나며, 도전과 갈등 속에 잘 나타나고 있다는 사실이다. 하나님은 종종 절망에 빠진 인간들에게 구원을 베푸시는 왕으로 언급되고 있다.

구약성경은 이스라엘에 대한 하나님의 특별한 왕권뿐만 아니라 모든 피조세계에 대한 왕권에 대하여서도 언급하고 있다. 이사야는 성전에서 "만군의 여호와이신 왕"이 하늘 궁전에 앉아 계셨으며 하나님의 영광이 온 피조세계에 충만한 환상을 보았다. 사6:3,5;

109:19 참조 5) 하나님께서는 창조주시기 때문에 우주를 통치하고 계신 것이다. "여호와는 크신 하나님이시요 모든 신들보다 크신 왕이시기 때문이로다 땅의 깊은 곳이 그의 손 안에 있으며 산들의 높은 곳도 그의 것이로다 바다도 그의 것이라 그가 만드셨고 육지도 그의 손이 지으셨도다"시95:3~5 결국, 모든 나라와 모든 백성이 하나님의 통치 아래 놓여있는 것이다. 렘10:10~12; 22:28,28 참조

하나님의 통치는 영원한 것이다. 이스라엘 역사 속에서 하나님의 영광이 더욱 충만하게 나타날 것을 기대하던 때가 있었다. "좋은 소식을 전하며 평화를 공포하며 복된 좋은 소식을 가져오며 구원을 공포하며 시온을 향하여 이르기를 네 하나님이 통치하신다 하는 자의 산을 넘는 발이 어찌 그리 아름다운가"사52:7

개인적으로나 민족적으로 이스라엘 백성이 겪은 체험을 통해 볼 때, 하나님의 통치는 역사 가운데 늘 나타난 것이 아니라는 사실을 알 수 있다. 이런 상황 가운데서 이스라엘이 겪는 고통과 불순종은 부인할 수 없는 사실이었다. 하나님의 백성은 하나님께서 훨씬 더 강력하고 확실한 방법으로 역사 안에 개입하실 때를 고대하였다. 그들이 이런 소망을 하는 근거는 "자신들의 윤리적 자각과 하나님께서 도우실 것이라는 변할 수 없는 확신"이었다.6) 하나님의 통치는 구약 전체의 구원에 대한 약속의 핵심이라고 말할 수 있을 것이다.7)

이처럼 이스라엘 백성이 기대했던 하나님의 통치는 어떤 결과를 가져왔는가? 하나님의 통치는 이스라엘 백성에게 심령의 변화를 요구하였다. 즉 그들이 하나님의 법에 복종하고 또한 하나님의 백성이 되기 위한 새 마음과 새 영을 요구하였다. 겔11:19,20 그러나

하나님의 통치는 사회 정치적으로도 중요한 내용을 요구하고 있다. "주 여호와의 말씀이니라 내가 나의 삶을 두고 맹세하노니 내가 능한 손과 편 팔로 분노를 쏟아 너희를 반드시 다스릴지라"겔20:33 하나님의 통치가 임한다는 것은 구원과 함께 심판도 임한다는 것을 의미한다.

하나님의 통치는 정의로 나타난다.

"여호와께서 다스리시나니 땅은 즐거워하며 허다한 섬은 기뻐할지어다 구름과 흑암이 그를 둘렀고 의와 공평이 그의 보좌의 기초로다"시97:1,2

"모든 나라 가운데서 이르기를 여호와께서 다스리시니 세계가 굳게 서고 흔들리지 않으리라 그가 만민을 공평하게 심판하시리라 할지로다"시96:10

시편 기자는 하나님께서 압제 받는 자들을 위하여 어떻게 정의를 시행하시는가를 묘사한 뒤에,시146:7~9 다음과 같이 선포하고 있다. "시온아 여호와는 영원히 다스리시고 네 하나님은 대대로 통치하시리로다"시146:10 시편에는 다가오는 하나님의 통치로 말미암아 하나님의 정의가 온전히 나타날 것이라는 약속과 기대가 반복적으로 기록되어 있다.[8] "그가 임하시되 땅을 심판하러 임하실 것임이라 그가 의로 세계를 심판하시며 그의 진실하심으로 백성을 심판하시리로다"시96:13; 98:9 참조

장차 도래할 하나님의 통치를 준비하는 것은 사회적 의미뿐만 아니라 도덕적 의미를 담고 있다.

"외치는 자의 소리여 이르되 너희는 광야에서 여호와의 길을 예비하라 사막에서 우리 하나님의 대로를 평탄하게 하라 골짜기마

다 돋우어지며 산마다, 언덕마다 낮아지며 고르지 아니한 곳이 평탄하게 되며 험한 곳이 평지가 될 것이요 여호와의 영광이 나타나고 모든 육체가 그것을 함께 보리라 이는 여호와의 입이 말씀하셨느니라”사40:3~5

길을 곧게 한다는 말은 정의를 세우는 것을 은유적으로 표현한 것이다. 이와 반대로 불의한 자들은 “굽은 길을 스스로 만들었다”사59:8 그들의 행하는 곳에는 공의가 없다. 다음 구절은 승리의 여호와께서 보이시는 자비를 묘사한 것이다. “보라 주 여호와께서 장차 강한 자로 임하실 것이요 친히 그의 팔로 다스리실 것이라 보라 상급이 그에게 있고 보응이 그의 앞에 있으며 그는 목자 같이 양 떼를 먹이시며 어린 양을 그 팔로 모아 품에 안으시며 젖먹이는 암컷들을 온순히 인도하시리로다”사40:10,11

스가랴는 “여호와께서 천하의 왕이 되실”슥14:9 그날을 바라보고 있다. 그때에는 서리도 없고 밤도 없고 가뭄도 없고 산들도 없고 저주도 없고 또한 위험도 없어서 농사짓기에 적합한 유토피아가 도래할 것이다.슥14:6~11

미가는 하나님의 통치가 임하시는 것을 사회적 안정과 복지에 대한 소망으로 연결하고 있다. 이스라엘의 죄악을 인간 살육으로 특징 지우고미3:1~3 예루살렘의 멸망을 예언한 다음에,미3:12 미가 선지는 ‘마지막 날’의 약속을 말하고 있다.

“그가 많은 민족들 사이의 일을 심판하시며 먼 곳 강한 이방 사람을 판결하시리니 무리가 그 칼을 쳐서 보습을 만들고 창을 쳐서 낫을 만들 것이며 이 나라와 저 나라가 다시는 칼을 들고 서로 치지 아니하며 다시는 전쟁을 연습하지 아니하고…여호와께서 말씀하시되 그 날에는 내가 저는 자를 모으며 쫓겨난 자와 내가 환난 받게 한 자를 모아 발을 저는 자는 남은 백성이 되게 하며 멀리 쫓겨났던 자들이 강한 나라가 되게 하고 나 여호와가 시온 산에서 이제부터 영원까지 그들을 다스리리라 하셨나니"^{미4:3,6,7}

이 마지막 날에 여호와께서 성문에서 정의를 회복하실 것이다. 정치제도와 사법제도는 다시 의롭게 제 기능을 할 것이며^{사1:26;} ^{28:6; 32:1} 공평이 다시 회복될 것이다.

많은 선지자의 예언에 따르면, 하나님께서는 대리자를 통하여 하나님의 목적들을 이루실 것인데, 후에 이 대리자는 '메시아'로 불렸다. 하나님을 대리하는 자의 화평의 언약 아래에서 여호와께 복종하며, 이스라엘 백성을 인도할 것이며, 그들의 불의를 대신하여 죽기까지 할 것이다(이사야 53장에서 언급되고 있는 고난받는 종을 집단적인 민족으로 보다는 개인으로 해석하는 전통적인 해석을 따랐다). 그가 또한 사회정의를 세울 것이다.

"내가 붙드는 나의 종, 내 마음에 기뻐하는 자 곧 내가 택한 사람을 보라 내가 나의 영을 그에게 주었은즉 그가 이방에 정의를 베풀리라 그는 외치지 아니하며 목소리를 높이지 아니하며 그 소리를 거리에 들리게 하지 아니하며 상한 갈대를 꺾지 아니하며 꺼져가는 등불을 끄지 아니하고 진실로 정의를 시행할 것이며 그는 쇠하지 아니하며 낙담하지 아니하고 세상에 정의를 세우기에 이르리니 섬들이 그 교훈을 앙망하리라"^{사42:1~4}

다윗의 집으로부터 한 왕이 오셔서 정의로 세상을 다스릴 것이다.^{사9:7} 그는 이 땅의 가난한 자들을 위하여 마침내 정의를 세우실 것이다.^{사11:4; 16:5 참조}

구약성경 마지막 부분에서 "공의의 하나님이 어디에 계시느냐"
말2:17는 불평에 대해 다음과 같은 말씀이 대답으로 주어져 있다.
"만군의 여호와가 이르노라 보라 내가 내 사자를 보내리니 그가
내 앞에서 길을 준비할 것이요 또 너희가 구하는 바 주가 갑자기
그의 성전에 임하시리니 곧 너희가 사모하는 바 언약의 사자가 임
하실 것이라"말3:1 그는 그들의 헌물이 다시 여호와께 받아들여질
만한 것이 되도록말3:2~5 그들의 부정과 사회적 불의를 불로 심판
하고자 오실 것이다.말3:5 이 대답은 불로 세례를 주실 분이 곧 임
하실 것이라는 세례 요한의 선포에서도 나타나고 있다.마3:11; 눅
3:16; 마11:10 참조

예수시대에, 유대인들은 미래에 대해 기대를 하고 있었는데, 그
들의 기대의 중심에는 하나님의 통치라는 개념이 자리 잡고 있었
다.9) 그리고 그들의 기대는 다양한 형태로 존재하였다. 이스라엘
의 '남은 자'에 관한 소망은 누가복음 1, 2장에서 마리아, 안나 및
시몬에 의하여 언급되었다. 세례 요한의 아버지인 스가랴도 역시
원수들의 세력으로부터 구원을 받은 하나님의 백성이 "종신토록
주의 앞에서 성결과 의로 두려움이 없이 섬기게 하리라 하셨도
다"눅1:74,75고 예언하였다. 그 시대의 다른 작가들도 이 소망의 세
가지 내용을 모두 반영하고 있는데 압제로부터의 해방, 하나님을
진실하게 경배함, 정의가 있는 삶(솔로몬의 시편 17:26, 28과 희
년서 1:15~19)이 그 소망의 내용이었다.

유대 묵시문학에는 하나님과 연합하는 사회를 묘사하고 있으며
영원히 압제를 종식할 하늘로부터의 혁명에 대한 기대가 담겨 있
다. 이러한 소망을 믿는 사람들은 그 소망에 합당한 삶을 살아야

했다.[10] 위대한 왕을 위하여 한 집이 세워질 때에 관한 예언에 덧붙여,에녹1서 91:13 에녹1서는 지금은 불의가 멸망한 때이므로 정의를 사랑할 것을 호소하고 있다.에녹1서 94:1 이어서 에녹1서는 의로운 자들을 착취하고 압제했던 부유한 자들에게 재앙이 내릴 것을 말하고 있다(특히 94:6~8; 95~7; 97:8~98:3, 8; 102:9). 제3 시빌린 신탁서The Third Sibylline Oracle는 다음과 같이 말하고 있다. "그때에 그가 영원한 왕국을 세우실 것이다." 이 통치의 특징은 정의가 될 것이다. "이것은 전능하신 하나님이 다스리고 심판하시는 곳이기 때문에 부요함조차도 인간들 사이에서 의로운 것이 될 것이다."

하나님의 정의로운 통치

선지자들이 오래전에 예언하였고, 예수께서 가르치시고 자신의 삶을 통하여 나타내 보이신 하나님의 통치는, 예수와 함께 인간역사로 들어왔다. 이 하나님의 통치는 "교회의 출발점이며 동시에 교회의 목표"다.[11] 지금은 하나님의 통치가 부분적으로만 임하고 있다. 귄터 보른 캄Günther Bornkamm은 예수의 가르침 가운데 미래에 관한 말씀과 현재에 관한 말씀을 분리하는 것은 위험한 일임을 경고하고 있다. 하나님의 통치가 임한다는 사실은 미래에 구원과 심판이 기다리고 있음을 계시해주며, 하나님의 통치가 임박했다는 사실은 오늘이 결단과 행동의 날임을 계시해준다.[12]

예수께서는 하나님의 통치가 완전히 실현될 날이 가까워서 현재 이 순간은 긴박한 때라고 말씀하셨다. "승리하시는 하나님의 뜻과 권세가 이 시대의 문에 서서 기다리고 있다."13)는 선포는, 약속과 동시에 경고가 되는 말씀으로서 회개 즉 삶의 근본적인 변화에의 부름이다. 때가 찼다. 기회는 절정에 달했다. 하나님의 통치가 임박하였다. 그러므로 회개하라!막1:15 하나님의 통치는 구원과 함께 심판도 가져온다. 하나님의 통치가 임하시는 때를 알지 못하고 하나님의 통치가 제공하는 기회를 잡지 못하는 자들은 심판을 받게 된다. 십자가의 죽음을 목전에 둔 예수께서는 예루살렘을 보고 우셨다. 왜냐하면, 예루살렘이 하나님의 통치가 임한 사실을 깨닫지 못했기 때문이다.눅19:41~44; 12:96; 13:1~5 참조 회개하는 사람들에게도 이와 유사한 긴박성이 존재한다. 그들은 깨어서 주님이 다시 오실 때를 준비하고 있어야 한다.눅12:37 하나님의 축복과 함께 하나님의 진노도 기다리고 있다는 사실은, 지금 이 순간을 부정하기보다는 오히려 지금 이 순간을 대단히 중요하게 만든다.14)

　다른 한편으로, 현재에 성취된 일들은 하나님께서 자신의 계획을 머지않아 성취하실 것임을 말해주는 좋은 징표다. 지금 주어진 구원은 완성된 구원이 머지않아 나타날 것에 대한 확신을 준다.15) 예수께서 선포하신 하나님 통치의 신비는, 그것이 이 세상 마지막 날에 있을 심판 이전에 시작된다는 사실이다.16) 우리가 천체의 현상들을 관찰할 수 있는 것처럼, 하나님의 통치가 임하시는 것도 관찰할 수 있다고 생각하는 사람들에게 예수께서는 다음과 같이 말씀하셨다. "하나님의 나라는 너희 안에 있느니라"눅17:21 하나님의 통치는 예수와 관련된 사건들 속에서 이미 나타나는 것이다.17)

　예수의 가르침과 행동들은 다양한 각도에서 이와 같은 현재적 성취를 보여주고 있다. 세례 요한이 나타나기 전에 선지자들은 하나님의 통치에 관하여 예언하였다. 세례 요한 이후에 하나님의 통치는 인간역사 안에 임하였으며 침노를 당하기까지 하였다(마 11:12에서 침노를 당한다는 말은 권세를 행사한다는 뜻으로 해석할 수 있다). 하나님의 통치는 이미 임하였으며 그것은 이전에 선지자들이 예언한 바로 그 하나님의 통치다.

율법을 다시 해석하며 죄를 사하시는 예수의 권위막2:23~28; 2:1~12는 하나님나라가 성취되었음을 선포하는 것이었다. 용서의 때가 도래한 것이다.[18] 예수의 가르침 속에 들어 있는 긴박성은 그때가 다 지나갔음을 의미하는 것이 아니라 그때가 도래하였음을 의미하는 것이다.

예수의 윤리적 가르침들은 하나님의 통치를 기대하는 윤리 혹은 준비하는 윤리가 아니라 하나님의 통치윤리다. 그것은 이 땅에 임하여 있는 하나님의 통치윤리다. 혹은 새 언약의 윤리다. "새 언약시대에 살며 구원과 화목을 통해 언약백성이 된 사람들의 의"[19]인 것이다. 예수께 응답하는 사람들은 인간역사 안에서 새로운 정의의 시대가 요구하는 바에 따라 살아야만 한다.

'지금'이라는 단어는 초기 개신교의 핵심적인 단어였으며, 이 땅에 임한 하나님의 통치가 가지는 윤리적 의미를 예시해준다. "지금 외롭다 하심을 받아야 하며 지금 구원의 확신을 받아야 한다. 그리스도의 다스림이 지금 실현되었다."[20] 심판에 대한 의식과 함께 새로운 생명에 대한 의식은 하나님나라라는 개념에 긴박성을 더해주었으며, 봉건적이며 신분적인 질서를 무너뜨렸다. 청교도들에게 있어서 "인생의 목표 또는 인생의 의미라는 개념이 하나님의 절대주권에 대한 그들의 믿음과 더욱 가까워질수록 그것은 내세와 관련된 것이 아니라 다가오는 하나님나라와 관계있는 것이 된다."[21]

예수께서 십자가 위에서 죽으심은 하나님의 통치가 임재했다는 사실을 무너뜨리는 것이 아니라 오히려 강화시켜준다. 그의 부활과 승천을 통해 사도들은 하나님께서 십자가에 달려 죽으신 예수를 '주'로 만드셨다고 믿었다.행2:36 그리스도는 왕이시다. 하나님의 통치는 높이 돌림 받으신 그리스도의 다스림 속에 나타나며, 그리스도의 다스림으로 실현되었다.[22] "하나님께서는 그리스도를 높이셔서 모든 입으로 예수 그리스도를 주라 시인하도록 만드셨다"빌2:9~11 요한계시록은 국가 권력을 통해 나타나는 사탄의 세력과 하나님의 통치 사이에 일어나는 싸움에 관한 기사를 담고 있는데, 그것은 예수를 "땅의 임금들을 다스리는 자"계1:5로 선포하는 것으로 시작하고 있다.

칼 만하임은 입헌 군주론자들이 "왕은 통치하되 다스리지는 않는다."라는 것을 그들의 금언으로 삼았다고 말한다.[23] 우리는 이 말을 우리의 논의에 적용할 수 있을 것이다. 즉 그리스도는 통치하시지만, 현재는 단지 부분적으로 다스리실 뿐이다. 이 시대는 하나님께 대항하는 반역행위를 지속하고 있다. 이 시대에서 하나님의 목적은, 그리스도께서 통치하시는 것뿐만 아니라 이 세상의 정치권력들을 완전히 주관하실 때까지 그리스도의 통치를 확대하여 모든 사람이 계시록의 찬송을 함께 부르게 하는 것이다. "주 하나님 곧 전능하신 이여 친히 큰 권능을 잡으시고 왕 노릇 하시도다"계11:17 우리는 하나님의 통치가 시작된 때와 하나님의 통치가 승리 가운데 임하실 마지막 때 사이의 기간에 살고 있다. "하늘의 통치는 한 알의 겨자씨 같다.” 겨자씨는 씨들 가운데 가장 작은 것이지만 자랐을 때에는 큰 나무가 된다.마13:31,32 “천국은 마치 여자가 가루 서 말 속에 갖다 넣어 전부 부풀게 한 누룩과 같으니라”마13:33

하나님의 통치는 미래에 완성되는 것이 사실이지만, 하나님께서는 그 완성을 위해서 지금도 역사하고 계신다는 사실을 깨닫게 됨으로 말미암아, 그리스도인들도 사회정의를 위해서 현실세계에 참여해야 한다는 사실을 이해할 수 있게 될 것이다. 만일 하나님의 통치가 그리스도께서 재림하실 때 비로소 완전히 승리하게 되며, 하나님께서 이 세상을 완전히 다스리시고자 결정적으로 개입하시는 일이 인간역사의 마지막 때의 일이라고 한다면, 그리스도인들이 인간의 제도들을 개선할 필요가 없지 않은가? 만일 이 세상의 구조들이 모두 무너져야 할 것이라면 그것을 세우려고 애쓸 이유가 없지 않은가? 결국, 그리스도인들의 임무는 모든 사람들로 하여금 하나님을 믿음으로써 구원을 얻는다는 사실을 알리는 일이 아니겠는가? 마르크스가 종교를 인민의 아편이라고 불렀을 때 그는 바로 이와 같은 태도를 염두에 두었던 것이다.

우리가 처한 상황은 초기에 예수의 제자들이 처했던 상황과 유사하다. 그들이 그리스도의 재림을 기대했던 것처럼 우리도 그때를 기다리고 있다. 그러나 예수의 가르침에 따르면, 우리가 재림을 기다린다는 것은 하나님의 뜻을 이 땅에서 열심히 행하는 것을 의미하는 것이지 게으름을 피우며 세월을 보내는 것이 아니다.마24:44~51 우리를 향하신 하나님의 명령은 미래에 대한 소망으로 말미암아 더욱 강조된다. 하나님의 명령은 시대나 상황에 따라 변화되는 것이 결코 아니다.

완전한 사회를 건설할 수 없다고 해서 보다 나은 사회를 건설하려고 애써야 할 필요도 없다고 말할 수는 없다. 우리는 그리스도가 재림하셔야만 완전에 도달할 수 있다는 이유로 우리 자신의 개인적인 의, 예를 들어 성적 순결함 등을 포기하려고 하지는 않을 것이다. 라우센부쉬는 사회정의를 미래에나 가능한 것으로 주장한다면, 개인적인 성화도 미래에나 가능한 것으로 여기게 될 것이라고 말하였는데, 정확한 지적이다.[24]

하나님께서는 우리에게 영원한 사회를 건설할 것을 명하고 계시는 것이 아니다. 단지 하나님의 피조세계에 대한 우리의 책임을 받아들이라고 요구하고 계실 뿐이다. 우리는 우리가 분명히 죽을 것임을 알고 있음에도 건강에 신경을 쓴다. 이와 마찬가지로 우리는 인간사회의 제도들이 일시적이지만 그 제도들이 정의로운 것이 되도록 관심을 둬야 한다. 우리는 복음운동(예수 그리스도를 따르도록 복음을 전파하는 것)에 관하여도 이와 유사한 말을 할 수 있다. 비록 복음을 듣는 자들 가운데 단지 소수남은 자만이 예수께서 재림하실 때에 믿는 자들로 남을 것이지만, 그럼에도 우리는 모든 사람에게 예수의 사랑을 전해야 한다.

예수의 기적들

예수께서는 나사렛에서 하신 최초의 설교에서 자신의 사역 목적을 언급하셨다.

"주의 성령이 내게 임하셨으니 이는 가난한 자에게 복음을 전하게 하시려고 내게 기름을 부으시고 나를 보내사 포로 된 자에게 자유를, 눈 먼 자에게 다시 보게 함을 전파하며 눌린 자를 자유롭게 하고 주의 은혜의 해를 전파하게 하려 하심이라"눅4:18,19

이 말씀은 정의를 선포하고 있는 구약의 용어들로 언급되고 있다.사61:1,2 또한, 복음서는 예수께서 실제로 소경의 눈을 뜨게 하셨음을 기록하고 있다. 이러한 사실로 보아 우리는 예수의 사역에서 정의에 관한 언급들을 영적으로 해석해서는 안 된다는 것을 알 수 있다.

세례 요한은 "당신이 오시기로 약속한 메시아이십니까?" 하고 예수께 질문하였다. 예수께서는 그의 질문을 듣고 행동으로 답하셨다. "그때에 예수께서 질병과 고통 및 악귀들린 자들을 많이 고치시며 또 많은 소경을 보게 하셨다." 그런 다음에 예수께서는 다음과 같이 대답하셨다. "너희가 가서 보고 들은 것을 요한에게 알리되 맹인이 보며 못 걷는 사람이 걸으며 나병환자가 깨끗함을 받으며 귀먹은 사람이 들으며 죽은 자가 살아나며 가난한 자에게 복음이 전파된다 하라"눅7:22 이 구절은 영적으로 해석되어서는 안 된다. 예수께서는 그 말씀을 하셨을 때에 그 기적들을 실제로 행하셨다. 예수께서 신체적으로 고통받는 자들을 실제로 치유하셨다는 사실은 그가 하나님의 대리 통치자라는 증거가 된다.

예수께서는 자신의 사역이 하나님의 통치가 도래했음을 의미한다고 주장하셨다. 이 하나님의 통치는 소경과 벙어리 및 귀신들린 자들을 치유하는 능력을 가능하게 만들었다. "내가 하나님의 성령을 힘입어 귀신을 쫓아내는 것이면 하나님의 나라가 이미 너희에게 임하였느니라"마12:28 하나님의 통치는 예수를 영접하는 사람들의 마음에 뿐만 아니라 물리적인 세계에도 임하신 것이다. 하나님의 통치는 인간의 신체적 고통이 치유되는 그곳에 임재하였다.

치유사역과 하나님 통치의 선포는 다른 곳에서도 밀접하게 연결되고 있다. 예수께서 그의 제자들을 전도하도록 파송하셨을 때 — 이것은 교회사역의 원형적 모습이었다 — 예수께서는 "하나님의 나라를 전파하며 앓는 자를 고치라"눅9:2; 마10:7,8고 말씀하셨다. 치유사역이 있는 곳에 하나님의 통치가 선포되는 것은 예수 자신의 사역 특징이기도 하였다.마9:35

예수께서 누가복음 4장 18절에서 자신에게 구약 예언의 다른 내용보다 치유사역을 적용하셨다는 사실은 무엇을 의미하는가? 우리는 치유사역을 감옥에 갇힌 자들을 해방하고 압제를 종식하는 등의 정치적인 행동들과는 구별되는 것으로 생각한다. 그러나 히브리인들에게는 육체적 치유와 경제 정치적 해방은 서로 다른 영역에 속한 것이 아니었다. 이사야 61장 1절에서 이 두 가지가 함께 언급된 사실은 전혀 특별한 일이 아니다. 예를 들어 시편 146편에서는 소경의 눈을 뜨게 하는 것이 압제당하는 자에게 공의를 베풀며 갇힌 자를 해방하며 고아와 과부를 붙드시는 등 여호와의 사역과 함께 언급되고 있다.시146:7~9 따라서 마태는 예수의 치유사역을 여호와의 종이 정의를 세울 것이라는 구약 예언의 성취로 보았음이 분명하다.마12:18~21; 시42:1~4 말라기 선지는 "의로운 해가 떠올라서 치료하는 광선을 발할 것"말4:2을 약속하였다. 사실상 치료는 정의의 한 형태로 볼 수 있다. 왜냐하면, 육체는 인간과 세상을 연결해주는 것이며 질병은 육체를 공격하는 다양한 세력들 가운데 하나기 때문이다.

예수께서 행하신 정의의 사역은 치유의 국한된 것은 아니었다.

우리는 예수의 사역이 가지는 어쩔 수 없는 제약들을 알아야 한다. 성육신한 결과로 말미암아 그는 역사 속에서 특정한 시간 특정한 장소에서 활동하실 수밖에 없었다. 또한, 그는 공적 사역의 기간이 짧다는 제약도 받았다. 그는 죽음을 통해 자기 백성을 구속해야 하는 독특한 사명에 묶여 있었다. 그러나 그런 중에서도 예수는 그의 특별한 능력과 기회를 이용하여 사람들을 고통에서 해방하셨다. 예수의 치유사역은 인간의 육신적 필요뿐만 아니라 사회적 필요 모두를 해결하신 것이었다. 그러나 많은 사람은 예수의 기적을 해방구원의 사역으로 보기보다는 복음서의 내용을 확증해주는 것으로 해석함으로써 이 사실을 너무 자주 외면해 버렸다. 복음서는 종종 예수의 치유사역을 민망히 여기는 마음에서 나온 것으로 기록하고 있다. 예수의 치유사역 중 일곱 번은 예수께서 민망히 여기시고 치유하셨으며, 다섯 번은 예수께서 간청을 들으시고 치유사역을 베푸셨다고 기록되어 있다.[25]

하나님의 통치가 질병의 치유에 임한다고 해서 하나님의 통치는 인간에게 고통을 가져다주는 다른 요인들과는 관련이 없음을 의미하지 않는다. 어거스틴은 음식과 음료, 의복과 거처를 포함하여 신체의 건강을 유지하거나 회복시키는 모든 것을 '의약'으로 정의하고 있으며 재난과 상처로부터 지켜주고 보호해주는 모든 수단까지도 '의약'에 포함된다고 말했다.[26] 구세군의 창시자인 윌리엄 부스는 "병들고 무질서하며 완전한 파멸로 인도할 위험이 있는 상황"에 처한 사람에게 관심을 기울여야 할 것을 역설하였다.[27] 우리는 서로 다른 은사들을 받았을지도 모르며(치유의 은사는 주어지지 않았을 수도 있다.) 우리 주님으로부터 서로 다른 기회를 부여받았을 수도 있다. 그러나 우리는 모두 나름대로 인간의 모든 고통을 치유하고자 측은한 마음으로 애쓸 수는 있다. "예수께서 그들을 하나님나라를 전파하며 앓는 자를 고치게 하려 내어 보내셨다"눅9:2

사탄과의 싸움

예수께서 병든 자를 치유하신 기적들과 귀신들린 자들을 해방하신 사역은 같은 사역의 서로 다른 측면일 뿐이다. 하나님의 통치는 소경과 벙어리를 고치신 일 뿐만 아니라 귀신들린 자에게서 귀신을 쫓아내신 일에도 임하신 것이다.마12:22~26 하나님의 통치는 하나의 사상이거나 단순히 '영적인' 권세가 아니다. 하나님의 통치는 사탄의 세력에 잡혀 있던 사람들의 육체를 치유하고자 임하는 권능이다. 예수께서 사탄의 권세를 정복하시고 피조물을 지배하는 사탄의 권세를 무너뜨리심으로 하나님의 승리가 선포되었다.28) 강한 사람이 그보다 더 강한 사람에 의해 정복된 것이며, 그의 재물은 나누어질 것이다.눅11:22

하나님의 통치는 종종 다른 통치자들에 대한 하나님의 절대 주권을 의미한다. 구약에서는 하나님의 우주적 권세가 동방 군주들의 권세와 대조되고 있다. 예수시대의 사람들은 하나님의 통치에 대항하는 악의 권세가 세상을 지배하고 있다고 생각했다. 그러므로 1세기에 쓰인 모세 언약서는 "온 세계에 여호와의 왕국이 임하여 사탄의 세력이 물러가고 슬픔도 함께 물러가게 될"10:1; 다니엘 언약서 5:13~6:4 참조 때를 소망하고 있다. 쿰란 문서에 보면 엣센 공동체는 하나님께서 전능하신 손으로 사탄과 그의 천사들을 물리치시고 승리하실 것을 기다리고 있었다. 그 후에는 "이스라엘의 하나님이 통치하시게 될 것이다"1QM 1:15; 6:6 신약에서 하나님의 통치는 사탄의 권세와 전투하고 있으며, 악한 사회질서와 대조되고 있다. 눅12:30~31; 요18:36; 골1:13; 계11:15 참조

"그리스도를 통한 해방이 쟁취 되는 전선은 영혼과 육체 혹은 인간과 구조들 사이에 있지 않다. 그 전선은 쇠퇴하고 파멸하는 세상 권세와 하나님의 영의 권세 또는 미래의 권세 사이에 형성되는 것이다."29)

우리는 그리스도께서 최초로 사탄의 권세를 이기시고 역사 속에서 최종적인 승리를 이루실 시대 사이에 살고 있다. 그리스도의 재림을 언급한 후에 바울은 다음과 같이 말하고 있다.

"그 후에는 마지막이니 그가 모든 통치와 모든 권세와 능력을 멸하시고 나라를 아버지 하나님께 바칠 때라 그가 모든 원수를 그 발 아래에 둘 때까지 반드시 왕 노릇 하시리니 맨 나중에 멸망 받을 원수는 사망이니라"고전15:24~26

여기에서 악의 세력은 '정사와 권세와 능력'으로 묘사되고 있다. 그리스도의 통치는 이 세력들과의 싸움과 연계되어 있다. 그리스도께서 통치하시게 되면 하나님의 뜻에 대적하는 모든 세력은 멸하실 것이다. 그리스도의 재림은 사탄과의 싸움에서 최종적인 승리를 가져올 것이다. 따라서 그리스도의 사역은 개인의 구원뿐만 아니라 역사 전체에 영향을 미칠 것이다.30)

위의 고린도전서 15장 24~26절이 의미하는 바가 사탄의 세력이 마지막 날에 멸망된다는 것인지 아니면 그리스도의 승리가 '지금' 시작된 것인지에 관하여는 해석자들 간에 엄청난 차이를

보이고 있다. 죽음이 멸망된 것이라는 헬라어 동사는 현재직설법으로 쓰였는데, 이것은 진행 중인 동작을 의미한다. 바울은 마지막 때와 맨 나중의 원수에 관하여 기록하고 있기 때문에,^{고전15:24} 여기에서 사용된 현재 시제는 미래적 현재라고 해석하는 학자들이 있다. 그러나 현재직설법은 통상적으로 진행 중인 현재의 동작을 나타낸다. 바울은 마지막 때에 일어날 일들이 현재 진행되고 있다는 사실 때문에 소망을 한다. 그리스도의 통치는 모든 원수들이 그의 발아래 복종하게 될 때 완성되지만, 맨 나중 원수의 멸망조차도 이미 시작된 것이다. 현재는 원수들이 그의 발아래 복종하고 죽음이 멸망조차도 이미 시작된 것이다. 현재는 원수들이 그의 발아래 복종하고 죽음이 멸망 받음으로써 그리스도의 통치가 강화되는 때며, 최후의 승리는 그리스도께서 재림하실 때 있게 될 것이다. 그때까지 인생은, 틸리히가 말한 대로, 그리스도와 사탄의 전투장이다. 결국은 역사 속의 모든 개별적인 사건들을 통해 사탄에 대한 그리스도의 승리가 이룩될 것이다. 왜냐하면, 그리스도께서 본래의 질서대로 회복된 우주를 하나님께 바치시게 될 것이기 때문이다.[31] 이 하나님의 승리는 인간역사 속에서 실제로 나타나며 사탄의 권세는 멸망하게 될 것이다. 하나님의 통치를 교회 안의 활동들에만 국한하는 것은, 역사를 주관하고 있는 세력에 대한 하나님의 사역을 무시하는 것이 된다.[32] 역사적인 투쟁들은 완전한 하나님의 통치가 임하는 것과 무관하지 않다. 여름철 폭풍전에 불어오는 신선한 바람과도 같이 현재 우리가 경험하는 작은 승리들은 장차 올 최종적인 승리를 예고해준다. 일반적으로 사탄과의 싸움은 우리 시대의 권력구조가 만든 압제에 대항해서 싸우는 것으로 구체화 된다.

　권력구조에 의해 드러나는 압제는 사회적 악의 존재와 그것이 만들어 내는 불의들에 대한 영적 자각이 있을 때 파악될 수 있다. 스탈린주의, 자본주의, 인종차별주의, 민족주의 그리고 정치적 우파나 좌파 모두에 의해서 자행되는 인간의 몸과 영혼에 가해지는 독재들이 우리 시대의 주된 압제적 세력이다.[33]

　사탄의 권세와 하나님의 통치 사이에 일어나는 싸움에서 우리는 어느 쪽에 어떤 모습으로 참여해야 하는가? 우리 그리스도인들은 모든 인생들의 주되시는 그리스도와 기본적으로 연합되어 있기 때문에 당연히 사탄의 세력에 대항하여 싸워야 한다. 우리가 이 싸움에 어느 정도나 참여해야 하는지는 우리가 처한 사회의 불의가 어느 정도인지에 따라 달라진다. 왜냐하면, 우리는 하나님의 백성으로서 정의를 베풀어야 하는 기본적 의무를 가지고 있기 때문이다.

　더군다나 우리는 그리스도의 사역에 동참하고 있다. 예수께서는 “아버지께서 나를 보내신 것 같이 나도 너희를 보내노라”요20:21고 말씀하셨다. 예수의 사역과 우리의 사역은 같다. 그러므로 우리의 사역은 예수께서 자신에게 적용하신 사역의 내용눅4:18과 최초의 제자들에게 맡기셨던 임무에서부터 시작하여야 한다.

　“칠십 인이 기뻐하며 돌아와 이르되 주여 주의 이름이면 귀신들도 우리에게 항복하더이다 예수께서 이르시되 사탄이 하늘로부터 번개 같이 떨어지는 것을 내가 보았노라 내가 너희에게 뱀과 전갈을 밟으며 원수의 모든 능력을 제어할 권능을 주었으니 너희를 해칠 자가 결코 없으리라”눅10:17~19

예수께서 행하셨던 것처럼마9:35 제자들도 병든 자들을 고치고 하나님의 통치가 가까이 왔음을 선포하도록 보냄을 받았다.눅10:9 그 결과 사탄이 하늘로부터 떨어졌다. 요한계시록에서도 그리스도의 제자들이 복음을 증거한 결과 사탄이 떨어지는 것을 찬양하고 있다. 그리스도의 제자들을 참소하던 자가 결국 쫓겨나게 된 것은, 그들이 죽기까지 그리스도의 구속을 신실하게 증거했기 때문이었다.계12:10; 13:10 참조 34) 제자들은 뱀과 전갈을 지배할 권세도 가지고 있었다.눅10:19 인간의 타락 이후 피조세계를 지배하고 있던 속박과 적대감이창3:13~15,17,18 참조 제자들의 사역을 통해 극복된 것이다. 따라서 바울의 동역자들이 "하나님나라를 위하여 함께 사역하는 자들"골4:11로 불린 것은 전혀 놀라운 일이 아니다.35)

하나님의 통치와 정의

하나님의 통치가 가까이 왔다는 선포에는 정의를 행하라는 명령이 들어 있다. 하나님의 통치가 선포되자 군중은 자신들이 무엇을 해야 하는지를 물었다. 이에 대해 세례 요한은 "옷 두 벌 있는 자는 옷 없는 자에게 나눠줄 것이요 먹을 것이 있는 자도 그렇게 할 것이니라"눅3:4,10; 사56:1고 하였다. 예수께서 제자들에게 소유를 팔아 구제하라고 말씀하신 것도 이와 같은 주제를 반영하고 있다.눅12:33; 14:33; 마19:21 누가는 초대교회에서 행해졌던 공동소유를, 마지막 시대에 성령의 부르심을 받은 교회가 실천해야 할 규범으로 보고 있다.행2:44~47; 4:32~35 각자의 소유를 자기 것이라 주장하지 않고 공동으로 소유하는 것은 하나님이 통치하시는 윤리에 따라 살기를 원하는 공동체에 매우 적절한 것이었다. 하나님께서 통치하시는 사회에는 언제나 인간의 응답이 요구된다. 그래서 하나님께서는 어떤 사람들은 많이 소유하고 어떤 사람들은 적게 혹은 전혀 소유하지 못하는 그와 같은 사회를 너그럽게 보고 계실 수가 없다.[36]

마태복음과 누가복음에서, 예수께서는 그의 사역 초기부터 구약성경의 정의에 대해 가르치신 것을 볼 수 있다. 그리고 그 가르침을 통해 늘 짓밟힌 집단과 자신의 사역을 연결하고 있음을 볼 수 있다. 예수께서는 나사렛에서 자신의 사역 목적은 가난한 자들에게 복음을 전하고 압제 받는 자들을 자유롭게 하는 것이라고 말씀하셨다.눅4:18,19 마태복음에서는 예수께서 팔복부터 가르치셨다. 여기서 하나님의 통치로 말미암은 축복은 누가복음 4장에서 언급된 부류의 사람들과 유사한 집단의 사람들에게 약속됐다. 누가복음에서는 마태복음과는 달리 가난한 자들에 대한 축복이 부자들에 관한 경고와 함께 언급되고 연약한 자들의 불쌍한 처지가 자세하게 설명되고 있는데, 이 팔복의 내용은 분배의 원리에 대한 급진적인 선언이다.눅6:20~26 사회적 역전을 뜻하는 이 주제는 예수께서 말씀하신 비유들에서 나타나고 있다.특히 눅16:1~9, 19~31

예수께서는 당시의 종교지도자들과 정치 경제적으로 기득권을 가진 지도자들과 대결하였다. 예수의 예루살렘 입성과 그 후에 일어난 성전 정화사건은 백성에게 보이려는 것이었으며, 이것은 그 당시 사회에서 항의하기 위한 가장 적절한 수단 가운데 하나였다. 성전을 관장한다는 것은 당시 유대사회에서 경제와 종교 세력을 장악하는 기반을 가졌다는 것을 뜻했다. 따라서 예수께서 성전을 관장하시는 행동을 상징적으로 보였을 때, 예루살렘의 지배층은 그를 죽이려고 하였다.^{막11:18} 예수께서는 이스라엘 민족의 지도층을 공격하시면서 그들이 정의를 시행하지 못한 사실도 함께 공격하셨다.^{막23:23} 이렇게 행하심으로써 그는 선지자의 역할을 감당하셨던 것이다.

일부 그리스도인들은 요한복음 18장 36절을 근거로, 하나님의 통치가 가지는 사회적이며 경제적인 측면을 부인하였다. 성경의 다른 곳에서 이 부분이 언급되어 있음에도 그들은 요한복음의 구절을 들어 자신들의 견해를 주장하고 있다. 이 구절에서 예수께서는 빌라도에게 다음과 같이 말씀하셨다.

"내 나라는 이 세상에 속한 것이 아니라. 만일 내 나라가 이 세상에 속한 것이었더라면 내 종들이 싸워 나로 유대인들에게 넘기우지 않게 하였으리라. 이제 내 나라는 여기에 속한 것이 아니니라."

이 구절은 '세상'이라는 용어와 '이 세상에 속한 것'이라는 구절의 의미를 알 때 바로 파악할 수 있다. 하나님의 통치가 이 세상에 속한 것이 아니라는 사실과 예수의 종들이 싸우지 않는다는 사실 사이에는 어떤 관계가 있는가?

세상 혹은 질서라는 말은 신약성경에서 다양한 용법으로 사용되고 있는 말이다. 학자들은 이 구절에서 사용된 세상을 물질적인 세상^{공간적 해석}으로 이해하고 있다. 따라서 그들은 예수께서 자신이 이루신 성취를 '영적인 것' 혹은 '임시적인 것'으로 말씀하셨다고 생각하였다. 이 견해를 따르면 결국 하나님의 통치는 하나님과 개인적인 관계의 문제요 현실과는 분리된 신앙의 문제로 생각된다. 예수 그리스도의 통치는 물질적인 세상과 아무 상관도 없기에 예수의 종들은 세상과 싸우지 않을 것이다.

요한이 세상을 부정하고 있는 것은 세상이 물질적이기 때문이 아니다. 만일 세상이 물질적이기 때문에 그것을 부정한다면, 그것은 물질을 악하거나 열등한 것으로 본다는 말이다. 그렇다면, 하나님의 통치와 세상 사이에는 접촉점이 있을 수 없다. 교회는 이와 같은 영지주의적 해석을 받아들이지 않았다. 요한은 오히려 하나님이신 예수께서 인간으로 이 땅에 오셨다는 역사상의 실재를 강조하고 있다.요1:14

요한복음에 나오는 세상을 물질적으로 보는 견해 외에 시간적으로 해석하는 견해가 있다. 이 견해에 의하면 이 세상은 오는 세상과는 달리 악하다는 것이다. 예수의 통치는 이 시대와 관계있는 것이 아니므로 예수의 제자들은 이 세상에서 싸움하지 않아도 된다. 그러나 성경에서 사용하는 세상은 장차 올 새 시대를 언급하기 위한 것이 아니다.37) 성경에서 이 세상과 대조되는 미래시대를 언급할 때는 다른 용어가 사용되었다. 이 세상은 일시적이다. 이 구절의 마지막 문장에 사용된 '이제'라는 용어는 세상을 시간적으로 해석하는 견해를 지지하는 것처럼 보일지도 모른다. "이제 내 나라는 여기에 속하는 것이 아니다." 그러나 여기서 사용된 '이제'는 "만일 내 나라가 이 세상에 속한 것이었더라면"이라는 조건절과 관계있는 것이다. 즉 이 용어는 시간을 나타내는 것이 아니라, 논리상 현재 상황과는 반대되는 사실을 가정함으로써 그것과 대조되는 실제 상황을 보여주려고 사용된 것이다. 즉 이것은 "그러나 사실38) 내 나라는 여기에 속한 것이 아니다"라는 뜻으로 해석해야 한다.

요한복음 18장 36절에서 언급된 세상에 대한 가장 적절한 해석은 하나님을 대적하는 원리들 위에 세워진 사회조직들로 보는 것이다. 예수의 통치가 이 세상의 정치 사회의 가치들과 관계가 있다고 해서 그것이 악한 사회질서에 속한 것이라고 볼 수는 없다. 요한은 '이 세상'과 '세상'을 같은 것으로 보았다.[39) 예수께서는 "내가 세상에 왔다"요16:28고 말씀하셨는가 하면 "내가 이 세상에 왔다"요9:39고도 말씀하셨다. 사탄은 "세상 임금"요14:30이면서 "이 세상의 임금"요12:31이다. 이 세상은 이 세상의 창조주 하나님으로부터 소외된 세상을 말한다.

이 구절에서 특별히 우리의 관심을 끄는 것은, "이 세상에 속한"이라는 구절이다. 그것은 문자적으로 "이 세상으로부터"라는 뜻인데 그것은 사람의 출생지 또는 가치들의 기원을 말하는 것이다. 요한은 이 말을 언제나 부정적으로 사용하였다.[40) 이 구절이 "~이다."라는 동사와 함께 사용될 때는 악한 가치들을 언급한다. "이는 세상에 있는 모든 것이 육신의 정욕과 안목의 정욕과 이생의 자랑이니 다 아버지께로부터 온 것이 아니요 세상으로부터 온 것이라"요일2:16 따라서 하나님은 통치뿐만 아니라 예수와 그의 제자들도 "이 세상에 속하지 않았다"요15:9, 17:14,16 그럼에도, 그들은 1세기에 예루살렘이라는 이 세상에 발을 붙이고 살았던 것이다! 앞에서 살펴본 공간적인 해석이나 시간적인 해석은 둘 다 세상에 관한 해석으로 적절하지 않다. 예수의 통치는 예수와 그의 제자들이 존재했던 것처럼 사회 속에서 실제로 존재하였다. 그러나 그 나라의 기초가 되는 가치들은 세상의 가치들과 다른 것이기 때문에, 예수의 종들은 이 세상과 싸우지 않는다. 그의 통치는 그의 대속적 죽음을 필요로 하며, 그 통치는 인간이 정치적으로 지지한다고 해서 이루어지는 것이 아니라 하나님 아버지의 사역으로 말미암는 것이다. 요10:18; 12:3,27,33; 18:37 참조

하나님의 통치가 인간의 역사 안으로 들어올 때 그것은 인간에게 정의로 응답하라고 요구한다. 그리고 이것은 하나님의 통치를 구하는 사람들의 정치적 관점에 영향을 미치게 된다. 역사 속에 임재한 하나님의 통치는 인간사회를 움직이는 활동들을 상대화시키며 또한 급진적으로 변화시킨다.[41] 이 점에서 하나님나라는 막강한 영향력을 가지며 특별히 그 영향력은 청교도 전통에서 잘 드러난다. 하나님나라는 각 나라의 고유한 민족문화 또는 정치적 경제적 관심을 초월하는 기준을 제시한다. 그 기준으로 사회 안의 모든 것이 측정되며 또한 다른 모든 것들이 그 기준에 일치하여야만 하는 것이다.[42] 칼빈은 "시민정부는 어느 정도 역사 안에서의 하나님나라의 시작이 된다."라고 말하였다.[43] 칼빈주의는 하나님께서 만물을 다스리시는 왕이기 때문에 사람이 사는 모든 영역은 하나님나라와 조화되도록 회복되어야 할 필요가 있다고 주장하였다.[44] 한 사회 안에서 이루어지는 정치는 인간의 외면적 삶을 개조하고 또한 도덕을 권장하는 수단이 될 수 있다. 따라서 그리스도께서 직접 한 국가를 통치하지는 않는다 할지라도 그것은 그리스도께서 원하시는 삶을 적용하는 데 활용될 수 있다.[45]

그렇다면, 우리는 하나님의 통치를 어떤 방식으로 깨달을 수 있는가? "하나님께서 통치하신다는 기쁜 소식이 선포되고, 인간이 그에 대한 반응으로 정의를 겸손히 행하고 또한 악이 정복되고 인간이 하나님 앞에서 자유롭게 된다면, 그때 하나님의 통치는 이미

그들 가운데 실제적인 것이 되었고 또한 하나님의 통치는 그들 가운데 임하신 것이다."[46]

역사 안에서의 하나님의 목적

우리는 역사 속에서 일어나는 사건들 즉 그리스도 안에서의 개인구원, 기독교 공동체의 형성, 불의를 정복함과 초자연적 권세들의 멸망 등을 본다. 그리고 그 사건들 너머에서 역사를 주관하시는 하나님의 목적을 발견한다. 바울은 하나님께서 만유의 주로서 만유 안에 계시고자 먼저 만물을 그리스도께 복종시키신 다음에 그리스도 자신도 그의 아버지께 복종하도록 하실 것이라고 기록하였다.고전15:28 빌립보서에도 이와 같은 사상이 기록되어 있다. 모든 사람들이 예수 그리스도를 주라 시인함으로 하나님 아버지께 영광을 돌릴 것이다.빌2:11 주님이 승리하시는 궁극적 목적은 하나님의 영광에 있다.[47] 그것은 바로 하나님은 만물 즉 땅에 있는 것들이나 하늘에 있는 것들이 그리스도를 통하여 "자기와 화목케 되기를" 기뻐하신다.골1:20; 엡1:10 참조 결국에는 모든 피조세계(민족들, 초자연적 권세들, 자연의 힘 그리고 제도)가 하나님의 뜻에 일치하게 될 것이다.

우리는 하나님께서 피조세계에서 이루시고자 하는 이와 같은 최종 목적 안에서 물질세계와 관련을 맺고 살아가고 있다. 인간의 타락으로 말미암아 타락하게 된 피조세계창3:17; 롬8:20에는 그 안에 구속적 목적이 있다. 그러나 피조세계는 허무한 데 굴복하지 않을 수 없었다.롬8:20 [48] 죽을 수밖에 없는 인간이 시간적 제약과 연약

함으로부터 구속함을 당하게 될 때, 피조세계는 썩어짐의 종 노릇 하던 데서 해방될 것이다.롬8:18~23

　종말론적 관점에서 볼 때, 이 세상이 의미가 있게 되는 것은, 그 것이 궁극적인 구속과 관련이 있기 때문이다. 복음을 개인적인 신 앙에만 국한하거나 세상을 초월한 것으로 받아들여 이 세상에 만 연한 슬픔과 불의들을 심각하게 생각하지 않는 것은, 복음의 종말 론적 차원을 도외시하고 있다는 증거다.49) "그리스도는 종교를 창시하고자 이 땅에 오신 것이 아니다. 그는 만물을 다스리고자 하시는 하나님의 목적을 성취하려고 오셨다."50)

　하나님의 창조사역과 구원사역은 두 가지로 구분되는 영역이 아니다. 구약에서는 예배, 윤리, 정치와 자연이 모두 밀접하게 연 결되어 있었다. 하나님께서는 신실한 백성은 번영하게 하시고 불 순종한 백성에게는 자연의 재앙을 통하여 벌하셨다.51)

　하나님의 구원사역은 출애굽 전승의 두 단계에서 창조로 묘사 되었다. 창조에 관한 신화적 이미지시89:10,11; 93:1~4는 이스라엘 민 족이 애굽으로부터 탈출하여 홍해를 건너는 기사에서 사용되고 있다.

　"하나님이여 물들이 주를 보았나이다 물들이 주를 보고 두려워 하며 깊음도 진동하였고 구름이 물을 쏟고 궁창이 소리를 내며 주 의 화살도 날아갔나이다 회오리바람 중에 주의 우렛소리가 있으 며 번개가 세계를 비추며 땅이 흔들리고 움직였나이다 주의 길이 바다에 있었고 주의 곧은 길이 큰 물에 있었으나 주의 발자취를 알 수 없었나이다"시77:16~19

　후에 하나님께서 장차 성취하실 구원사역이, 창조라는 상징을 통해 제2의 출애굽으로 그려지고 있다.

"여호와의 팔이여 깨소서 깨소서 능력을 베푸소서 옛날 옛시대에 깨신 것 같이 하소서 라합을 저미시고 용을 찌르신 이가 어찌 주가 아니시며 바다를, 넓고 깊은 물을 말리시고 바다 깊은 곳에 길을 내어 구속 받은 자들을 건너게 하신 이가 어찌 주가 아니시니이까 여호와께 구속 받은 자들이 돌아와 노래하며 시온으로 돌아오니 영원한 기쁨이 그들의 머리 위에 있고 슬픔과 탄식이 달아나리이다"사51:9~11

따라서 하나님께서 구원의 전사로서 하시는 사역과, 혼돈을 제거하는 창조의 전사로서 하시는 사역이 같은 사역으로 이해되고 있다.[52] 하나님의 백성이 장차 받게 될 구원은 새 창조의 사역인 것이다.[53]

"나는 빛도 짓고 어둠도 창조하며 나는 평안도 짓고 환난도 창조하나니 나는 여호와라 이 모든 일들을 행하는 자니라 하였노라 하늘이여 위로부터 공의를 뿌리며 구름이여 의를 부을지어다 땅이여 열려서 구원을 싹트게 하고 공의도 함께 움돋게 할지어다 나 여호와가 이 일을 창조하였느니라"사45:7,8

하나님의 사역들은 서로 밀접하게 연결되어 있으며 역사 속에서 하나님께서 이루고자 하시는 목적에도 통일성이 있다. 정의와 사랑이 분리될 수 없는 것처럼, 창조와 구속은 하나님의 목적을 이루시기 위한 과정 일부이다. 따라서 인간이 당하는 불행과 착취에 대항하여 싸우는 것이나 정의로운 사회를 건설하고자 노력하는 것은 하나님의 구속사역과 관련이 있다. 교회는 특별히 하나님의 구속사역에 참여하고 있는 그리스도의 몸으로서, 모든 인간의

구속을 향한 몸부림에 동참하게 된다.[54]

그리스도의 성육신은 창조와 구속을 연결짓는 고리다. 성육신은 피조세계를 위해 하나님께서 자신을 선물로 주신 사건이다. 하나님께서는 이 땅에 인간의 모습으로, 특히 압제 받는 인간의 모습으로 오셨다. 이것은 하나님께서 스스로 택하신 자신의 모습이다. 하나님의 아들은 태어날 때부터 마구간에서 누더기에 싸여 있었고 그를 처음으로 방문한 사람들도 미천한 신분의 목자들이었다. 지상 사역 기간에 그는 머리 둘 만한 거처도 없었으며 결국에는 가장 멸시받는 죽음을 당하셨다.

성령은 교회 안에서 하나님의 구원사역을 계속하고 계신다. 우리 주님은 하늘로 승천하셨다. 그러나 그는 역사 안으로 성령을 보내셨다. 성령은 그리스도의 몸인 교회 안에 들어와 계시며엡 2:14~18 참조 그리스도의 사역을 계속하고 계신다. 그리스도의 영은 이제 굶주리고 병들고 갇힌 자들 안에 거하신다.마25:31~46; 고전 1:26~28; 약2:5 교회는 예수께서 하시고자 하는 일을 대행하는 역할을 하게 된다. 교회는 신비로운 몸이 아니라 "사역하고 계시는 그리스도의 몸"이다.[55] 하나님의 통치는 십자가에 달려 죽으신 그리스도의 사역 안에 명백하게 나타나 있으며, 그것은 그리스도에 관한 말씀이 전파되고 또 그 말씀에 따라 사는 곳마다 확장되고 있다.[56] 그리스도께서 십자가에 달려 죽으심으로 말미암아 온 우주는 화해를 이룰 수 있게 되었다. 에베소서에서는, 예수께서 모든 초자연적 권세들 위에 높임 받으셨으며 또한 만물을 그의 발아래 복종시켰다고 기록하고 나서 "그를 만물 위에 교회의 머리로 삼으셨느니라 교회는 그의 몸이니 만물 안에서 만물을 충만하게 하시는 이의 충만함이니라"엡1:22,23고 말하고 있다. 교회는 만물을 하나님의 영과 능력으로 채우기 위한 하나님 사역의 통로다.

에베소서에서는 교회가 하나님의 사역을 대행하는 기관으로서 해야 할 역할을 대략 다음의 세 가지로 언급하고 있다. 첫 번째는 유대인과 이방인 사이의 적대감을 극복하는 것이다.엡2:11~22 두 번째는 그리스도를 사랑하고 그리스도를 아는 일에 더욱 충만해지는 것이다.엡3:19; 4:13 세 번째는 어둠의 일을 드러낼 뿐만 아니라 교회의 선한 일들, 정의와 진리의 일들을 드러내는 역할이다.엡 2:10; 5:8~11; 골1:6,10 참조 슈낙켄버그는 에베소서에서는 세상을 정복하는 방법을 두 가지로 언급하고 있다고 말하였다. 즉 교회가 은혜 안에서 성장하는 것과 교회의 사역을 통하여 세상을 정복하는 방법이다. 이 두 가지 기능은 매우 밀접하게 연결되어 있다.

사랑 안에 세워지며 또한 주님에 의하여 인도되고 양육되는 교회는 하나님의 통치가 이루어지고 권세 잡은 자들이 멸망하여 인간세상이 하나님의 질서로 되돌아간다는 증거다. 또한, 교회가 더욱더 굳세어감에 따라 교회는 이와 같은 메시지들을 세상을 향해 선포하며 사람들에게 그리스도의 통치를 받아들이도록 한다. 교회는 이 세상에서의 교회의 영향력과 활동영역을 넓혀간다. 교회는 권세 잡은 자들을 물리치며 그들이 지배하던 인간 삶의 영역을 회복시킨다.57)

하나님의 통치로 말미암아 우리는 피조세계 즉 개인의 심령 안에서와 사회 전체 안에서 하나님을 대적하는 모든 것들에 대해 승리하리라는 기대와 약속을 보증받는다. 만일 우리가 "교회 안에서만 맴돌고 시장이나 증권거래소 또는 부동산 사무소 안으로 뚫고 들어가지 못하는" 복음을 믿고 있다면, 그런 하나님의 통치는 더는 우리가 찾는 통치가 아니다.[58] 게다가 교회가 하나님 통치의 내용적 측면을 무시한 결과 텅 빈 교회 또는 말썽 많은 교회로 전락할 때, 그것은 진정한 하나님의 통치가 될 수 없다.

하나님의 통치는 모든 피조물이 복종해야 하는 창조자의 합법적인 명령이다.[59]

하나님께서 모든 인생을 위한 계획을 세우고 계신 것처럼, 인간 공동이 삶을 위해서 완전한 사회질서를 마련하셨다. 하나님께서는 그의 자녀를 이 사회질서에 따라 살도록 인도하시며 그 질서를 따라 사는 그들에게 이 세상이 끝날 때까지 축복과 풍성한 평안과 충만함을 주신다. 하나님께서는 인간이 사회 안에서 살아갈 방식을 제시하셨다. 즉 경제 활동, 가족의 생활방식, 교육, 도시나 국가 모두를 위한 질서를 제시하셨다. 그는 가난을 방지할 방법을 제시하셨다. 가난한 자, 병든 자 및 죄인들을 돕고 구원하려는 방법도 제시하셨다. 우리가 찾아야 하고 따라야 하는 것은 이와 같은 하나님의 방법인 것이다.[60]

제임스 구스타프슨이 말한 것처럼, 절대 주권자이신 하나님의 통치를 자각한 사람은 그의 삶의 모든 영역에서 도덕적 책임을 느끼게 된다. 우리는 모든 일을 행할 수 없다. 그러나 "우리는 어떤 일은 그리스도인이 도덕적으로 책임지지 않아도 된다고 인위적으로 결정할 수가 없다."[61]

"먼저 그의 나라와 그의 의를 구하라"마6:33 [62] 라는 말씀처럼 하나님의 뜻에 헌신하고 그 뜻이 이루어질 것을 열망하는 것이 우리가 드려야 할 기본적인 기도다. "나라가 임하시오며 뜻이 하늘에서 이루어진 것 같이 땅에서도 이루어지이다"마6:10 우리는 인생의 궁극적 사명을 깨달아야 하며 그 사명에 우리의 온 열정을 쏟아야 한다. 우리는 하나님의 통치를 구할 뿐만 아니라 하나님의 통치에 속하는 정의를 구하여야 한다.

기쁨으로 참여케 하는 하나님의 통치

"천국은 마치 밭에 감추인 보화와 같으니 사람이 이를 발견한 후 숨겨 두고 기뻐하며 돌아가서 자기의 소유를 다 팔아 그 밭을 사느니라"마13:44

하나님의 통치는 예수 그리스도와 함께 역사 안으로 들어왔다. 하나님의 통치는 더는 우리로 하여금 율법에 얽매이게 하지 않는다. 이제 우리는 새로운 의무, 즉 율법 요구가 아니라 그리스도 은혜의 사역에 즐거운 마음으로 반응하는 데서부터 생기는 의무를 가지게 된 것이다. [63] 우리는 그리스도로 말미암아 우리에게 주어진 성령의 능력과 우리가 그리스도의 지체 되었다는 사실을 통해 하나님의 통치에 순종할 수 있게 된다. 우리는 이제 율법이 요구하는 바를 실천할 수 있다. 왜냐하면, 하나님의 통치와 함께 우리의 마음에 쓰이는 새 언약이 주어졌기 때문이다. 렘31:33

이 새 언약은 그리스도의 대속의 죽음을 통해 역사 안으로 들어왔다. 예수께서는 최후의 만찬에서 "이 잔은 내 피로 세우는 새 언약이니 곧 너희를 위하여 붓는 것이라"눅22:20고 말씀하셨다. 그의 죽음은 하나님나라(통치)를 완성하기 위한 필수적인 전제조건이었다. 하나님의 통치 즉 평화와 기쁨의 잔치는 그리스도의 죽음이 있었기 때문에 우리가 누릴 수 있는 것이다. "내가 포도나무에서 난 것을 이제부터 내 아버지의 나라에서 새것으로 너희와 함께 마시는 날까지 마시지 아니하리라"마26:29 64) "십자가의 피"로 그리스도는 우주를 화목하게 하는 평화를 가져오셨다.골1:20 만물이 화목된다는 것은 죄의 용서를 말하는 것으로서, 이 죄 용서는 의롭다 함을 얻은 사람들이 그리스도에 의해 도래한 새 시대에서 누리는 은혜다.65)

하나님의 통치는 예수 그리스도의 부활로 말미암아 역사 안에서 계속되게 되었다. 이것은 하나님께서 십자가 상에서 이루신 그리스도의 사역을 받아들이셨음을 의미하는 동시에 하나님의 새 창조의 행위였다. 그리스도의 부활은 모든 믿는 자들의 부활을 위한 "첫 열매"였다.고전15:20; 롬8:21~23

역사 안에 들어오시며 동시에 인간의 반응을 요구하시는 하나님의 통치는 성령의 역사를 동반한다. 이 성령은 하나님의 통치를 기쁨과롬14:17 능력 안에마12:28 이하; 고전4:20 임하게 하신다. 하나님의 통치로 말미암은 은사와 능력들은 교회에 주어졌다.마21:43 교회는 내세의 능력을 맛보게 되었다.히6:5 교회는 "하나님나라에 대한 계시, 하나님나라의 발전 및 하나님나라의 미래에 의해 둘러싸여 있으며 또한 그것에 의해 고무되고 있다."66) 교회는 그 활동과 사역을 통해 하나님의 통치를 사람들에게 보여주어야 한다. 또한, 교회는 이 사회의 전위요 선구자로서의 역할을 감당함으로써 모든 소망을 이루어야 할 것이다. 교회는 "이 시대와 장차 올 시대 사이"에 하나님의 통치를 대표하는 것으로 불리고 있다. 따라서 교회는 사회에 존재하는 악들을 보면서 수동적인 자세로 관망하고

있을 수만은 없다.[67]

　자유주의 신학자들은 하나님 통치의 사회적인 측면만을 부각시키고 있지만, 최근의 학자들은 하나님의 통치는 사회적 프로그램이 아니며 더군다나 인간이 하나님의 통치를 가져올 수는 없는 것이라고 말하고 있다. 그것이 '하나님의' 통치라는 사실과 은혜 안에 이미 임했다는 사실은, 하나님의 통치에 응답하는 인간의 반응이 수동적일 수가 없음을 의미한다. 로저 멜Roger Mehl은, 우리는 하나님의 통치를 기다리는 것이지 '우리가' 하나님의 통치를 세우거나 창조하는 것이 결코 아니며, 또한 우리는 그 통치를 창조하고 세우시는 하나님을 섬길뿐이라고 하였다.[68] 우리는 하나님의 통치를 선물로 받는다. 그러나 하나님의 통치와 함께 명령이 주어지며, 이 명령을 준행할 수 있는 능력도 주어진다. 결국, 우리는 하나님의 창조사역 통로가 되는 것이다. 하나님의 통치는 사회적 프로그램이 아니다. 그러나 하나님의 통치가 정의를 세울 것을 명령하며 그 명령을 신실하게 따르게 되면 사회적 프로그램과 사회적 투쟁은 필연적으로 따르게 된다. 하나님의 통치는 인간의 모든 노력을 상대적인 것으로 만들면서도, 그 일을 수행하는 사람들에게 은혜와 동기를 부여한다.

　하나님을 섬기는 방편으로서 사회행동을 했다고 해서 인간이 교만해서는 안 된다. 왜냐하면, 그것은 하나님께서 그리스도 안에서 주신 능력에 복종하고 또한 기쁨으로 그 능력을 활동한 것에 불과하기 때문이다. 우리의 사회활동은, 하나님께서 이 세상의 제도, 권세 및 민족들의 역사를 통하여 우리에게 마련해주신 삶의 기회에 우리가 신실하게 참여하는 것일 뿐이다.

제2부

새로운 사회로 가는 길

정의실현은 불의한 자를 심판하는 행위가 아니라, 심판받아야 할 자에게 사랑을 베품으로써 그들과 함께 더불어 사는 사회를 건설하게 하는 하나님의 놀라운 사랑의 역사다.

06 복음운동

우리는 제1부에서, 하나님께서는 우리가 정의를 이룰 수 있도록 수단을 제공하시는 사실을 살펴보았다. 하나님께서는 창조적인 사랑과 말씀의 계시를 통하여 정의가 무엇인지를 우리에게 알려주셨다. 하나님께서는 세상 안에서 정의를 세우라는 당신의 뜻을 실천할 수 있도록 우리에게 무한한 자원을 공급하신다. 그 자원은 예수 그리스도의 죽음과 부활을 통해 주어진 능력으로 말미암아 우리에게 주어진다. 그러나 하나님의 사랑에 응답하면서 세상의 불의와 대항하여 싸우는 사람들은, 하나님의 정의를 세상에 실현하려면 많은 어려운 난관들을 통과하여야 한다는 사실을 발견하게 될 것이다. 그 하나하나의 길은 모두 중요하기 때문에 어느 하나만으로는 충분하지 않다. 이제부터 정의를 실현하기 위해 통과해야 할 첫 번째 길로서 복음운동을 살펴보기로 하자.

복음운동의 중요성

복음운동이라는 말은, 세상 안에서 교회가 감당해야 하는 모든 사역을 의미하는 것으로 보기보다는, 그 사역 중에서 중심 역할을 하는 하나의 사역을 보아야 한다. 따라서 복음운동은 교회의 다양한 사역들 가운데 하나라는 차원에서 논의가 진행되어야 할 것이다. 왜냐하면, 교회가 한 가지 사역을 감당했다고 해서 다른 사역들도 함께 행한 것이라고 착각해서는 안 되기 때문이다.

복음운동은 복음을 전달함으로써 그 복음을 듣는 사람으로부터 결단을 요구하는 것이다. 복음은 하나님의 통치가 인간의 역사 안으로 들어온다는 복된 소식이며, 그 중심 내용은 하나님의 아들이신 예수 그리스도의 죽음과 부활이다. 이 복음을 통해서 사람들이 회심하여 그리스도의 구속사역이 자신을 위하여 행하신 일로 받아들이게 함으로써 하나님께 충성하도록 하는 것이 복음운동이다. 복음운동을 통해 전해야 하는 메시지는, 마태복음 4장 17절에 대한 율리우스 슈니빈드Julius Schniewind의 해석에서 잘 요약되어 있다. "하나님께서 그대를 향하여 돌아섰기 때문에, 당신도 하나님을 향하여 돌아서라."[1]

복음운동은 그리스도인으로서의 책임을 실천하려면 대단히 중요한 운동이긴 하지만, 복음운동이 곧 사회 안에서 그리스도인으로서의 책임을 실천하는 것을 뜻하지 않는다. 복음운동의 목표는 각 사람으로 하여금 하나님께 충성하게 하는 것이다. 그러나 그것은 결코 강요에 의해 되는 것이 아니라 오직 자유를 통해서만 가능해진다. 복음운동은 한 개인이나 혹은 어느 집단에 속한 개인들을 향한 것이다. 그리스도를 믿는 믿음을 통하여 하나님의 자녀가 되는 것은, 그 자체에 가장 숭고한 가치가 있다. 복된 소식을 전달하는 방법에는 말로 전하는 것 외에 다양한 방법들이 있으나, 기록된 말씀과 인간의 말을 통하여 전달하는 것이 가장 좋은 방법이다. 왜냐하면, 복음의 내용은 과거에 일어난 일이요, 그것은 궁극적으로 언어를 통하여 전달되어야 하기 때문이다.

성경 신학은 정의의 내용과 정의를 세우려는 방법들을 밝히는 동시에 복음운동의 핵심적인 역할에 대해서도 가르치고 있다. 우리가 정의를 실현할 수 있는 것은 하나님께서 주시는 은혜를 통해서다. 하나님의 은혜를 체험하고 그것에 지배되는 새 생명은 회심을 통해 시작된다. 이 회심은 성령의 사역 즉 복음운동의 결과로 오는 것이다. 복음운동을 통해 회심한 사람이 사회변혁에까지 참여할 수 있는 것은, 죄 사함의 체험과 하나님이 주시는 능력 때문에 가능한 것이다. 회심은 인생의 방향이 바뀌는 것을 말한다. 한 개인은 회심으로 말미암아 새롭게 결단하며, 그 인격과 사회적 관계들이 새로운 모습으로 형성된다.[2] 이처럼 새롭게 태어난 사람의 중심에 하나님이 자리 잡게 된다.[3] 결국, 그는 자기 자신의 의지에 사로잡혀 있었던 모습에서 해방되어, 그에게 감추어져 있었던 모습에서 해방되어, 그에게 감추어져 있던 창조적인 본능과 사랑을 베푸는 능력을 자유롭게 행사하게 된다. 그는 세상의 가치관에서부터 돌아섬으로 말미암아 도덕적 책임에 대해 보다 깊이 자작하게 된다. 바울은 이런 의미에서 그리스도인이 된다는 것은 '새로운 피조물' 고후5:17이 되는 것이라고 말했다.

회심한 사람은 윤리적인 면이나 사회적인 면에서 열매를 맺게 된다. 성령의 힘으로 그는 사랑과 기쁨, 그리고 친절과 절제를 경험하게 된다.^{갈5:22} 세례 요한은 하나님의 통치가 가까이 왔다고 선포하면서 '회개에 합당한 열매'를 맺으라고 요구하였다.^{눅3:6} 그는 회개에 합당한 열매란 재물을 나누어주는 것과 불의를 행하지 않는 것 등의 구체적인 행동들이라고 언급하였다. 구약에서도 회심은 하나님께로 돌아서는 것을 의미했으며, 그것은 사랑과 정의로 나타났다. "그런즉 너의 하나님께로 돌아와서 인애와 정의를 지키며 항상 너의 하나님을 바랄지니라"^{호12:6} 복음서에 나오는 삭개오의 경우는 회심이 무엇을 의미하는지를 가장 잘 보여주는 예다. 세리였던 삭개오가 회심함으로 말미암아 예수를 영접하고 또한 자기의 재물을 가난한 자들과 자기가 토색한 자들에게 나누어 주기로 했을 때, 예수께서는 다음과 같이 선언하셨다. "오늘 구원이 이 집에 이르렀다"^{눅19:9}

역사적으로 부흥운동과 영적 대각성이 사회 안에 확산하였을 때, 그것은 종종 사회개혁운동으로 연결되었다. 이 점과 관련하여 미국에서 일어났던 가장 좋은 예는, 1850년대에 일어났던 도시 부흥운동이었다. 티모시 스미스Timothy Smith는 그의 저술에서, 부흥운동과 사회개혁운동 사이의 밀접한 관계를 분석하였다.[4] 그 가운데 가장 두드러진 것은 노예제도를 폐지하려는 움직임이었다. 이 운동은 영국에서 일어난 복음운동에 자극을 받은 것으로, 미국에서도 복음운동의 확산과 함께 나타났던 것이다.[5]

한 사회의 구성원들이 올바른 그리스도인으로서의 자질을 갖추지 못했을 때, 그 사회의 질서는 흔들리기 쉽다. 사회를 외형적으로 변혁시킨다고 해서 각 개인의 인격까지 변화시킬 수는 없다. 한 사회의 구성원들이 가지는 건전한 인격은 건강한 사회를 위하여 필요하여, 올바른 모습으로 조정된 사회구조는 그와 같은 개인들의 인격을 창조해낸다. 에릭 프롬은, 그가 칼 마르크스의 사상에 동조하고 있음에도 마르크스의 사상 가운데 위험한 요소가 있음을 다음과 같이 지적하였다.

"마르크스는 인간 안에 도덕적인 요소가 있음을 무시하였다. 그는 자신이 의도한 대로 경제적인 변화가 성취되기만 한다면 인간이 지향하는 모든 선은 저절로 실현될 것으로 가정하였다. 그래서, 그는 인간의 내면이 변하지 않고서는 더 나은 사회가 만들어질 수 없다는 사실을 깨닫지 못했다. 그는 새로운 도덕재무장의 필요성에 관하여는 전혀 주의를 기울이지 않았거나 적어도 드러나게 언급하지는 않았다. 그런데 이와 같은 새로운 더덕의 변화 없이는 정치나 경제적 변화는 모두 무의미한 것이다."[6]

복음운동은 사회구성원들의 마음속에 도덕적 변화를 가져온다는 점에서 매우 중요하다. 하나님께서는 그의 백성을 통하여 말씀을 선포하실 뿐만 아니라 정의를 세우고 계신다. 하나님께서는 회심한 사람들로 하여금 당신의 통치가 역사적인 사건들과 정치적인 사건들 속에서 실현되도록 일하게 하신다.[7] 엘튼 트르블라드 Elton Trueblood가 지적한 대로 우리는 "믿음이라는 토대가 점차 무너지는 곳에서는 건전한 사회가 세워질 것이라고 기대할 수 없다."[8]

마지막으로, 복음운동에는 관심이 없고 사회참여활동에만 헌신하거나 반대로 사회참여활동은 하나님의 선하신 뜻과 상관없다고 생각하는 것은 그리스도인의 도리가 아니다. 이렇게 되면 결국 많은 사람으로 하여금 기독교 사회참여활동이 단순히 인도주의적 관심을 두는 것으로 생각하거나, 믿음이란 개인의 영적 생활에만 적용되는 것으로 생각하게 하는 빌미를 제공하게 된다.[9]

복음운동에 대한 그릇된 견해들

어떤 그리스도인들은 복음운동이야말로 사회변혁을 위한 가장 중요한 요소일 뿐만 아니라 그것이 더 나은 사회를 만들기 위한 유일한 방법이라고 주장하기도 한다. 그들은 복음운동이야말로 정의를 실현하기 위한 유일한 기독교적 방법이라고 말한다. 그들은 그리스도인들이 사회를 변혁시킬 책임이 있음을 인정하지만, 그것을 실현하는 방법은 사람들로 하여금 회심하도록 하는 것뿐이라고 주장하고 있다.

"세상은 죄로 말미암아 심각하게 오염되어 있다. 범죄, 전쟁, 이혼, 부도덕이나 권위에 대한 모독 등이 만연해 있다. 사회 안의 모든 제도들은 죄로 말미암아 왜곡되고 타락되었다. 사람마다 나름대로 문제해결을 위한 대안을 제시하고 있다. 즉 그들은 실업을 없애라, 환경을 개선하라, 범죄자를 교화하라, 인종차별, 사회적 및 교육적 차별을 없애라, 법을 완화해라, 주간 근무시간을 단축할, 하나의 거대한 공동체 세계를 건설하라는 등의 대안을 제시하고 있다. 슬프게도 이와 같은 처방들은 건강하고 안전한 사회를 만드는 데 실패할 뿐만 아니라, 이 사회를 위하여 진정으로 필요한 한가지 처방을 시행하지 못하도록 막고 있다. 즉 그것은 내면으로부터의 처방, 다시 말해 변화된 마음이다."[10]

복음운동만이 유일한 해결책이라는 이와 같은 생각은 복음운동이 곧 교회의 사역과 같다고 보는 것이다. 이들의 주장은 사회를 구성하고 있는 사람들이 회심하게 되면 그 사회의 제도들과 사회 전체가 변화된다는 것이다. 이와 같은 입장을 옹호하는 사람들은, 복음운동 이외의 다른 방법을 통한 사회변혁은 무분별한 것, 세속적인 것, 무지한 것 혹은 하나님께 불순종하는 것으로 간주한다. 더군다나 그들은 회심한 사람들이 사회를 변화시키는 방법에는 착하게 살거나 열심히 복음운동을 하는 것 외에 어떠한 방법이 있을지에 관하여어는 전혀 침묵하고 있다.

사회정의를 실현하는 방법은 복음운동뿐이며, 또한 그것은 회심을 통해서만 가능한 것이라고 주장하는 것은, 성경적 정의가 담는 뜻을 무시하는 것이다. 성경은 사회구조를 개혁할 뿐만 아니라, 궁핍한 자들을 직접적으로 섬기는 일에도 정의를 시행할 것을 명령하고 있다. 복음운동과 회심만이 유일한 방법이라고 주장하는 생각에는 낙관주의, 이원론 사상, 개인주의 등의 비성경적인 요인이 들어 있다.

낙관주의

사회변혁을 위해 필요한 것은 개인의 회심뿐이라는 입장의 배경에는 낙관주의가 자리 잡고 있다. 그런데 이 입장을 주장하는 사람 대부분은 인간 본성과 역사에 대해서는 비관적이라는 사실은 놀라운 일이다. 이들이 가진 낙관주의는 회심하는 사람들의 숫자와 그들이 거듭남을 과대평가하는 점에서 명백하게 드러난다. 이런 입장에 서게 되면 많은 사람이 거듭날 것이며 그로 말미암아 사회변화가 저절로 일어날 것이라고 가정할 수밖에 없게 된다. 그러나 성경은 엄청난 수의 사람들이 회심하리라는 사상에 대해 전혀 언급하고 있지 않다. 반대로 예수께서는 "인자가 올 때에 세상에서 믿음을 보겠느냐?"눅18:8라고 말씀하셨다. 그리스도는 모든 민족에게 복음이 선포되었을 때 재림하시는 것이지, 모든 민족 가운데 회심자의 수가 많아질 때 재림하시는 것이 아니다.막13:10 루터는 사회 안에 자리 잡은 권세와 정사의 역할을 주제로 논의하면서, 그 사회가 평화와 복지를 보장받기 위하여는 성령의 내적 사역에만 의지할 수 없다고 하였다. 성령의 내적 사역에 의지한다는 것은 "세상을 진정한 그리스도인들로" 채우는 것을 의미할 것이다. "우리는 이 일을 결코 이룰 수 없다. 왜냐하면, 세상과 절대다수의 사람들은 현재나 미래에나 동일하게 비기독교적이기 때문이다"11)

만일 평화와 복지의 사회를 건설하는 유일한 수단이 회심이라고 한다면, 사회변혁은 요원한 일이 되고 말 것이다. 우리는 복음운동에 대하여 매우 낙관적이 되거나 아니면 사회정의의 실현에 대하여 매우 비관적이 되지 않을 수 없다. 그리고 사회정의의 실현에 대한 비관주의는 사람들로 하여금 종종 수동적인 태도를 보이게 한다.

회심이 모든 문제를 해결하는 열쇠라고 보는 것은 그리스도인이 되기만 하면 인격도 자연히 변화된다는 낙관론에 빠지게 한다. 그러나 회심한 사람은 어떠해야 한다는 우리의 생각과 그들의 실제 모습과는 서로 별개의 문제가 되고 말았다. 루터는 진정한 그리스도인과 그렇지 못한 사람을 구분하고 있다. 정작 회심을 무엇보다 중시한 바이블 벨트에서는 인종차별 문제에 어떠한 변화도 일으키지 못했으며, 북미 근본주의자들도 산업사회에서 일어나는 다양한 계층들 간의 문제를 해결하지 못하였다. 회심을 했다고 해서 사회의 주요한 원리들을 깨닫는다거나 어떤 한 분야에 전문지식을 갖게 되는 것은 아니다.[12]

모든 그리스도인들은 그들이 처한 사회적 환경과 싸울 수 있는 능력을 갖추고 있다는 생각의 배후에는 낙관주의가 깔려 있다. 그와 같은 낙관주의는 산업노동자의 삶에 관한 묘사에서 잘 나타난다. "최악은 현대 산업사회를 이끌고 가는 악덕기업주들이 근무시간 동안에는 그리스도인들을 억압하고 비난할 수는 있을지 모르나 그들을 기계의 부속품으로 전락시킬 수는 없다. 모든 것을 천편일률적으로 처리하는 기계식 방법은 하나님의 사역과 인간의 사역에서 정당화될 수도 있다. 그러나 그것은 그보다 더 나은 대안이 없는 건설적인 활동으로부터 나타나는 것이다."[13]

어떤 사람들은, 우리가 거듭나기만 하면 사회구조가 아무리 파괴적인 힘을 가졌다 할지라도 우리는 영적으로나 감정적으로 전혀 영향받지 않게 될 것이라고 하였다. 그러나 조립공장에서 일하는 많은 그리스도인은, 자신들이 하나의 기계로 전락했다고 느끼고 있다. 즉 그들은 노동으로부터 소외되고 있다는 것이다. 이와 함께 그들은 인류사회를 파괴하는 일에 사용되는 물건을 생산하고 있는 자신들의 일이 하나님을 위해서 혹은 인간에 대한 봉사의 형태로서 합법적인가 하는 질문을 하게 된다. 그들이 이런 걱정과 좌절에 빠지게 되면 하나님의 자녀로서 뿐 아니라 그들이 사회 한 일원으로서 살아가는 일에도 나쁜 영향을 미친다. 만일 우리가 사람들로 하여금 그들의 이런 고민과 좌절들의 근본 원인인 비인간적인 요소와 사악한 요소들을 무시하게 함으로써 문제를 해결하려 한다면, 그것은 기독교를 마약으로 만드는 것이며 건설적인 변혁을 억제하는 것이다. 그들이 처한 상황이 억압적인 조건인데도 그것을 바로 보지 못하며 그런 상황을 참아내는 것만이 미덕이라고 생각한다면 그 사회의 경제제도는 절대로 바뀌지 않을 것이다. 이런 생각을 하는 그리스도인은 명백하게 이원론적인 생각을 하는 것이다. 왜냐하면, 몸이 고통당하고 있는데 영은 평안할 수가 없기 때문이다. 이러한 생각은 성경의 가르침이 아니다.

이원론

복음운동만 하면 사회문제들은 자연히 해결된다는 생각 때문에, 사람들은 종종 회심만 하면 인간성이 철저히 변화되며, 따라서 사회를 변혁시킬 필요가 없다고 생각하게 되었다. 그러므로 영적인 사람은 환경에 영향을 받지 않도록 깨어 있어야 하지 환경 자체를 변화시키려 해서는 안 된다고 생각하였다. 이와 같은 이원론적 접근은, 만일 우리가 영적으로 강건하다면 육체적인 환경은 무시할 수도 있다는 것을 뜻한다. 우리가 처한 상황이 비인간적이라면 우리는 당연히 그와 같은 문제들에 관심을 기울여야 함이 마땅하다. 기독교는 어찌할 수 없는 상황에 부닥친 인간에게 위로를 주는 종교다. 기독교는 결코 인간의 고통을 외면하지 않는다.

한 개인과 그가 속한 사회환경 사이의 관계는 종종 "진정한 그리스도인"이 보이는 행동, 즉 소수의 강한 사람들의 행동을 근거로 언급되고 있다. 그러나 존 베네트John Bennett가 지적한 대로 "세상은 성인들로 가득 찬 장소가 되는 것으로는 충분하지 않다." 이 세상은 우리 모두를 위하여 병원이 되거나 훌륭한 학교가 되는 것이 더 중요한 일이다.[14] 고통에 대한 태도와 환경에 대한 관심은 인간의 몸 속성을 어떻게 이해하느냐에 따라 다르게 나타난다. 성경에 따르면 인간은 하나의 통일체다. 몸이 고통당하는 것은 곧 인간 전체에 영향을 미치는 것을 말한다. 이 진리를 충분히 이해하지 못함으로써 많은 사람은 사회적 관심을 평가절하하고 있다. 구약성경과 마찬가지로 바울도 몸 혹은 영혼 등과 같은 인간론적 개념을 설명할 때, 그것을 사지나 각 기관과 같이 구분되는 것으로 언급하지 않는다. 그 개념들은 인간이 전체로서 기능을 발휘하는 방법을 언급할 때 사용된 용어들이다. 이 용어들은 '나 자신'이라는 말로 바꾸어 쓸 수 있다.[15]

"내 육체가 주를 두려워함으로 떨며 내가 또 주의 심판을 두려워하나이다" 시119:120

"너희 몸은 그리스도의 지체다" 고전6:15라는 말씀은 "너희는 그리스도의 몸이요 지체의 각 부분이다" 고전12:27라는 말씀과 같은 내용이다. 여기서 언급하고 있는 바는, 인간의 총체적인 기능을 말하는 것이지 독립된 지체들에 관한 것이 아니라는 사실은 다음 구절을 통해서도 알 수 있다. "좋은 소식을 가져오는 자의 산을 넘는 발이 어찌 그리 아름다운고" 사52:7 여기서 아름다운 것이란 발이 아니라 소식 전하는 자를 말하는 것이다.[16] 시편에서는 그 이미지들이 종종 바뀌어 사용되고 있다.

"내 영혼이 여호와의 궁정을 사모하여 쇠약함이여 내 마음과 육체가 살아 계시는 하나님께 부르짖나이다" 시84:2

신약성경에서 육체와 영이 이원론적으로 언급된 부분이 있다면, 그것은 헬라문학의 영향을 받은 것이다. 그러나 성경이 말하는 육체는 인격 전체를 말하는 것이지 인간의 물질적인 부분을 언급하는 것이 아니다. 어거스틴이 말하는 것처럼 육체는 "인간 그 자체"를 의미한다. 육체가 범하는 죄들은 육체적인 것이 아니라 정신적 혹은 사회적인 것이다. 즉 미움, 시기, 분쟁 등이 그것이다.[17] 헬라철학에서는 육체를 물질적인 측면을 포함하는 것으로 언급하고 있다. 그것은 의지를 갖추고 있으며요1:13 생각하며롬8:6,7 또한 마음을 가지고 있다.골2:18 [18]

육체는 또한 사회적 측면을 가지고 있다. 인간은 다른 사람들과의 관계 속에서 존재하는 것이다. 구약성경에서 육체는 사람들을 하나로 묶음을 언급할 때 사용되었는데, 그것은 결혼으로부터창2:24 가족창37:27과 종족레25:49에까지 이르는 것이다.[19] 신약성경에서 육체는 사회적 신분이나 사회적 관계를 나타낸다. 즉 지혜의 명성,고전1:26 종들을 거느림,골3:22 그리고 신분묘사갈6:12 등이다. 따라서 오네시모가 "육신과 주 안에서" 빌레몬과 형제가 된 것은몬1:16 그가 기독교공동체 안에서뿐만 아니라 사회적인 영역에서 형제가 되었음을 의미하는 것이다.[20] 육신은 인간의 사회적 속성 즉 선한 속성과 타락한 속성 모두를 보여준다. 부정적인 맥락에서 육신은 악한 사회질서 즉 세상과 가까운 의미가 있다. "육체를 따라 지혜 있는 자"라는 표현은 "세상을 따라 지혜로운 자"고전1:20 참조; "세상의 지혜"와 거의 같은 내용이다. 따라서 육체는 "모든 인간이 공유하는 연약한 영역"이며, 그것은 성령을 따르는 영역에 대적하는 것이다.[21] 인간이 육체라는 말은 그가 연약한 존재며 악한 사회질서에 복종하며 악한 권세자들에 의하여 지배당하고 있음을 나타내준다. 따라서 육체가 동사와 함께 사용될 때 즉 "육체에 따라 행한다."라고 할 때, 그것은 그가 이 세상의 것을 목표로 삼아 살아가고 있음을 의미하는 것이다.[22] 이때 사용된 육체라는 말은 그 사람의 어느 한 부분을 지적한 것이 아니라 그 사람 전체를 말하는 것이다. 바울은 "우리가 육신에 있을 때"롬7:5라고 말하였는데, 그것은 바울 자신과 그를 따르는 사람들이 그리스도인이 되기 이전의 상태를 말한 것이다. 회개하고 그리스도인이 되었다고 해서 육체로부터 분리되는 것이 아니다. 단지 인간으로서 각자의 역할이 달라진 것뿐이다.[23] 그들은 더는 "사람을 따라"고전3:3 행하지 않는다. 이제 그들은 성령에 따라 사는 사람들이다.

바울은, 몸이란 인간이 세상의 한 부분이며 세상과 관련을 맺고 살아간다는 차원에서 인간을 의미하는 것으로 생각했다. 그 사람이 세상에서 어떤 일을 행할 수 있고 그에게 어떤 일이 일어날 수도 있다는 차원에서 그는 인간이다.[24] 몸은 주변환경과 관계를 맺는 인간이다. 그 인간이 몸을 가진 것이 아니라 그 인간이 몸이다.

몸에 대한 이와 같은 개념은 죽음과 관련시켜 생각해보면 이해가 잘 될 것이다. "참으로 우리가 여기 있어 탄식하며 하늘로부터 오는 우리 처소로 덧입기를 간절히 사모하노라 이렇게 입음은 우리가 벗은 자들로 발견되지 않으려 함이라"고후5:2,3 죽음은 벌거벗는 것이다. 죽음은 몸으로서의 사람을 벗어버리는 것을 말하는데 버드예브Berdyaev's는 이와 같은 죽음에 대하여 다음과 같이 묘사하였다. "죽는다는 것은 절대 고독을 경험하는 것이며 세상과의 모든 관계를 끊는 것이다. 죽음은 존재의 모든 영역이 무너짐과 모든 관계 및 접촉이 끝남을, 즉 한마디로 완전한 격리를 의미한다."[25)]

"그리스도인들은 그들의 몸에서 벗어날 것을 기다리지 않는다. 오히려 그들의 몸이 놓이기를 기다린다."[26)] 몸은 인간에게 있어서 필수적이다. 완전한 인간이 되기 위하여는 육신적인 존재를 갖지 않으면 안 된다. 고대 히브리사상에서 내세에 육신의 모습을 갖지 않는 존재는 없었다. 스올에서도 육체의 모습을 가지나 그것은 그림자와 같은 형태다. 바울은 그리스도를 믿는 자의 몸이 쇠퇴하는 것은 내세에서의 썩지 않을 몸의 씨가 된다고전15:42,44,53,54고 가르쳤다. 부활한 사람은 인격적인 실체를 가진다. 그는 육체로 남게 된다.[27)] 다른 곳에서는 그와 같은 연속성이 훨씬 더 분명하게 언급되고 있는데, 텅 빈 무덤과 부활하신 그리스도의 몸에 새겨진 못 자국에 관한 언급이 그것이다. 또 한 그것은 하나님께 "너희 죽을 몸도 살리실 것이다"롬8:11라는 바울의 기록에서도 볼 수 있다. 그리스도인들이 육체의 부활을 소망하는 것은 육체가 얼마나 가치 있는 것이며 개인과 주변 세계와의 관계가 얼마나 중요한가를 말해주는 것이다.

우리가 구원받는다고 할 때, 그것은 사람 일부분을 말하는 것이 아니라 전체를 말하는 것이다. 구원은 전체를 대상으로 하는 것이다. 우리는 육체를 감옥 혹은 무덤으로 보는 헬라사상에 동의하지 않는다. 육체는 벗어버려야 하는 어떤 것이 아니다. 육체는 구원의 마지막 단계에서 부활하게 된다. 하나님의 사역은 인간을 회심시키는 것으로 끝나는 것이 아니다. 즉 영혼으로서의 인간과 관계를 맺는 것으로 끝나는 것이 아니라 육체로서의 인간 역시 하나님의 구속사역에 포함된다.

성경에서는 예수께서 "자기 백성을 저희 죄에서 구원하기 위하여"마1:21 오셨다고 말하고 있는데, 그것은 예수께서 죄 자체를 근절하실 뿐만 아니라 죄로 말미암은 정치적 사회적 억압으로부터 그들을 구원하실 것임을 의미한다. 하나님 구속사역의 대상은 어느 한 부분으로 제한될 수 없다. 구원은 전체 피조세계를 그 대상으로 한다.롬8:18~23 피조세계는 우리의 육체가 구원받게 될 때, 멸망으로부터 해방될 것을 고대하고 있다. 바울에게 있어서 육체는 인간의 독립 표시가 아니라 인간 결속의 요소다.28) 육체는 자연 일부며, 육체가 구원받기를 바라는 소망은 모든 피조세계가 소망하는 바와 같다.29) 죄로부터는 자유함을 얻었으나 아직도 상처를 가진 인간은 완전히 구속함을 받은 것이 아니다. "우리까지도 속으로 탄식하여 양자 될 것 곧 우리 몸의 속량을 기다리느니라"롬8:23 바울에게 있어서는 육체의 부활 없이는 구원은 없는 것이다.30)

따라서 우리는 영혼과 육체를 동시에 가진 총체적 인간에게 관심이 있는 것이다. 복음운동을 한다는 핑계로 인간의 육체적인 필요들은 외면한 채 영혼의 문제에만 관심을 둬서는 안 되는 것이다. 인간을 악, 타락이나 죽음의 세력으로부터 해방하려는 행동은 구원의 전 과정과 관계있는 것이다. 인간은 육체를 통하여 사회와 연결되고 있으며, 권력의 사용과 그것의 오용과도 연결되고 있다. 만약 한 사람이 구타를 당했다면 그것은 그 사람의 육체만 상처를 입는 것이 아니라 그 사람 전체가 심하게 영향을 받는다. 이처럼 몸과 마음이 하나라는 성경적 이해는 현대 심리학에 의해서도 확증되고 있다. 인간의 구원에 관한 관심은 총체적 인간으로서의 그들에 대한 진실한 사랑으로부터 나와야 하며 또한 그 사람과 그가 속한 전체 환경과의 관계를 고려하여야 한다.

개인주의

사회변혁을 위한 유일한 방법은 복음운동이라고 주장한다고 해서 반드시 이원론적인 육체관을 가지는 것은 아니다. 그들은 인간의 내면적 차원과 사회적 차원과의 관계를 인정하기도 하고, 인간의 내면이 변화를 받게 되면 사회가 변하게 될 것이라고 주장하기도 한다. 그러나 이원론적 육체관은 한쪽만 강조한다는 점에서 어려움이 있다. 이것은 사회구조는 무시한 채 개인의 인격 부분을 지나치게 강조하는 것이다.

서구 문화권에서 자라난 사람들은, 개인주의가 팽배한 분위기에서 살고 있기 때문에 인간은 사회와 분리될 수 없다는 성경적 관점을 파악하는 데 어려움이 있다. 그들은 최근에 들어서야 인간에 대한 성경적 관점을 사회학과 심리학을 통하여 연구하고 있다. 인간은 육체요 또한 몸이라는 성경의 관점은, 인간은 그가 소속한 사회집단과 연대감을 맺고 살아가는 개체라는 사실을 밝혀주고 있다. 성경에서 사회적 행동에 관한 명령들을 언급할 때는 그 바탕에 공동체가 중요하다는 사상이 깔려 있는 것이다. 생명을 주시는 하나님의 율법과 언약은 공동체에서 주어진 것이다. 새 언약은 새 공동체에 의하여 선포되었으며, 사람들은 이 공동체에 들어오도록 부름을 받았다. 성경에 따르면 인간은 한 집단의 일원이 될 때 비로소 참다운 인간이 되는 것이다.[31]

"나는 광야의 올빼미 같고 황폐한 곳의 부엉이 같이 되었사오며

내가 밤을 새우니 지붕 위의 외로운 참새 같으니이다" 시102:6,7

사회로부터 버림받은 이의 이와 같은 외침은, 인간은 공동체에 의존하고 있다는 사실을 반영해준다. 성경은 공동체로부터 분리되어 고독해지는 것을 결코 행복으로 여기지 않는다. 사회로부터 격리된다는 것은 모든 사람이 두려워하는 것이었으며 그것은 비참함과 고통을 의미했다. 시25:6 참조 어떤 사람을 공동체로부터 추방하는 것은 너무도 중대한 일이어서, 그것을 결정하는 것은 지방 재판관이 아닌 중앙 법정에 의해서만 가능했다. 신17:12 32)

사회변혁의 가능성을 개인의 변화에만 의지하는 것은 사회적 생활 또는 사회악의 객관적 실재를 무시하는 것이다. 위에서 살펴본 대로, 자본주의라는 체제 안에 선량한 사람들이 많이 생겨난다고 해서 자본주의의 제반 문제들이 저절로 해결되는 것은 아니다. 왜냐하면, 가정에서 존경받는 아버지라고 해서 반드시 의로운 사업가는 아니기 때문이다. 한 사회의 복지는 권력을 가진 사람들의 인간적 덕망뿐만 아니라 그들이 속해 있는 사회 경제적 제도의 속성에 의해서도 좌우된다. 우리는 종종 추진력이나 야망을 미덕으로 여겨, 사람들로 하여금 남보다 앞서도록 부추기곤 한다. 어떤 사람들은 가난하게 사는 이유는 추진력이 부족하기 때문이라고도 한다. 몇 년 전에, 인종차별 정책에 반대하는 뉴욕주위원회가 시행한 연구에서는, 같은 소득 수준에 있는 흑인 자녀가 백인들보다 더 큰 열망을 하고 있긴 하지만 실제로 그들이 희망을 성취할 기회는 훨씬 적다는 사실이 드러났다. 33) 즉 흑인 자녀의 개인적 미덕은 사회구조의 속성에 의해서 방해받고 있었던 것이다. 그와 같은 사회구조는 그 자체로 독자적인 성격을 띠고 있으며 그것은 그 사회구조 안에 사는 개체들과는 구별되는 것이다. 성경은 이 구조의 다양한 측면들을 사탄적이라고 묘사하고 있다.

심리적으로 로빈슨 크루소, 즉 이십 여년을 무인도에서 살았던 그와 같은 사람이 되기를 원하는 자는 아무도 없다.[34] 우리의 인격은 사회와 긴밀한 연관을 맺으면서 성장해간다. 우리는 빈손으로 울면서 이 땅에 태어났으며, 세상 안으로 힘없이 들어왔다. 칼 포퍼Karl Popper는 이 세상을 다음과 같이 세 가지로 정의하였다. 자연의 세상 즉 물리적 세계와 마음의 세계, 그리고 인간문화의 세계가 그것이다. 세 번째 인간 문화의 세계는 추상의 영역이며 그것이 비록 우리 눈에 보이지 않는다 할지라도 그 세계의 존재와 권세는 부인할 수 없다. 인간문화의 세계에는 친족관계, 다양한 형태의 사회조직 및 정보, 법률, 관습, 학문, 종교나 언어들이 포함된다. 성경 자체도 이 세계에 속한다. 앞의 두 세계보다 세 번째 세계가 더 큰 권세를 가진다.[35]

인간의 인격은 문화와 접촉하는 과정을 통하여 발달한다. 우리는 우리 자신을 체험하게 됨으로써 우리 자신의 존재를 자각하게 되며, 우리와 밀접한 관계에 있는 사람들의 반응과 태도 속에서 우리 자신을 보게 된다. 우리는 처음에는 우리와 일차적인 관계를 맺는 사람들 특히 부모의 태도 속에서 우리 자신을 발견하며, 나중에는 우리가 속한 사회의 여러 집단이 우리에게 보내는 반응과 태도 속에서 우리 자신을 발견하게 된다. 다른 사람들과의 지속적인 행동을 통해서 우리는 우리 자신에 대하여 인식하게 되며, 동시에 그것이 그들과 우리가 사는 사회의 정서를 형성하게 된다.[36] 우리의 자아는 우리가 사회화되는 과정 속에서 드러날 뿐만 아니라 그것이 곧 사회 일부가 된다.

따라서 우리가 성장의 초기단계에서 접하게 되는 세 번째 세계는 단순히 정치적인 인간문화를 뜻하는 것은 아니다. 사회화는 항상 매우 특정한 사회적 상황 속에서 일어나며 특정한 계층 또는 비문화적 특성들을 지니게 된다. 우리는 우리가 속한 집단의 언어를 사용하는 것과 마찬가지로, 우리 집단이 생각하는 방식에 따라 생각한다. 우리가 무의식적으로 사용하고 있는 용어들과 그것들의 의미는, 우리가 그 언어를 배운 집단의 전체적 사고와 시각을 반영한다. 개인 소유에 대한 개념이 강한 문화 속에서 자라는 어린 아이는, 자연히 다른 사람이 살아가는 모습을 통해서 자기 것이 소중하면 남의 것도 존중해야 한다는 것을 깨닫게 된다. 다른 사람의 태도를 통하여 어린 아이는 '소유'라는 개념을 갖게 된다. 한 사회의 사고구조는 삶의 다양한 세력들 사이의 긴장과 조합을 통하여 결정되고 그 사회의 구성원은 그러한 사고구조를 물려받는다. 한 인간이 사회화되는 과정에 누가 결정적인 영향을 미치는가를 밝혀내기는 어렵다. 그러나 사회는 우리의 기본적인 태도들과 윤리적 사고에 영향을 미치며 우리는 그 사회의 장점뿐만 아니라 그 사회의 악들도 물려받게 된다.[37]

물론 사회화의 과정 속에서 한 개인도 사회에 영향을 미치게 된다. 우리가 독특하고 창조적인 자세로 사회에 영향을 미치게 될 때 오히려 사회가 변화하지 않을 수 없게 된다. 한 사회의 건전한 구성원들은 그들의 사회적 환경들을 초월할 수 있는 능력을 갖추고 있다. 더군다나 그들은 사회화에 반응을 보일 뿐만 아니라 사회를 초월하여 계시는 하나님께도 반응을 보이는 것이다.[38] 그러나 각 구성원은 기존 사회의 영향에서 결코 벗어나서 살 수는 없다. 우리의 창조성도 따지고 보면 기존 질서의 맥락에서 나오는 것이다. 사회의 구성원 한 사람 한 사람이 인간문화 세계의 세력들과 싸울 때 비로소 그 사회에 변화가 오게 되는 것이다.[39]

롤로우 메이Rollo May는, 한 사회의 구성원들이 가진 정신적 건강과 건전한 사회질서는 상호 밀접한 관계가 있음을 밝혔다.

"실업, 경제적 불안정, 전쟁의 공포 및 전쟁에 이어지는 사회적 대변동 등과 같은 사회의 질병들은 그 사회에 속한 개체들에 엄청난 영향을 미친다. 돌발적인 실업과 그로 말미암아 야기되는 계속적인 불안은 사람들에게 심각한 정도로 긴장을 더해주며 그와 같은 긴장이 얼마나 심각한 것인지는 더는 강조할 필요가 없다."[40]

개인을 회심시키는 것과 어려운 상황에 놓여 있는 사람들을 영적으로 양육하는 것만으로 우리의 책임을 완수했다고 볼 수는 없다. 직접 사회구조와 싸워야 한다. 복음운동 이외의 다른 길을 찾아야 한다. 사회적 환경과 그 구조에 대한 책임은 사람들의 영혼에 대한 책임과 분리된 것이 아니라 함께 어우러져 있는 것이다. 윌리엄 부스는 다음과 같이 말하고 있다.

"그리스도인의 일차적인 책임은 개인들의 영혼 구원에 있다는 사실은 인정하지만, 우리는 다음과 같은 사실에도 주의를 기울여야 한다. 즉 사회의 관습, 법 등은 가난한 사람들을 쉽게 파멸의 구렁텅이로 빠져들게 하는 구조로서, 그런 구조로 말미암아 가난한 사람들은 구원을 얻지 못할 것이다."[41]

복음운동과 정의 실현

그리스도인의 행함과 역사 안에서 일하시는 하나님의 목적에서 볼 때, 복음운동과 정의실현은 서로 분리하여 생각할 수 없다. 이 두 가지 일은 피조세계의 모든 영역에서 하나님의 절대주권을 구체화하는 일의 일환이다. 복음운동과 정의실현은, 상처받고 도움이 필요한 이웃을 사랑하면서부터 시작하는 것이다. 예수께서 "우리를 보시고 민망히 여기시사" 그의 제자들을 보내어 천국 복음을 전파하고 또한 모든 병과 모든 약한 것을 고치도록 하셨다.^{마 9:36; 10:7,8} 존 스토트는, "제자를 삼으라는 위임명령을 수행한다고 해서 그것이 이웃 사랑에 대한 명령을 대신할 수 없으며 또한 그것을 설명할 수도 없다. 오히려 그 위임명령으로 말미암아 사랑이 새로우면서도 매우 시급한 것이 되는 것이다."라고 말했다.[42] 이러한 이유로 말미암아, 우리가 예수그리스도를 만나야 할 필요가 있거나 혹은 물질적인 도움이 필요한 사람을 만났을 때 "그와 같은 필요들이 채워질 때까지 그리스도인들의 심령 속에서 깊은 번민이 있어야만 한다."[43] 개인의 존재 의미가 파괴될 위기나 사회의 우기에 직면했을 때 우리의 해답은 베드로의 해답과 같아야 할 것이다. 즉 그것은 "내게 있는 것으로 네게 주노니"^{행3:6}라는 대답이다. 그리스도인 사명의 근거 또는 그 사명의 목적 등을 고려해 볼 때, 만일 우리가 이룩할 수도 있었던 정의를 외면하거나 혹은 다른 사람들에게 전할 수도 있었던 구원의 메시지를 전하지 않았다고 한다면 우리의 손은 더러운 손이 될 것이다.

성경에서는 사회참여와 복음증거가 우선순위를 다투거나 모순을 일으키지 않고 나란히 존재하고 있다. 바울은 고린도교회가 예루살렘에 있는 가난한 성도들을 위하여 헌금한 것을 보고 "너희 그리스도의 복음을 진실히 믿고 복종하는 것과 너희와 모든 사람을 섬기는 너희의 후한 연보를 인하여 하나님께 영광을 돌릴 것이다"고후9:13고 하였다. 다른 사람들의 물질적 필요를 돌아보는 것은 하나님이 살아계심을 증거하는 것이며, 그것은 복음의 명령을 복종하는 행위다.

무력한 복음운동

"우리의 생활방식과 태도와 병든 자, 고통받는 자, 버림받은 자 및 배고픈 자들에 대한 우리의 관심으로 말미암아 우리가 선포하는 구원의 메시지는 진리로 확증되거나 아니면 새빨간 거짓말로 드러나거나 둘 중 하나가 된다."[44] 종종 사회 속에서 교회는 그들이 전하는 복음을 스스로 부정하는 모습을 보이고 있다. 이와 같은 현상은 특히 복음주의적 기독교에서 나타나며 이런 모습 때문에 교회는 지금까지 많은 비난을 받아왔다.[45] 만일 우리의 믿음이 사회정의라는 현안 문제들과 동떨어진 것이 되면 우리의 복음증거는 위선과 사치라는 비난을 면치 못할 것이며, 고난에 처한 사람들은 그 메시지를 듣지 않을 것이다. 기독교는 삶의 모든 영역을 포함한다고 말하면서도 스스로는 믿음을 개인적인 영역에 국한된 것으로 생각한다면 당연히 기독교의 복음은 의심받게 될 것이다.[46]

힘 있는 복음운동

진정한 정의가 세워지지 않는 것이 걸림돌이라면 정의를 세우는 일은 사람들로 하여금 복음에 귀를 기울이게 할 수 있는 중요한 수단이다. 예수께서는 우리의 착한 행실이 사람들로 하여금 하나님을 영화롭게 만들 것이라고 말씀하셨다.^{마5:16} 헬라의 도덕주의자였던 플루타르크는 "백성은, 그들이 존경하고 위대하다고 생각하는 사람들이 관대하며 또한 자유로운 모습으로 신에게 가까이 나아가는 열의를 갖고 있음을 볼 때마다, 신은 위대하며 또한 거룩하다는 강한 확신과 신념을 느끼게 된다."라고 하였다.[47]

오늘날과 같은 대중문화 시대에 무엇인가 행동을 취하는 것은 매우 중요한 일이다. 사람들이 방관자적 태도를 보임으로 말미암아 하나님의 말씀은 그 능력을 발휘하지 못하고 있다. 사람들이 TV 앞에 앉아 설교를 듣게 됨에 따라 그들은 마음속 깊은 곳에서부터 인격적인 반응을 보이는 것에 낯설어졌다.[48] 특별히 도시에 사는 사람들은 그들의 경험을 통하여 다른 사람들의 약속이나 주장들을 신뢰하지 못하고 회의적인 태도를 보이기 쉽다. 이런 사람들에게는 복음을 말로 전할 뿐만 아니라 행동으로 보여줄 필요가 있게 된다.

복음운동에서 가장 큰 장애요인들 가운데 하나는, 그리스도인들이 비 그리스도인들과 친밀한 관계를 유지하지 못한다는 것이다. 뜻있는 그리스도인들은 사회활동을 하려고 종종 자신들의 동기가 의심받는 상황에서도 불신자들 사이로 들어가게 된다. 정의를 위해 함께 싸우는 것은 복음운동을 쉽게 만드는 인간관계를 형성시켜준다.[49] 사회의 권력구조를 연구하던 어느 신학생은 사람들과 인터뷰를 하면서 왜 그리스도인이, 특히 신학생이[50] 그와 같은 연구를 하는지에 많은 질문을 받았다는 보고를 한 바 있다.

"두 시간 동안 나는 수많은 질문을 받고 다소 당혹스러웠으나 성령의 도우심으로 구약과 신약에 걸쳐 있는 성경의 명령과 인간 사회 및 그 사회의 모습에 대한 하나님의 관심을 설명해줄 수 있었다. 그 사람은 눈물을 흘리면서 다음과 같이 외쳤다. '나는 이제까지 성경의 메시지를 그와 같이 푸는 것을 들어보지 못했다.' 그는 다시 정치와 믿음에 대한 나의 '특이한' 관점에 대해 좀 더 설명해달라는 요청을 했다. 그는 이제 사회문제에 대한 것뿐만 아니라 자기 자신의 문제에도 관심을 두게 되었다."

만일 이 학생이 사회참여 정신을 갖고 있지 못했다면 결코 그와 같은 기회는 오지 않았을 것이다. 사회참여는 그리스도인들로 하여금 복음증거 사역에서 멀어지게 만들 것이라는 염려는, 그리스도인들로 하여금 복음증거의 현장이 되어야 하는 세상으로 들어가지 못하게 하는 결과를 가져오게 될 것이다.

사회참여는 교회의 문을 더 넓게 열 기회를 제공한다. 데이비드 모버그David Moverg는 이 점에 대해서 다음과 같이 말하고 있다.

"교회가 사회활동에 가담할 때, 그 사회의 지도자들은 교회의 존재를 인식하게 될 것이다. 그때 비로소 그들은 교회에 대해 우호적인 태도를 보이게 될 것이며 교회의 지도자들이 내놓는 사회문제에 대한 처방들에 훨씬 더 귀를 기울일 것이다. 또한, 사회지도자들은 영적 문제를 가진 사람들에게 교회를 찾을 것을 권하게 될 것이며 개인적으로 어려울 때에는 그리스도인의 도움을 청할지도 모른다. 더 나아가 그리스도의 명령들을 그들 자신의 삶에 긍정적으로 고려해볼 정도로 마음을 열 수도 있을 것이다."[51]

그러나 교회의 사회참여가 지나친 사회정의를 주장함으로 말미암아 사람들에게 거부감을 일으켜 오히려 복음운동에 방해요소가 되는 경우는 없는가? 지미 알렌Jimmy Allen은 인종차별 정책을 강력하게 비판했다고 해서 비난을 받았다. "침례교 목사인 당신이 그런 논쟁에 끼어든다면 당신은 내가 인종차별의 편견을 가진 내 이웃에게 복음을 전할 기회를 없애는 것입니다." 이에 대한 알렌의 답변은 매우 적절한 것이다. "복음운동은 사람들을 속여 먼저 인종차별 정책에 서명하도록 유도하고 그 이후에 내용을 검토하게 하는 그런 것이 아닙니다."52) 복음운동은 하나님의 통치가 역사 안으로 들어왔음을 선포하는 것이다. 이 선포에는 당연히 하나님의 통치 속성도 포함된다. 바울이 "내가 지금까지 사람들의 기쁨을 구하였다면 그리스도의 종이 아니니라"갈1:10 53) 라고 말한 것처럼 복음은 하나님의 통치를 선포하는 것이다. "브라질을 그리스도께로"라는 오순절파 운동의 창시자인 마노엘 데 멜로Manoel de Mollo는 선언하기를, "복음은 반쪽 진리만으로 선포될 수 없다. 복음은 온전한 진리로 선포되어야 한다. 복음은 힘센 자들에 의해 저질러지는 불의에 무관심하면서 온전하게 선포될 수 없다"54)고 했다. 예수와 세례 요한은 복음운동의 가장 적절한 모범이다. 사회참여가 복음운동을 방해하지는 않는다. 그것은 단지 예수를 따르는 제자의 의미를 좁은 의미로 이해한 사람들에게 걸림돌이 될 뿐이다.

인간은 총체적으로 그가 처한 환경에 영향을 받게 되고, 또한 회심은 완벽한 변화나 세상으로부터의 분리를 뜻하는 것이 아니므로, 우리는 어린 그리스도인들이 처해 있는 상황들에 대해 책임을 져야 한다.

스코틀랜드의 '걸레 학교'의 창시자인 토마스 거쓰리Thomas Gutrie는 다음과 같은 말을 하였다. "탐심으로 가득 찬 인간들과 더 많은 재정을 확보하려는 정부에 의해 희생당하는 사람들을 보고도 교회가 침묵을 지키고 저항하지 않는다면, 교회가 하나님의 말씀을 가지고 그들에게로 가서 '시험에 들게 마옵시며'라는 기도를 가르치는 것은 그들을 조롱하는 일에 불과하다."[55]

거쓰리는 술에 대해 말하는 것이다. 그러나 그의 논리는 다른 많은 문제에도 적용된다. 그리스도인들을 양육하는 제사장적 책임을 가진 우리는, 주일에 그들에게 제시된 말씀을 엿새 동안 전혀 의미 없는 것으로 만들어버리는 환경을 무시할 수는 없다.[56] 부스는 "덕보다 악이 엄청난 영향을 행사하는" 환경에 대해 지적하였다. 이러한 환경이 끼치는 영향은 "무신론을 쉽게 확산시키는 것"으로 요약될 수 있다.[57]

사역의 일체성

하나님의 백성에게 주어진 명령들 가운데 어느 한 가지에 우선권을 두는 것은 위험한 일이다. 한 가지 명령을 특별히 강조하는 것은 사실상 성경의 가르침이 아니라 자신들의 주관적인 경향에 근거하는 것이다.

예수께서는 어느 계명이 큰가 하는 질문을 받으셨을 때, 우리가 흔히 들을 수 있는 것과는 다른 대답을 하셨다. 즉 예수께서는 "주 너의 하나님을 사랑하고 이웃을 네 몸과 같이 사랑하라, 이에서 더 큰 계명이 없느니라"막12:28~31고 하셨다. 퍼니쉬는 이 두 계명은 '함께' 율법의 다른 모든 요구들 위에 주어진 것이라고 지적하였다. 마태복음에서는 예수께서, 두 번째 계명은 첫 번째 계명과 같은 것이라고 말씀하셨는데, 이것은 이 두 계명이 중요하다는 것을 의미한다.마22:39 58) 이에 반해 누가는 그 계명들을 '첫째' 혹은 '둘째'라는 말로 설명하지 않았다. 사랑에 관한 두 명령이 동일하게 중요한 것이다.59)

"이제는 복음운동가들이 '교회의 제일 되는 임무는'으로 시작하는 표현을 사용하지 말아야 한다. 그것은 그다음에 결론으로 오는 내용이 복음운동, 성경공부 혹은 사회에 대한 관심이라고 하더라도 그렇다. 이 모든 활동들은 동일하게 중요한, 교회가 해야 할 사역들이다."60)

르네 파디야Rene padilla는 첫째 임무 혹은 둘째 임무라는 말을 사용하기를 거부하면서, "주님께 복종하여 행하는 그 어떤 일도 본질적이지 않은 것이 없다."라고 하였다.61) 이와 같은 견해는 규범적으로뿐만 아니라 실제적으로도 사실이다. 그리스도인들은 본질적인 일들에만 노력을 기울여야 한다. 복음운동이나 정의실현은 어느 때까지 하고 나면 끝나는 일이 결코 아니다. 이 두 사역 가운데 어느 하나를 앞세운다면 다른 사역을 위한 시간은 절대 주어지지 않을 것이다. 복음운동과 정의실현은 "하나의 개념적 틀이요 하나의 사역"이다.62) 어떤 일은 교회가 해야 할 일차적인 것이 아니라고 말하는 것은 그 일에 충분한 관심을 기울이지 않는 데 대한 변명일 뿐이다. 제임스 다안James Daane은 그것을 다음과 같이 말하였다. "교회의 일차적인 사명은 복음을 전하는 것이라고 주장하는 사람들은 대개 교회의 이차적인 사역에 대해서는 관심도 없으며 또 이차적인 일에 관심을 쓸 여유조차도 없는 자들이다."

63) 하나님께서 우리에게 명하신 사역을 일차적이니 이차적이니 하고 분류하는 대신에, 우리는 그 모든 명령에 겸손한 마음으로 복종해야 할 것이다. "우리는 무익한 종이라. 우리의 해야 할 일을 한 것뿐이라."눅17:10

성경은 피조세계 전체에 관심을 기울인다. 따라서 우리 각자에게 주신 성령의 특별한 은사들을 활용하면서, 우리는 모두 복음증거와 정의를 세우는 일에 적극적으로 나서야 한다. 교회가 이 중의 어느 하나라도 게을리한다면, 다른 부분은 생명력을 잃고 전체 사역이 곤경에 처하게 될 것이다. 내면적으로 하나님께 헌신하도록 하는 일에 관심을 기울이는 것은 모든 피조물의 화해를 위한 관심의 일부다. 피조세계를 위한 정치와 사회에 관심을 두는 것은 개인에게 베푸시는 하나님의 은혜에 의해 생겨나는 것이다. 하나님의 종들로서 우리는 복음증거와 정의를 세우는 두 가지 사역 모두를 우리 자신의 임무로 받아들여야 한다.

07 저항세력으로서의 교회

사회의 여러 구조를 변혁시키고자 복음이 역사 할 수 있는 일차적인 사회 매개체는 기독교공동체다.[1]

이 말은 놀라운 표현이다. 그렇지만, 예수께서 그의 제자들에게 "너희는 세상의 빛이다"마5:14라고 하신 말씀 역시 놀라운 표현이다. 기독교공동체를 무시하는 것은 교회 사역의 기초를 흔드는 일이다.

예수께서 '잃었던' 세리 삭개오의 집에 구원이 임했다고 말씀하셨을 때, "이 사람도 아브라함의 자손이다"라는 말씀도 함께하셨다.눅19:9 예수의 구원사역은 하나님께 헌신하는 백성을 준비시키는 것이었다. 그러므로 이 말씀은 잃었다가 다시 찾게 된 삭개오도 이 백성 중의 한 사람이 된 것을 의미한다. 우리 그리스도인들은 하나님께서 주신 생명의 언약에 참여한 하나님의 백성인데 이 백성은 믿음으로 말미암아 아브라함의 후손이 되며 하나님의 은혜를 기업으로 받는 자들이다.롬4장; 갈3장 히브리서는 하나님의 약속을 향해 가는 하나님의 백성을 교회로 언급하고 있다. 개인의 생명은 하나님의 백성 즉, 교회와 관계를 맺을 때만이 의미가 있게 된다. 그리고 교회 바깥에는 광야의 고독한 방황만이 있을 것이다.[2]

"그리스도 안에서 누리는 개인의 새 생명은 동시에 예수 그리스도 안에 건설된 사회에서의 삶이다. 개인은 사회와 분리될 수 없다. 그리스도와의 개인적 연합은 집단적 예수사회의 일원이 됨을 의미한다."[3]

개인으로서 성령의 역사에 참여하는 것은 '성령의 교제' 빌2:1를 가진 사람들과 함께 살아가는 것을 의미한다.[4] 이러한 이유 때문에 신약성경에서 성도라는 용어는 단수 형태로 사용된 적이 없다. 한 개인은 예수 그리스도 안에 있는 다른 사람들과의 연속성 속에서 성도이다.[5]

우리가 거듭나게 되는 역사는, 복음을 선포하고 회심한 사람들을 양육하며 하나님의 영원한 축복을 누리는엡1:3,4,11,12; 롬8:28~30 교회 안에서 일어나게 된다. 교회를 통하여 회심의 역사가 일어나고 있기 때문에, 회심의 사회적 중요성에 대한 언급은 교회의 사회적 중요성에 대한 언급과 동일하게 중요하다.

성경에 의하면, 인간은 기본적으로 사회에 의존하고 있으며 사회를 필요로 한다. 그러므로 하나님의 구원사역이 우리를 공동체로 모으시는 것은 놀라운 일이 아니다. 구원사역을 감당하는 교회가 중요한 것은, 교회가 사람들을 회심시키기 위한 하나님의 도구일 뿐만 아니라, 회심을 통하여 들어가는 곳이 하나님께서 창조하신 새로운 사회적 실존 영역이기 때문이다.

따라서 교회는 하나님의 통치, 즉 현재 역사상에 나타나는 종말론적 질서와의 관계에서 이해되어야 한다. 교회 그 자체는 하나님의 통치가 아니다. 하나님의 통치는 교회의 출발점인 동시에 목표기도 하다. 하나님의 사랑과 은혜의 토대 위에 건설된 새로운 사회로서, 교회는 하나님의 통치가 역사 안에 가시화되는 장소다. 교회는 하나님의 통치의 선봉장으로서, 인간사회를 향하신 하나님의 도구다. 교회는 그리스도의 목적이 역사 안에서 부분적으로 실현되는 곳이며 또한 그 목적을 따 끝까지 전파하는 곳이다.[6] 최후의 만찬 석상에서 예수께서는, 하나님께서 그를 따르는 자들과 새 언약을 세우실 것임을 말씀하셨다. 언약 안에서 교회는 하나님께서 의도하시는 새로운 질서를 대표하는 '목적 있는 사회적 집단' 이다.[7]

에베소서는 우주적 차원에서 이와 같은 교회관을 제시하고 있다. "만물 안에서 만물을 충만케 하시는 자의 충만"엡1:22,23인 교회는 만물을 하나님의 절대주권 아래 복종하게 하기 위한 도구다. 그리스도의 몸으로서의 교회는 성육신의 연속이며, 화해를 이루기 위한 그리스도의 대리자다. 이 화해는 교회 안에서 부분적으로 실현되었다. 악한 초자연적 권세들과의 싸움터에서, 교회는 부활하신 그리스도의 승리를 통해 세워진 교두보다.

교회는 어떤 곳인가

최근에 구성원들끼리보다 긴밀한 관계를 유지하며 또한 기독교 가치관을 구현하기 위한 방도로 일종의 기독교 공동체 운동이 전개되어왔다. 그와 같은 운동에 참가했던 어떤 사람은, "우리가 공동체라는 용어를 사용해야 한다는 것은 슬픈 일이다. '교회'라는 용어면 충분하다."라고 말했다.[8] 이러한 기독교공동체는 교회와 다른 어떤 것이 아니다. 이 공동체는 다른 교회들보다 훨씬 더 숭고한 가치기준에 의해 유지되는 새로운 수도원운동이 되어서는 안 된다. 그들이 추구하는 바는, 특정한 소수만이 이루어야 할 것이 아니라 모든 믿는 자들이 함께 이루어야 한다.

그렇다고 해서 모든 교회들이 이와 같은 제도적 공동체를 채택할 것을 제안하는 것이 아니다. 어떤 형태의 공동체는 오히려 해가 되는 수도 있다. 서로 사랑을 나누려고 애쓰다 보면 종종 지나친 힘과 정성을 그 일에 쏟아 부어야 하기 때문에, 오히려 사회 안에서 복음을 전파하는 일을 소홀히 할 수가 있다. 더군다나 많은 사람과 친밀한 관계를 맺으려고 애씀으로써, 사회생활이나 정서생활에 지나치게 많은 시간을 투자하게 되고 결국에는 그가 속한 공동체 외의 사람들과 교제하는 것이 어려워진다.[9]

교회의 형태는 그 교회를 구성하는 사람들의 형편, 필요 또는 장점에 따라 결정될 것이다. 교회는 교제와 예배일뿐만 아니라 사역이기 때문에, 공동체 자체의 성장과 더불어 세상과 접촉할 필요성도 고려해야 한다. 워싱턴에 있는 '구세주 교회'는 교제를 나누는 단체들을 사역을 중심으로 조직하였으면서도 각 구성원 사이에 깊이 있는 나눔과 믿음의 성장을 위해 필요한 사항들을 고려하고 있는 점에서 이중적 필요를 적절히 조화시켰다.[10]

교회 그 자체는 하나의 사회다. 교회는 단지 공도의 임무를 수행하고자 만난 '임무 집단'이 아니다. 또한, 교회는 전혀 관계없는 개인들이 간헐적으로 만나는 장소도 아니다.[11] 더군다나 교회

구성원들의 상호관계, 그들의 차이를 극복하고 필요를 채우는 방법, 지도자의 유형 및 의사결정 등은 교회가 거대한 사회 속에 존재하는 독립된 사회적 조직체임을 보여준다. 따라서 교회는 하나님께서 모든 인간사회에 요구하시는 더불어 사는 삶의 방식을 실현할 수 있다.

교회는 하나님의 통치를 보여주기 때문에, 교회를 지도하는 규범들은 인간사회의 가장 높은 이상을 모범적으로 실현해 보여주어야 한다. 다른 집단이 아닌 교회가 예수의 가르침에 따라 살아가는 노력을 보여주어야 한다. 바울 서신에서는, 교회가 윤리적 삶을 구체적으로 시행해 보여야 하는 이유를, 교회가 만물 안에서 만물을 충만케 하시는 자의 충만_{엡1:22,23}으로서 그리스도 사역의 도구기 때문이라고 한다. 그리스도께서 모든 것이 되시며 또한 모든 것 가운데 계신다고 할 때, 모든 외형적인 신분의 차이는 더는 존재하지 않게 된다.

"너희가 서로 거짓말을 하지 말라 옛 사람과 그 행위를 벗어 버리고 새 사람을 입었으니 이는 자기를 창조하신 이의 형상을 따라 지식에까지 새롭게 하심을 입은 자니라 거기에는 헬라인이나 유대인이나 할례파나 무할례파나 야만인이나 스구디아인이나 종이나 자유인이 차별이 있을 수 없나니 오직 그리스도는 만유시요 만유 안에 계시니라"_{골3:9~11}

이러한 새사람의 독특한 성품이 그리스도에 의해 다스려지는 것은 그리스도의 몸,_{골3:15} 즉 교회가 진정으로 그리스도의 몸의 역할을 하게 될 때 가능한 것이다. 유대인과 구분을 없애는 '새롭게 하심을 받는 자'는 에베소서에서도 묘사되고 있다.

"그는 우리의 화평이신지라 둘로 하나를 만드사 원수 된 것 곧 중간에 막힌 담을 자기 육체로 허시고 법조문으로 된 계명의 율법을 폐하셨으니 이는 이 둘로 자기 안에서 한 새 사람을 지어 화평하게 하시고 또 십자가로 이 둘을 한 몸으로 하나님과 화목하게 하려 하심이라 원수 된 것을 십자가로 소멸하시고"엡2:14~16

"사도가 의미하는 바는, 이전에 두 집단으로 나뉘어 있던 인류를 위해 십자가 상에서 피를 흘리시고 화해를 이루신 그리스도의 육체적 몸이 부활 이후 성령을 통하여 새로운 방법으로 '그리스도의 몸' 즉 교회가 되었다는 것이다."12) 바울은 세 군데에서 그리스도로 옷 입는 것, 새사람을 입는 것 및 새사람의 창조가 교회 안의 신분차별을 철폐한다고 말하였다. 골2:9~11; 엡2:14~16; 갈3:27, 28; 6:15, '새로운 피조물' 참조

만일 교회가 '그리스도를 옷 입은' 사회며 또한 그렇게 함으로써 모든 신분적 구별을 폐지하였다면, 새 질서로 불리는 것에 합당한 새로운 인간관계가 교회 안에서 실현되어야 한다. 골로새서 3장은 다음과 같이 기록하고 있다.

"그러므로 너희는 하나님이 택하사 거룩하고 사랑 받는 자처럼 긍휼과 자비와 겸손과 온유와 오래 참음을 옷 입고 누가 누구에게 불만이 있거든 서로 용납하여 피차 용서하되 주께서 너희를 용서하신 것 같이 너희도 그리하고 이 모든 것 위에 사랑을 더하라 이는 온전하게 매는 띠니라 그리스도의 평강이 너희 마음을 주장하게 하라 너희는 평강을 위하여 한 몸으로 부르심을 받았나니 너희는 또한 감사하는 자가 되라 그리스도의 말씀이 너희 속에 풍성히 거하여 모든 지혜로 피차 가르치며 권면하고 시와 찬송과 신령한

노래를 부르며 감사하는 마음으로 하나님을 찬양하고"골3:12~16

하나님나라를 이 땅에 구체화하려는 그와 같은 공동체는 새 언약의 윤리에 세상과 타협하지 않는 신실함을 보여준다.

따라서 교회는 세상 사회에 저항한다. 왜냐하면, 교회는 세상과는 다른 규범들과 가치들을 토대로 조직된 사회적 집단이기 때문이다.[13] 교회와 세상과의 차이는 특별히 그 두 사회가 요구하는 인간성의 본질이 다르다는 점에서 나타난다.[14] 교회가 세상의 문화를 교정하는 역할을 할 수 있으려면, 교회는 다른 어떠한 사회와도 구별되며 또한 특징적인 모습을 지니고 있어야 한다.[15] 교회는 그 사역의 성격 때문에 세상과 분리되는 것이지, 분리 자체가 목적이 아님을 염두에 둔다면, 사역은 분리와 같은 의미가 된다. "진정한 영적 가치들을 지키는 유일한 길은 세상을 향해 복음을 증거하라는 하나님의 명령을 회복하는 것뿐이다."[16] 이처럼 교회가 역동적으로 세상과 차이를 갖게 되는 근거는 성경이며, 성경에 따라 살아가는 사람들은 세상에 대하여 도덕적이며 영적인 방향 설정을 할 수 있게 된다.[17]

복음증거를 우선으로 생각하고 믿음이 연약한 자를 돕는 일에 중점을 두는 교회는 위에서 제기한 교회의 비전에 의문을 제기할 수도 있다. 교회는 일차적으로 강한 자들의 교제 장소여야 하는가, 아니면 병든 자들을 위한 병원이어야 하는가? 바울의 교회들은 종종 후자에 속하는 것처럼 보였다. 여기에서 강조하고 싶은 것은, 하나님께서는 믿음을 지키려는 교회의 노력을 이용하긴 하시지만 우리는 기독교공동체가 그와 같은 수준에 머무는 것으로 만족할 수 없다는 것이다. 교회가 어떠해야 한다는 비전으로 말미암아, 우리는 교회역사 속에서 성령께서 주시고 또한 사용하신 개방성을 향하여 나아갈 수 있는 용기와 희망을 받을 수 있다.

참된 기독교공동체는 세 가지 방법으로 사회변혁에 이바지한다. 첫째는 다양한 형태의 사회적 활동과 봉사를 통해서다. 둘째는 삶으로 드러나는 모습을 통해서 사회에 영향을 미치는 방법이다. 셋째는 가장 중요한 방법으로서, 사역에 종사하는 사람들을 지원하는 것이다.

교회와 그리스도인의 관계

인간은 사회적 존재기 때문에 인격과 가치관을 형성하는 데 있어 사회의 영향을 강하게 받는다. 그러나 우리는 이 사회질서가 구속함을 받지 못했으며 기본적으로 하나님과 하나님의 기준들에 대해 적대적임을 보았다. 인간은 회심함으로써 가치관이 변화되며 회심한 인간은 구체적인 사역을 통해 하나님께서 원하시는 새로운 질서를 세워야 하기 때문에, 우리는 이러한 새 질서 위에 건설된 공동체의 지원을 받아야 한다. 기독교공동체는 성령의 초자연적 변화사역이 일어나는 사회다.

만일 우리가 새롭게 변화된 피조물로서 문화적 맥락의 중요한 측면들을 부정한다면, 우리는 이전에 중요하게 여겼던 가치들에 얽매이지 않고 행동할 수 있게 된다. 이렇게 되면 더 높은 형태의 공동체가 요청되며, 이 공동체는 이전에 속해 있던 사회의 영향에서 벗어나게 된다. 그리고 새로운 사회화의 과정이 필요해진다. 그리스도 안에서 새로 태어난 아기들로서, 우리에게는 우리와 같은 삶의 방식을 갖고 있으며 우리를 이끌어줄 영적 부모와 동료가 필요해진다.[18] 이와 같은 관계는 기독교적 태도와 가치들을 발전시키고 터득하며 또한 유지하려면 중요하다. 예를 들어 우리가 가지는 정치적 신념은, 그것을 지지하는 사람들이 있다는 것을 알게 될 때 비로소 행동으로 드러나기가 쉬운 것이다.[19] 그와 같은 사실은 그 정치적 관점이 사회 안의 소수의 의견일 뿐만 아니라 계층과 사회의 이익에 대치되는 것일 때 더욱 중요해진다. 그리스도 안에서 성장한다는 것은 기독교 사회 안의 다른 사람들의 성장과 성숙에 밀접하게 의존하고 있다.

그리스도는 자신의 몸인 교회에 하나님의 일을 수행할 수 있도록 은사들을 주셨다. 이 은사들 가운데는 사회를 향한 사역도 포함된다. 가난한 자들에게 주시는 것고후8:7과 섬김, 나눔, 구제, 긍휼을 베푸는 행위들롬12:7,8이 그것이다. 교회에 이와 같은 은사들이 주어졌기 때문에, 교회는 그 은사들이 구체화하여 나타나도록 가르치고 지원해야 할 책임이 있다. 세상 권세자들과의 싸움에서 지치고, 우는 자와 함께 울어 마음이 상하고, 인간의 무기력함에 대항하여 싸우다가 절망하였을 때, 우리는 우리를 보낸 공동체 안에서 새로운 생명과 비전을 발견한다. 교회는 그리스도인들로 하여금 사역을 지속하는 힘을 공급해 주어야 한다. 하나님의 말씀을 연구하고 기도하는 가운데 우리는 우리 자신의 사역에 대한 관점을 얻게 되며 책임 있는 결정을 내릴 수 있게 된다. 우리는 우리를 보낸 공동체 안에서 사랑과 교제를 나눔으로써 풍성해지기 때문에 우리 자신의 사회적 욕구들을 채우려고 사역하지는 않게 된다. 우리는 다른 사람들의 필요들을 위해 일하고 또 그들과 공개적으로 교제하도록 자유함을 얻었다.[20] 우리는 우리가 속한 공동체의 기도 능력에 힘입어 앞으로 나갈 수 있다.

"그리스도인들의 더불어 사는 삶이 다른 사람을 위한 삶을 가능하게 만들어준다."[21]

교회와 사회의 관계

하나님의 통치가 가시적으로 드러난 곳인 교회는 주변 사회를 변혁시키는 힘을 가지고 있다. 기독교사회 안의 두 가지 움직임이 그와 같은 변혁에 도움을 준다. 첫째는 하나님의 통치가 이루어지는 것을 방해하는 관행들을 제거하는 것이다. 둘째는 하나님께서 창조하고 계시는 '새사람'으로 인간관계를 새롭게 형성함으로써 교회가 모범을 보이는 방법이다. 이 두 가지는 서로 연관된 것이다. 기존 사회의 삶의 방식을 따르지 않는 것은 새로운 질서에 기초한 것이며, 교회는 이러한 새로운 질서를 제시해준다. "강력한 '아니오'는 '예'라는 증거가 될 수 있다. 왜냐하면, 종종 '아니오' 속에는 강한 '예'가 들어 있기 때문이다."[22]

기존의 삶의 방식을 중시하는 사회는, 하나님의 백성을 이탈자들의 집단으로 생각한다. 즉 하나님의 백성은, 이스라엘 백성이 하나님께서 건설하시려는 성읍으로 가고자 애굽을 떠난 것처럼, 기존의 사회질서를 무시한다는 것이다. 히11:8,9,22 참조 [23] 기존 사회는 이와 같은 독립적인 도덕기준을 가진 집단을, 사회제도를 해치고 사회의 권위에 도전하는 것으로 여긴다.[24] 그와 같은 공동체는 기존 사회가 인종차별을 하고 있다면, 그 사회에서는 쉽게 간과하고 넘어갈 수도 있는 기본적인 전제들에 대해 문제를 제기한다. 기존 사회의 질서에 협조하기를 거부하는 것은 다른 의식 있는 시민들에게 실상을 알리려는 집단행동으로 나타날 수도 있다.[25]

기독교사회는 구성원들이 자유롭게 선택한 자발적인 사회로서, 공동체 안의 제반 제도들을 유지해야 하는 책임이나 경제적, 정치적 권력에 대한 유혹 때문에 방해받지 않는 사회다. 교회는 자유롭게 제도적 형태들을 실험 삼아 만들어낼 수 있으며, 만일 그와 같은 제도들이 유용한 것이 때, 사회가 그것을 채용할 수도 있게 된다. 아더 기쉬Arthur Gish의 표현대로, 압제적인 사회구조 속에 있는 교회는 사회에 대해 비유적 공동체 혹은 대등한 구조로서 섬길 수 있다.

"이 대등구조는 세 가지 기본적 기능을 수행한다. 첫째는 주변 사회의 도덕적 타락과 모수들을 밝혀낸다. 둘째는 새로운 현실을 제시한다. 이 구조는 새로운 가능성을 제시한다. 그것은 이제까지 제기되지 않았던 문제를 제기하고 또한 일반적으로 받아들여지고 있던 기본적인 생각들에 도전함으로써 새로운 대안들을 내놓는 것을 의미한다. 셋째는 새로운 대안들을 창조해내는 일에 도움을 준다. 이 대등구조는 자유롭게 새로운 접근방법을 시도하며 기존 사회가 생각은 했지만 시행하지 못한 일들을 행한다. 새로운 형태의 조직을 실험함으로써, 이 공동체는 사회 전반을 향해 어떤 일의 가능성뿐만 아니라 이미 행해진 일을 구체적으로 보여줄 수 있다."[26]

죠지아주의 한 지역은 전체 가옥의 40%가 "구조가 튼튼하지 못해서 늘 불안하고 너무 낡아서 수리하는 것이 오히려 경제적이지 못한” 상태였다. 그런데 코이노니아 파트너즈라는 단체가 60채의 집을 지어 어려운 이웃에게 저렴한 가격으로 공급하였다. 이 일로 인해서 그들은 결코 낡은 집에서 살아야 할 필요가 없으며, 현금 700불에 20년 상환으로 매월 60불씩만 내면 새집을 가질 수 있다는 것을 깨닫게 되었던 것이다.[27] 그들은 새로운 것을 직접 만듦으로써 낡은 것에 속박되어 고통당할 필요가 없음을 깨우쳐주었다. 다른 사람들의 노력을 통해서 이와 같은 모범이 검증되었던 것이다.

존 하워드 요더는, “기독교사회는 다년간의 걸친 일종의 도덕적 삼투 현상을 통해 주변 세속사회의 전체적인 도덕적 수준을 높일 수 있다. 이러한 영향은 어린 시절에 종교교육을 받았으나 장년이 되어서는 더는 교회에 출석하지 않는 사람들에게서 나타난다. 즉 그리스도인들의 근면한 삶을 통해서 또한 그들이 종교를 잃어버리고서도 지속하는 종교적 관습을 통해서 그들에게 영향을 미치는 것이다.”[28] 라고 말한다.

마지막으로, 교회는 사회문제들에 선한 양심을 갖고 사역하고 있기 때문에, 교회와 연결된 그리스도인들이 같은 사회문제들을 해결하고자 헌신하는 것은 정당한 일이 된다.[29]

교회는 이미 새 질서를 사회에 보여주고 있다고 해서 정의를 위한 노력이나 사회를 향한 사역을 소홀히 해도 된다고 생각해서는 안 된다. 다음과 같은 내용이 그와 같은 오해를 불러일으킬 수 있다.

“교회는 하나님나라 실현을 위한 직접적인 하나님의 대리자가 아니다. 교회는 하나님나라가 나타나게 되는 성도의 교제로 말미암아 하나님나라의 임재를 알리는 선발대일 뿐이다.”[30]

　“세상을 향한 교회의 가치는 세상을 향한 교회의 사역에 있는 것이 아니라 세상 안에서의 교회의 존재 자체에 있다. 결국, 교회가 세상 안에서 세상을 위해 행할 수 있는 가장 큰 섬김은 믿음의 집이 ‘되는 것’이며, 이것은 더 나은 삶의 방식을 모범적으로 보여주는 것이다.”[31]

　이미 우리가 살펴본 대로, 성경은 교회를 하나님의 통치의 대리자로 제시하고 있다. 다른 한편으로, 교회 안에서 나누는 그리스도인들 간의 교제가 그 자체로 사회환경의 변화를 가져올 수 있다는 성경적 근거는 매우 희박하다. 개인의 회심과 하나님께 영광을 돌리도록 인도하는 사랑의 행위는 교회 공동체 안에서 행해지는 활동들에 국한될 수 없다.[32] 그것은 세상을 향한 교회의 사역도 포함한다. 벧전3:1,2,16; 2:12; 마5:16

　기독교사회의 존재가 사회적으로 영향력을 가진다는 주장의 근거는 “너희는 세상의 빛이라 산 위에 있는 동네가 숨겨지지 못할 것이요”마5:14라는 예수의 말씀이다. 세상에서 빛을 발하는 성읍으로서의 기독교사회는, 교회가 대안사회로서 행해야 할 사회적 영향력을 매우 적절하게 그려주는 것처럼 보인다.

　그러나 성경에서는 ‘빛’이 어둠과 싸우는 적극적이며 공격적인 힘을 나타내고 있음을 기억해야 한다. 이사야가 갈릴리에서 힘을 나타내고 있음을 기억해야 한다. 이사야가 갈릴리에서 한 큰 빛을 볼 것이라고 예언한 말씀은 혈전으로 압제자의 막대기가 꺾어지고 정의가 이루어질 것이라는 말씀과 연관되고 있다. 사9:2,4,9,7 이방의 빛사42:6은 공의를 베푸는 여호와의 종사42:1,4참조이다. 이 구절들에서 빛은 정의를 위한 힘이며, 승리와 위엄의 이미지다.[33] 이 방의 빛 앞에서사49:6; 60:1~3,12절 참조 열왕들이 굴복할 것이다.사49:7 마태복음은 유대 공동체와 매우 밀접한 관계에 있던 교회를 위하여 쓰인 것이다. '이방의 빛'은 이 당시 이스라엘 사람들이 자신들을 자칭하는 것으로 생각했던 것처럼 보인다.롬2:19 참조 루돌프 슈나겐버그Rudolf Schnackenburg의 주장으로는 마태적 맥락에서 이스라엘을 위한 이 고상한 칭호는 사도들에게 적용되었으므로 교회를 나타내는 것이다.[34] 그러나 교회가 이와 같은 고귀한 위엄을 갖게 되는 것은 사역과 고난을 통해 하나님을 신실하게 섬길 때다. 이사야에서 42장에서 소경의 눈을 밝히며 갇힌 자를 옥에서 끌어내는사42:7 여호와의 종을 통하여 이방의 빛이 비친 것처럼, 교회의 사역을 통해 빛이 비취게 된다.마5:16 열왕들이 복종하는 이 빛은 한때 사람에게 멸시를 당했다.사49:7

빛과 산 위의 동네라는 은유에서 예수께서는 주저하는 교회로 하여금 교회가 감당하는 사역의 위엄과 교회의 운명을 상기시키며, 사역을 하는 일에 담대하고 열정을 가지도록 용기를 주고 계신다. 마태복음 5장 14절은 누가복음 12장 32절과 같은 의도로 주어진 말씀이다. "적은 무리여 무서워 말라. 너희 아버지께서 그 나라를 너희에게 주시기를 기뻐하시느니라." 빛의 이미지는 섬김과 정의의 사역이 가장 중요한 것임을 나타내준다.

교회 안의 새로운 사회질서는 세상의 관심을 끌 것이며, 따라서 눈에 띄는 결과들을 가져올 것이라는 주장에는 놀라운 낙관주의가 깔려 있다. 세상이 하나님의 통치에 따른 삶의 방식을 주목해 보고 그 방식을 따르리라 생각하는 것은 지나친 낙관주의다. 그런

데 이와 같은 입장을 취하는 사람들이, 종종 공중 권세 잡은 자들에 의해 지배되는 세상의 제도와 체제들이 형편없는 도덕수준에 머물고 있다는 사실에 대해 극히 비관적이라는 사실은 놀라운 일이다. 그들은 세속 공동체의 구성원들이 개인적으로 미덕을 지니고 있어서 교회가 보여주는 모범에 이끌리고 또한 그러한 사람의 수가 새로운 사회구조를 창조할 정도로 많아질 것을 바랄 뿐이다. 따라서 그들의 입장은 제도들에 대해서는 비관적이며, 인간들에 대해서는 낙관적인 경향을 보이는 것처럼 보인다.

  역사상 재세례파가 제시한 교회의 모습은 오히려 신학적으로 위에서 언급된 입장보다 더 건전한 것이었다. 왜냐하면, 그들은 기독교공동체가 존재한다고 해서 사회구조가 변혁될 것이라고 주장하지 않았으므로 인간 본성이나 역사에 대한 낙관주의에 빠지지 않았기 때문이다.[35] 사회변혁의 측면에서 교회를 생각할 때, 몇 가지 신학적 전재들이 재고되어야 할 것이다. 재세례파는 어떠한 변혁도 개인들의 회심을 통해서만 올 수 있다고 믿었으나 그와 같은 일이 대규모로 일어날 수 있을 것 인지에 대해서는 자신을 갖지 못했다.[36] 오늘날 중요한 사회변혁이 기독교공동체의 확산을 통해 일어날 수 있다고 생각하는 것은 복음운동만을 통하여 사회가 변혁되기를 기대하는 것과 유사하다. 실제로 이와 같은 변혁이론을 상세하게 설명하지 못하게 만드는 요인은 이 이론들이 신학적으로 오류가 있는 것처럼 보이기 때문이다. 기존 사회질서를 따르지 않는 새로운 공동체가 어떻게 변혁을 이룰 수 있는가? 어떤 사람들은 다양한 비타협운동들을 통해 나타난 결과들을 기독교공동체 덕분으로 여기는 것 같다. 사회 저항이론과 일반적인 비폭력적 참여이론 사이의 관계는, 권세자에 관한 이해와 마찬가지로, 더 깊이 있는 논의가 필요하다.

기존 사회와는 다른 대안사회를 창조하는 것은 그 자체로 유용하다. 그러나 그것만으로는 성문에서 정의를 베풀고 모든 멍에를 벗기라는 성경의 가르침을 충분히 제시하기에 부족하다. 기독교 공동체를 형성하는 것만으로는 사회변혁이나 사회정의를 실현한다는 관점에서 불충분한 것이다.

그리스도인들이 세상에서 구별되게 할 수 있는 일로서 기독교 공동체 '그 자체의 존재'와 같은 것은 없다는 생각은, 우리로 하여금 불필요한 선택을 하게 한다. 교회는 복음전파 사역에만 전념해서도 안 되며 또한 세상 안에서 행해야 하는 사역들을 전적으로 무시해서도 안 된다. 세상을 향한 사역과 교회의 존재는 상호보완적이어야 한다. 두 가지 모두 하나님의 통치를 구체화하는 데 필수적이다.[37] 예수께서 제자들을 부르신 이유는 사역을 감당하도록 하기 위함이었다. 그것은 먼저 사람을 낚는 어부가 되라는 부름이었다.[막1:17] 열두 제자는 그리스도와 '함께' 있도록 선택을 받았으며, 그들은 복음을 전파하고 귀신을 쫓아내도록 보냄을 받았다.[막3:14,15] 부활하신 주님께서는 오순절 성령이 임하시기 이전에 사도들에게 세상에서 봉사할 것을 명하셨다.[38] 우리는 기독교공동체의 존재 자체와 하나님께서 교회에 명하신 일 중에 한 가지를 선택할 필요가 없다. 우리는 그와 같은 선택을 할 수도 없고 또 해서도 안 된다.

변혁을 위한 싸움은 여러 분야에서 전개되어야 한다. 그리고 각 분야에서 계속적인 투쟁이 필요하다. 그렇다고 해서 다른 일은 필요 없다는 말이 아니다.[39] 기존 질서를 위협하는 사상은 세력 다툼없이는 채용되지 않는다는 사실을 염두에 두면서 변혁을 시도하여야 할 것이다. "병원, 학교, 대학, 공중위생 또는 맹아들의 교육에 관한 현대적 사상은 교회로부터 시작되었다."라는 기쉬의 주장은 사실일지 모른다. 그러나 "병원은 그리스도인들이 새로운 구조를 정부에 탄원하였기 때문에 시작된 것이 아니었다."라는 주장을 덧붙이는 것은 불필요한 다툼을 불러일으키는 것이다. 병원이 기독교공동체의 간청에 의해 시작과 결과 세워진 것이었다.[40] 변혁을 위한 두 가지 방법이 동시에 사용되어야 한다. 19세기 영국 빈민가의 가난한 자들을 위한 주일학교 및 '누더기학교'의 교육을 혁신하고자 일했던 사람들은 열심히 개혁운동을 했을 뿐만 아니라 정부에게 개혁의 필요성에 대해 상당한 압력을 가하였다. 그러한 개혁자들 가운데 샤프츠베리 경Lord Schaftesbury이 대표적인 인물이다.

이와 같은 일을 하는 데도, 우리는 하나님의 은사와 사역의 측면에 우선권을 두지 않도록 해야 한다. 우리가 공동체 혹은 교회에 관해 말하거나 혹은 정의를 실천하고 새로운 공동체를 창출하는 것에 관해 말할 때, 사회변혁을 위해 어떤 일이 가장 크다거나 가장 먼저 되어야 하며 또한 가장 강력한 일이라는 식으로 말해서는 안 된다. 그 대신에 우리는 기독교공동체와 세상 안에서의 교회의 사역을 확증하는 데 있어 담대함과 그 일을 수행하기 위한 새로운 창조적 능력이 있어야 한다. 기독교공동체와 세상을 향한 사역은 모두 하나님께서 우리에게 주신 것이다. 그것은 함께 성장하거나 함께 무너지게 된다. 우리 자신이 하나님의 통치의 임재며 동시에 대리자다. 예수께서는 사도들로 하여금 그의 교회가 되도록 준비시키셨으나 동시에 교회로 하여금 사도가 되도록 하셨다. 사도들로서 그들은 그들을 보내신 분의 대리자였다.[41] 그들이 갖춘 능력은 그들 자신의 것이 아니라 그들이 대리하는 하나님의 영의 능력이다. 그들은 공동체였으며 세상에서 해야 할 일이 있었다. 그들은 소규모며 외관상으로는 별로 중요하지 않은 집단이었지만, 그들은 세상의 빛으로 불렸던 것이다.

시민 불복종운동

전략적 비협조

"너희는 이 세대를 본받지 말라" 롬12:2

"사회의 기본적인 모든 제도에 순복하라" 벧전2:13 1)

"성문에서 공의를 세우라" 암5:15

이 성경구절들은 그리스도인들이 사회제도를 어떻게 보아야 하는지를 분명하게 가르치는 구절이지만 그들 사이에는 서로 이해하기 어려운 모순점이 있기 때문에 혼란을 일으키기 쉽다. 이 중 어떤 명령은 사회의 모든 제도에 순복하라고 말씀하는 반면, 다른 명령은 세상의 제도들을 말할 것도 없이 이 세상을 본받지 말라고 말씀하고 있다. 그리고 또 하나의 명령은 이 세상 속에서 공의를 이루라고 적극적으로 명령하고 있다. 사회제도에 순복하라는 명령은 기본적으로 사회구조는 하나님께서 허락하신 것이란 점을 반영하고 있다. 이 세대를 본받지 말라는 명령은 세상의 조직들이 하나님을 대적하고 있음을 보여주는 것이다. 공의를 세우라는 명령은 인류사회를 향한 하나님의 목적을 회복해야 할 책임이 하나님의 종들에게 있음을 보여주는 것이다.

전략적인 비협조란, 사회적으로 강력한 효능을 지닌 형태로서 기존 사회질서를 따르지 않거나 선택적으로 따름으로써 공의를 추구하는 방법이다. 본질적으로 타락해버린 기존 사회는 공의를 세우려고 일하는 사람들이 정치적 의사결정에 참여할 수 있는 정상적인 통로를 거부하지만, 이 비협조는 사회질서를 존중하면서 진행되는 것이다. 최근에, 전략적인 비협조의 가장 잘 알려진 방법은 시민에 의한 불복종이다.

전략적인 비협조에 대한 정치적 이론은, 어떤 조직 내에서 사람들이 권력을 행사할 수 있는 것은 그 사회에 소속된 구성원들의 도의가 있어야만 가능하다는 사실에서 출발한다. 우리는 이를 가리켜 "정당성이 인정되는 권력 혹은 권위"라고 부른다. 한 공장의 책임자들은 직원들에게 위협을 가하지 않고서도 지시를 내릴 수 있으며, 경찰관은 무력을 사용하지 않고도 죄인들을 체포할 수 있다. 왜냐하면, 사람들은 그들의 역할에 부여된 권력을 인정하기 때문이다. 한 사회에 있어 가장 중요한 의사결정기관이며 통제기관인 정부는, 그 사회의 많은 계층으로부터 계속적인 지지를 받아야만 한다.

전략적인 비협조 이론에 의하면 권력이 자유의사에 의해 부여된 것이라면 또한 자유의사에 의해 거부될 수 있다. 만일 지금까지 협조해오던 사람들이 그렇게 하기를 거부한다면, 무한한 권력을 지녔던 제도들도 흔들릴 수 있다. 프랑스의 16세기 수필가였던 보에띠(Étienne de La Boétie)는, 폭군이란 "당신이 그에게 당신을 파괴할 수 있는 특권을 부여한 것을 제외한다면" 그도 그 사회의 여타 일반인들과 전혀 다를 바 없는 사람이라고 하였다.[2] 샤프 Gene Sharp는 대규모의 정치적 비협조가 미치는 효과를 다음과 같이 묘사하였다.

 "만일 국민이 그들의 복종과 지지를 철회한다면, 정치권력은 해체되고 만다. 그러나 통치자들의 군사시설과 장비는 완전하게 보존될 것이며 군인들은 전혀 다치지 않고, 도시들은 아무런 피해를 받지 않고, 공장들과 교통수단들은 평상시처럼 가동되며, 정부 청사들은 전혀 손해를 입지 않을 수 있다. 그러나 모든 것은 변한다. 지금까지 정부의 정치권력을 창출케 했고 유지해주었던 사람들의 지지는 철회되어버렸다. 그러므로 정권은 해체되는 것이다."[3]

 대부분의 비협조적인 행동들은, 흑인을 차별하고 있는 버스운행제도에 항거하는 것과 같이 국지적이며 특수한 것들이다.

 어떤 제도가 불의할 때, 비협조는 대중의 시선을 끌기 위한 저항의 방법이 될 수 있으며, '선'이라는 위장된 목표에 편승하여 돌아가는 그 제도에 제재를 가할 수 있다.[4] 비협조의 방법은, 전통적인 관례를 깨뜨리는 것이거나, 보편적인 방법을 통한 저항일 수밖에 없다. 1963년 5월 앨러배머주 버밍햄이라는 도시의 중심가에서는 삼천 명의 흑인 어린 아이들이 노래를 부르며 행진하는 바람에 정상적인 활동이 중단된 적이 있다. 그들은 "아무도 나를 되돌아가게 할 수 없어요"와 "나는 가네, 자유의 땅으로"라는 노래를 불렀던 것이다.[5]

 비협조의 다른 방법들은 훨씬 더 공격적이다. 인종차별에 대한 저항으로 연좌농성을 한다는 것은, 이러한 차별을 옹호하는 법안에 협조하기를 거부할 뿐만 아니라 사업상의 계약을 정치문제로 쟁점화하고 정상적인 소비패턴을 깨뜨리며 고객과 중개인의 기대를 방해함으로써 사업의 통상적 과정에 간섭하는 일까지도 포함하는 것을 뜻한다. 캘리포니아에서 포도 수확자들과 재배자들 사이에 발생했던 충돌은, 피고용자들의 비협조뿐만 아니라 전국에 걸친 여러 도시에서 소비자들이 포도 불매운동으로 나타났던 것이다.

비협조운동이 광범위하고 또 대담해질 때, 비협조운동의 대상이 되는 기관은 난처한 처지에 놓이게 된다. 만일 그 기관이 비협조운동의 주장을 무시해버린다며, 그들은 고립상태에 빠지게 되며, 더는 설득력을 잃게 된다. 또한, 그 기관이 비협조운동을 물리적으로 제압한다면, 그 기관의 세력은 대중들의 역반응이나 저항운동이 점점 더 견고해지고 확산하게 됨으로써 약화될 수도 있다.[6]

전략적인 비협조운동의 매력은, 폭력을 사용하지 않고도 상황을 바로 잡을 수 있다는 점이다. 정치제도권이 권력과 이해득실에 대한 현실적 분석에 기초하여 움직여지는 데 반해, 비협조운동은 이 정치제도권 밖에서 이루어진다. 비협조운동은, 문제가 되는 기관이 부정을 저지르는 것이 오히려 불리하게 작용하도록 함으로써 힘을 행사한다. 위신의 손상, 저항하는 사람들과 다투어야 하는 귀찮은 일들, 정상적인 기능을 수행할 수 없는 어려움, 저항운동이 점차 지지자들을 확보해감에 따라 그 기관 내에서 일어나는 내분 등, 이 모든 것들이 비협조운동을 효과적인 것으로 만드는 데 도움을 준다. 불매운동이나 피켓을 들고 시위하는 일 등의 비협조운동은, 문제가 되는 질서와 이익에 대해 새로운 검토를 하게

할 수 있다.[7]

이 전략에서 실제로 중요한 점은 폭력을 행사하지 않아야 한다는 사실이다.[8] 목표로 삼은 대상이 비윤리적이라는 사실을 드러내는 일이 가장 중요하다. 비협조운동에 가담하는 사람들은, 그들이 반대하는 기관보다 자신들의 입장이 훨씬 더 윤리적이라는 점을 대중들에게 보여주어야만 한다. 그들의 비폭력적인 자세는 종종 정의를 향한 그들의 요구를 확증해주는 데 큰 도움이 된다. 반면에 폭력을 사용하거나 재산을 파괴하는 일은 대중들에게 그들의 운동이 정당성이 없는 것처럼 보이게 할 것이다.

기독교공동체는 이러한 전략에 매우 중요한 기여를 할 수 있다. 비협조운동에는 반드시 결속이 필요하다. 집단행동은, 저항의 대상이 된 기관에 의해서 한 사람씩 각개 격파당하는 것을 막아주는 데 중요한 역할을 한다.[9] 집단행동은 감정을 선명하게 하고 사기를 드높이며 구성원들로 하여금 행동하게 하는 데 도움을 준다. 기존 사회질서에 저항하는 기독교공동체는 자기 훈련과 희생이라는 삶의 모습도 보여줄 수 있다.[10] 따라서 집단행동을 조직할 수 있는 권리(결사의 자유)는 사상을 효과적으로 전달(언론의 자유)하는 데 매우 기본적이다.[11]

전략적인 비협조는 경제력이나 정치적인 힘을 요구하지 않는다. 농장노동자연합의 조사에 의하면 소비자의 불매운동을 성공으로 이끌려면 불과 인구의 2~3% 정도만 참여해도 된다는 것이다. 만일 10%가 참여한다면 이는 수일 내에 생산자에게 결정적인 영향을 미칠 수 있는 것으로 보았다. 우리는 흑인들이 자신들의 권리를 찾고자 남부에서 일으킨 운동에 대한 한 보고서를 통해,

정치적인 저항운동에 경제적인 제재가 결합하였을 때만이 이들 소수집단을 위한 호소가 효과가 있었음을 알 수 있다.[12] 그러나 집단행동은 하나의 사건을 공공의 문제로 만들어주며, 권력을 휘두르는 사람들로 하여금 반응을 보이게끔 할 수 있다.[13]

비협조운동 중 가장 중요한 방법의 하나는 시민 불복종이다. 이것의 목적은 어떤 법이 집행되는 것을 막는 것이며, 그 법의 부당성을 대중의 문제로 부각시키는 것이다. 그리고 이러한 행동은 성경의 명령, 즉 다스리는 자들의 권세에 순복하라는 명령에 대해 문제를 제기하게 한다.

복종에 대한 성경의 가르침

"사회의 기본적인 모든 제도에 순복하라"는 말씀은 구체적으로 "혹은 통치자로서의 왕이거나 그의 보낸 방백들에게"[벧전2:13] 복종하라는 말씀이다. 로마서 13장에서는 이와 유사하지만 좀 더 긴 말씀이 기록되어 있다. "각 사람은 위에 있는 권세들에게 복종하라 그러므로 권세를 거스르는 자는 하나님의 명을 거스름이니"[롬 13:1,2] 따라서 시민 불복종은 이러한 본문들과 모순되는 것처럼 보일 것이다.

성경을 해석할 때 항상 그러하듯이 우리는 이 글을 쓴 저자의 의도가 무엇인지를 살펴보아야 한다. 그들은 어떤 문제들을 다루고 있는가? 그들은 시민 불복종이라는 현대적 사상에 관심에 있었는가? 이 사상은 어떤 특수한 법보다는 더 높은 수준의 정의에 대한 관심과, 이 정의의 시행을 추구하는 데서 비롯된 것인가? 아니면 그들은 전혀 다른 문제를 다루는 것인가? 최근에, 불복종이 도덕적인 원리에 기초한 것이든 정의감에서 비롯된 것이든 간에, 바울은 그와 같은 불복종을 정죄하고 있는 것처럼 보이는 로마서 13장의 배경에 대하여 두 가지 상반되는 설명이 제시되었다. 이 두 가지 설명 중 어느 쪽이 옳든지 간에 로마서 13장의 명령은 시민 불복종이라는 현대적인 운동에 적절하게 적용될 수 있음을 의미한다.

보르그Marcus Vorg는 로마서 13장의 배경으로서 로마서가 편집되기 10년 전쯤 로마에서 발생한 하나의 사건을 제시한다. 로마의 역사가인 수에토니우스AD 2세기 초는 글라우디우스AD 41~54 황제 때의 사건을 기록하였다. 즉 "유대인들은 크레스투스Chrestus의 선동으로 끊임없이 질서를 어지럽혔기 때문에, 황제는 그들을 로마로부터 추방해 버렸다."라는 것이다.Chaudius 25:4 보르그는 그 당시 팔레스타인에서 메시아 사상을 근거로 로마에 저항하는 소요가 일어났으며 이 소요는 로마까지 번져나갔다고 주장하였다. 수에토니우스는 유대인들로 하여금 로마에 반란을 일으키도록 유도하면서 자신을 메시아로 자처한 인물이 '크레스투스'였다고 언급하였다.(크레스투스는 로마의 다른 문서에 Christus라고 기록된 이름의 다른 표현이다.) 바울이 로마에 서신을 보낼 당시 팔레스타인에서는 소요가 계속되고 있었기 때문에, 로마의 유대공동체는 또다시 동요되었을 가능성이 있었다. 보르그는, 그리스도인들은 유대 공동체들과 밀접한 관계를 맺고 있었기 때문에, 바울은 로마서에서 그들이 이러한 봉기에 가담하지 말라고 경고하고 있는 것이라고 주장하였다.14)

프리드리히Johannes Friedrich와 필만Wofgang Pöhlmann, 그리고 쉬툴
마허Peter Stuhlamcher는 로마서 13장에 이와는 다른 배경이 있음을
주장하였다. 그들은 타키투스라는 역사가의 글을 인용하였는데,
그는 AD 80~115년에 활동한 사람으로서 58년에 네로 치하에서
있었던 조세저항운동에 관하여 기록하였다. Annals 13:50, 51; Suetonius,
Nero 10 참조 그들은 로마서 13장에 기록된 세금에 관한 이례적인 강
조롬13:6,7에 주목하면서, 로마서가 AD 56년에 기록되었을 때, 세
금에 관한 논란은 계속되고 있었으며 바울은 클라우디우스 치세
하에서 있었던 유대인들의 소요가 더는 계속되지 않기를 원했을
것이라고 믿었다.[15)]

그러나 위의 주장에 대하여 강력한 반론이 제기되고 있다. 타키
투스의 기록에는 어떠한 형태의 불복종이나 반정부적 저항에 대
한 증거가 제시되어 있지 않다. 그는 세리들의 착취로 말미암은
민중들의 빈번한 불평 때문에 네로가 세제개혁을 했다고 기록하
고 있다. 이러한 청원이 새로운 현상이라고 보아서는 안 된다(수
에토니우스는 이러한 불평들을 언급조차 하지 않고 있다). 관세
징수의 부패에 대한 불평은 로마 공화정시대로 거슬러 올라간다.
네로의 세제개혁은 차라리 네로의 초기 통치시대에 활기를 불어
넣었던 자비심의 한 예로 보아야 한다.[16)] 사실 이 시기의 네로의
통치는 인기가 있었고 따라서 봉기가 일어날 가능성은 거의 없었
으며, 특히 로마서는 56년에 기록되었지만 불온한 분위기는 기껏
해야 2년 정도 뒤의 일이기 때문에 더욱 그렇다(조세저항은 58년
의 일이다). 네로시대의 국내 문제들은 60년대까지는 표면에 드
러나지 않았다. 네로의 초기 통치는 사려 깊은 것이었고 또 진보

한 것이었다. 원로원은 행정과 정책 면에서 강력한 구실을 하였고, 공공의 복지와 사기 진작을 위한 대중적 조치들을 취하기도 했다.[17]

로마서 13장은 네로의 개혁에 포함된 특별조세, 즉 수입관세를 언급하고 있는 것이 아니다. 여기서 강조하고 있는 세금은 공세를 말하는 것이다. 정부에 대한 책임을 논증하려고 세금을 예로 들어 말하는 이유는, 특별히 설명할 필요가 없다. 왜냐하면, 세금을 내는 것은 황제의 통치를 인정한다는 표시기 때문이다. 시민들이 국가에 바치는 공물과 세금은 특별히 공식적인 충성을 상징하는 것이었다.

팔레스타인에서부터 로마까지 저항운동이 퍼져 있었다는 보르그의 주장에도 이와 같은 난점이 있다. 사회학적인 견지에서 볼 때, 팔레스타인의 유대 자영업자들에 의해 일어난 반란이 그렇게 신속하게 로마까지 전달되어 재연될 수 있다고는 기대할 수 없다. 더욱이 크리스투스라는 칭호가 저항운동을 암시하고 있다고 볼 수는 없다. 유대의 역사가 요세푸스 역시 반란을 지도한 인물이 크리스투스라는 것을 말하고 있지는 않다. 설령 글라우디우스가 유대인들이 팔레스타인에 동조하여 반로마적이며 민족주의적인 선동을 했다는 이유로 그들을 추방했다는 증거가 있다 할지라도, 팔레스타인의 봉기와 관련하여 나중에 로마의 유대인들 사이에 소요가 있었다는 증거는 더욱 희박하다. 유대인들의 반란 기간AD 66~73년과 132~135년 동안에도 로마의 유대인공동체는 로마정부를 곤혹스럽게 만드는 어떠한 사건도 일으키지 않고 조용하게 지냈다.[18]

이러한 논증들과 관련하여 "오늘날 점점 많은 학자가 로마서가 기록된 일차적인 원인을 당시 로마의 상황으로 보지 않고 있다." 라는 사실은,[19] 비록 이것이 결정적인 것은 아닐지라도 로마서의 배경에 관한 주장에 더 많은 난점을 제기하고 있는 것은 사실이 다. 로버트 카리스Robert Karris 교수는 최근의 학자들이 로마서 12~15장에 나타난 바울의 윤리적 가르침을 해석한 문헌들을 정 리하면서, 이 문헌들에 공통으로 나타나 있는 것은, 로마서에서는 바울이 자신의 초기 선교사역에서 부딪쳤던 문제들, 특히 고린도 전서에 반영된 문제들이 더 성숙한 모습으로 드러나고 있다는 점 이라고 밝혔다.[20] 바울이 공세 곧 제국의 시민들에게 부과되었으 며 수도에서는 징수되지 않았던 세금에 대하여 강조했다는 사실 은, 만일 그가 로마에서의 특수한 상황을 염두에 두고 한 것이라 면 이해하기 어려운 일이다. 바울은 로마제국 내에 있던 그리스도 인들의 일반적인 문제를 다룬 것이다.

베드로전서 2장과 로마서 13장의 배후에 놓여 잇는 역사적인 문제는 사실상 그리스도인들의 자유에 관한 문제다. 특히 바울이 세운 교회 내에는, 현재 소유하고 있는 능력과 장차 올 세대에서 의 특권 또는 현실의 물질적인 삶으로부터 자유롭게 해주는 도덕 적 순결과 완전한 지식에의 신비적 참여 등, 영적 은사들과 관련 하여 자신들의 자유를 지나치게 강조하며 이를 남용하는 그리스 도인들이 있었다. 그 결과 그들은 사회 속에서 그들에게 부과된 의무나 도덕, 결혼, 노예,[21] 혹은 노동의 의무를 무시해버리려고 하였다. 영적인 권세를 가지고 '왕 노릇'고전4:8하는 사람들에 의해 세속적인 권위가 무시될 수 있다는 것은 놀라운 일이 아닐 것이 다. 베드로전서는 그리스도인의 자유를 강조하는 데에는 국가에 순복하라는 권면이 필연적으로 따르는 것임을 말해주고 있다. 곧 "자유인으로서(너 자신을 복종시키며) 또한 그 자유로 악을 가리우는데 쓰지 말고 하나님의 종과 같이 하라"벧전2:16는 것이다. 베드로전서의 저자는 이 땅 위에서 나그네로서 사는 그리스도인들이 자칫 그들의 자유로 말미암아 국가의 권위를 인정하지 않아도 되는 것으로 생각하고 있다는 것을 알고 있었다. 그러므로 그는 자유를 그렇게 해석하려는 유혹을 받는 사람들에게, 이는 그들을 하나님의 종으로 부르신 그 부름에 위배된다는 사실을 일깨우고 있다. 하나님의 백성은 공동체의 책임을 분담해야만 한다. 그들은 이러한 책임에서 결코 면제되는 것이 아니다. 셀윈E.G. Selwyn은 베드로전서와 로마서 6장 12~22절에 나와 있는 이러한 가르침이 서로 유사하다는 사실에 주목하였다.22) 로마서 6장에서 바울은 다음과 같이 질문하고 있다. "우리가 법 아래에 있지 아니하고 은혜 아래에 있으니 죄를 지으리요"롬6:15 바울은 그리스도의 자유를 잘못 해석할 위험이 있는 사람들에게, 모세 율법이 구원의 기초는 아니지만 그렇다고 해서 율법 자체가 선하지 않다거나,7장 우리에게 율법을 범할 자유가 있음을 의미하는 것도 아니라는 사실을6장 증명해야만 했다. 우리가 죄의 종으로부터 자유함을 받게 된 것은 하나님의 의의 종이 되기 위해서다.롬6:18~22

로마서 13장 역시, 결혼과 노예제도에 관하여 바울이 다른 부분에서 논증한 것과 함께 영적인 '열성파' 들이 좋아하는 본문이 되어왔다.23) 로마서의 첫 부분에서 바울은 모세 율법이 연속성을 지닌 통합체계임을 입증하고 있으며 13장에서는 시민법이 권위를 지니고 있음을 주장하고 있다. 다음의 도표가 그의 논증을 설명해주고 있다.

자유	법	법을 긍정함
은혜	모세의 율법	율법은 선한 것이다(7장) 율법을 성취하기 위한 능력이 주어짐(8장)
성령	시민법	정부는 선한 것이다. 순복해야 할 의무

로마서와 베드로전서의 저자들은, 정부는 선한 것이며 하나님의 뜻에 일치하는 것으로 생각하고 있다. 그들은 지금 정부에 선하지 못한 부분이 있다는 예외사항을 다루는 것이 아니다. 그들은 특별히 정부의 가장 기본적인 원리, 즉 세금을 내는 것에 이의를 제기하고 있는 입장을 논박하고 있는 것이다. 그들은 인간사회에서 도덕적으로 선한 질서를 유지하고자 국가는 필수 불가결한 존재임을 말하는 것이다. 이 두 저자는 9세기 그리스 로마 세계에서 잘 알려진 하나의 공식을 고쳐 말하는 것이다. 즉 국가는 선을 행하는 사람들에게 칭찬과 영예를 주고 악을 행하는 사람들에게는 수치와 형벌을 준다.롬13:3,4; 벧전2:14 24) 더 나아가 바울은 국가를, 선을 위한 하나님의 종으로 묘사하고 있다.롬13:4 두 저자는 정부의 통치행위가 가장 높은 윤리적 종교적 기준과 합치된다고 가정하고 있다. "그러므로 굴복하지 아니할 수 없으니…양심을 인하여 할 것이라"롬13:5 "주를 위하여 순복하라"벧전2:13 25) 그리고 국가는 도덕률을 폐기하려는 사람들을 인정하지 않기 때문에 악의 세력을 경계하는 역할을 한다.롬13:3; 벧전2:16

이 본문들은 공공의 권위에는 우리에게 요구할 권리가 있음을 증명해주고 있다. 명령이나 법은 우리가 인정해야만 하는 합법적인 목적을 지니고 있다. 그러나 이 본문들이 주장하는 것은 "사람들은 그 법을 준수해야 할 의무가 있기 때문에 그 법에 결코 불복해서는 안 된다."라는 말은 아니다.[26]

사실 로마서 13장 1~7절과 베드로전서 2장 13~17절은 국가의 한계를 암시하고 있다. 하나님의 권위는, 정부가 수행하는 특수한 통치행위들을 심판할 수 있는 기초가 된다. 더 나아가 위의 논증에서 제기된 국가의 여러 목적은, 법률과 여러 통치행위를 평가하기 위한 척도가 될 수 있다. 요더는 말하기를 "우리는 정부가 얼마나 지속적이고도 성실하게 사람들의 행위에 따라 선악 간에 상벌을 시행하는지를 질문함으로써, 정부가 어느 정도 자신들의 임무를 수행하고 있는지를 심사하고 평가할 수 있다. '선을 위해 당신에게 봉사한다.' 라는 것은 단순한 말로 그치는 것이 아니라 정부를 평가하는 하나의 척도가 된다."라고 하였다.[27]

만일 하나님께서 통치자를 보내신 것이라면, 사람들은 통치자의 잘못을 국민이 바로잡아야 할 불의로 보지 않고, 그것을 인정해줄 수 있는 것이다.[28] 그러나 위의 성경본문들은, 주를 섬기는 일과 국가에 대한 의무를 비판적으로 분별해내는 작업을 토대로 순종해야 할 것을 시인하면서도, 한 단계 더 나아가고 있다. 우리가 정부에 순복해야 하는 동기가 양심에서부터 나오는 것이기 때문에, 만일 정부의 행위가 양심의 소리와 일치하지 않을 때에는 정부에 불복할 수도 있다는 하나의 근거가 된다. "하나님의 내재하심이 그의 권위를 해체하는 것은 아니다." 만일 시민으로서의 우리의 책임이 우리가 인정하는 하나님의 최고 권위에 근거하는 것이라면, "그리스도인의 순종의 의무는, 한 발 더 나아가는 것이 불가능한 바로 그 지점에서 끝나는 것이며 바로 그곳에 멈추어 설 뿐이다."[29]

다른 성경구절들을 통해서 우리는 그리스도인들과 정부의 관계에는 순종이 포함되어 있다는 것을 알 수 있다. 예수께서는 복음서에서 "가이사의 것은 가이사에게, 하나님의 것은 하나님께 바치라"[마22:21]고 말씀하셨다. 이 대답은 예수께서 자신을 국가에 반대하는 발언을 하게 하여서 올무에 빠트리려고 한 사람들에게 하신 것이다. 예수를 대적하는 자들은, 그가 하나님의 통치에 대해 가르쳤기 때문에 국가의 권위를 거부하려는 경향이 있다고 생각하였다. 그들은 예수께서 통치자의 권위를 존경하지 않는다고 의심하였다. 예수의 응답은 정부에 대한 의무를 긍정하는 것이면서도 이 의무들에 대한 한계를 인정하는 것이었다. 예수께서는 제국의 화폐를 사용하는 것은 로마의 행정에 참여하는 것이며 동시에 그 권위를 인정하는 것임을 지적하시면서, 그들의 의무를 수행해야 할 것을 말씀하셨다. 그러나 그때 예수께서는 자신이 방금 하신 말씀에 대한 조건과 한계를 명시하신다. 즉 "그리고 하나님께 대한 너희의 의무를 다하라"는 말씀이 그것이다.

보른캄Bornkamm은 예수께서 마태복음 22장 21절에서 가르치신 말씀의 강조점은 이 대답의 후반부에 있다고 지적하였으며 이 지적은 옳은 것이다.[30] 국가는 한계를 지니고 있으며 비판의 대상이 된다. 가이사에 대한 의무 외에도 하나님께 대한 의무가 있다. 이러한 사상은 종교적인 요구와 정치적인 요구가 하나의 체계 속에 결합하여 있던 당시로써는 아주 새로운 것이었다. 예수께서 가르치신 이 내용을 통하여 우리가 알 수 있는 것은, 국가는 더는 그 자체로서 성스러운 것이 아니라는 사실이다. 우리는 국가와는 별도로 존재하는 윤리적이고 종교적인 요구들을 도입하여 국가를 비판할 수 있다.

그러므로 시민 불복종이 가능하다는 사실을 부인하는 것은 예수의 대답과 배치되는 것이다. 그의 대답 속에는 국가의 권위는 절대적이며 국가의 모든 법은 '하나님의 길'에 속해 있다는 사실이 함축되어 있다. 그러나 법이 정의롭지 못하다면, 그것은 더는 하나님의 길에 속한 것이라고 할 수 없다. 성경은 정부가 하나님께 불순종하는 행위들을 빈번하게 저질러왔음을 어떤 문서들보다 잘 드러내 주고 있다. 그리고 성경은 이러한 불의를 바로잡는 것이 하나님의 뜻임을 계시해주고 있다.

사도행전에 나타난 유대 당국과의 관계도 이와 일맥상통하고 있다. 베드로와 사도들은 "사람보다 하나님을 순종하는 것이 마땅하다"행5:29고 대답하였다. 그들은 당국으로부터 예수의 이름으로 가르치지 말라는 명령을 받았다.행5:28 그들은 산헤드린의 권위에 저항하였는데, 산헤드린은 로마의 관원들이 유대 내부의 법적 문제를 책임지도록 위임한 기관이었다. 대제사장은 로마의 행정관에게 복종하였으며 산헤드린의 의장과 소집자로의 임무를 수행하였다.[31] 사도행전에 나타난 전문용어들은 이러한 지방의회의 정치적 성격을 드러내 주고 있다. 이 의회는 이스라엘 족속의 모든 원로들로 구성되었으며 산헤드린이라고 불렸다. 베드로는 이들을 백성의 관원롬13:3 참조이라고 불렀다.행4:9 그럼에도, 산헤드린은 로마서 13장과 베드로전서 2장의 견지에서 보면 권위를 지닌 기관이었다. 사도들은 이들의 지위는 인정하면서도 공개적으로 이들에게 불복했다. 구약 역시 하나님의 백성이 인간의 정부에 불복한 예들을 제시해주고 있다. 다니엘서는 하나님을 왕중왕으로 강조하고 있다. 사드락과 메삭과 아벳느고는 느부갓네살왕의 금신상에 절하기를 거절했으며 다니엘은 30일간 어떤 신에게도 기도하지 말라는 금령을 어겼다.^{단6장} 찰리 라이리Charles Ryrie의 말을 빌리면, "그들은 신자의 삶에는 하나님의 법에 복종하는 것이 사람의 법에 순종하는 것보다 우선순위를 차지한다."라는 사실을 보여주었다.[32]

이 부분에 대한 전통적인 해석은 다음과 같다. 즉 사도행전에서 사도들은 복음증거 하는 일을 해왔으며, 따라서 그리스도인이 당국에 불복할 수 있는 때는 지배자들이 복음증거(혹은 다니엘서와 같이 하나님께 경배)를 금지할 때뿐이라는 것이다. 그러나 이렇게 구분할 수 있는 기준은 무엇인가? 로마서 13장과 베드로전서 2장은 이러한 예외를 인정치 않는다. 국가가 기독교와 충돌하는 것은 복음전도와 예배라는 측면뿐인가? 이러한 견해는 죄의 범위를 매우 협소하게 규정하고 있는 견해다. 구약의 선지자들이 국가와 부딪친 문제들은 사회적이고 경제적인 문제들이었다. 엘리야, 아모스, 예레미야 그리고 다는 선지자들은 정의를 요구하면서 왕의 뜻에 저항하였고, 그 결과 고난을 당하였다. 그들은 "믿음에 의하여 의를 행하기도 하며 결박과 옥에 갇히는 시험도 받았던"^{히11:32,33,36} 선지자들이었다. 선지자 모세는 공의가 집행되는 것을 보았다. ^{행7:24,37} 그는 바로 왕에게 이스라엘 백성을 평등하게 대우할 것과 그들이 하나님께 예배드리려 떠날 것을 허락해 주도록 여러 번 간구하였다. 그러나 바로는, 처음에 이스라엘 백성이 떠나도 좋다고 허락했다가 다시 자신의 결정을 철회하였다. 그러나 이스라엘 백성은 바로의 군대가 뒤따르는 가운데 "담대히 나갔다"출14:8 그들은 아직 바로의 관할 하에 있었지만, 바로의 명령에 불복하였던 것이다. 그들의 이런 행동 배후에 있는 가장 중요한 문제는, 예배를 위한 단순한 자유가 아니라 육체적, 경제적 그리고 사회적인 학대로부터의 구원이었던 것이다.출3:7,8; 행7:34 히브리 산파들은 왕의 명령을 어기고 새로 태어난 이스라엘의 남자 아이들을 살려두었다. 그러나 그들은 이 일로 인하여 하나님으로부터 칭찬을 들었다.출1:15~21 우리에게는 복음을 선포할 뿐만 아니라 복음대로 살아야 할 의무도 있는 것이다.

수세기에 걸쳐 그리스도인들은 국가의 법이 하나님의 법에 어긋난다고 생각될 때는 종종 그 법에 저항해 왔다. 초대교회는 황제숭배를 거부함으로써 박해를 받았다. 교회가 정치 제도권의 일부가 되었을 때나 개개인의 그리스도인들이 다른 그리스도인들에 의해 제정된(이 법들은 종종 교회의 이름으로 제정되곤 하였다.) 부당한 법 앞에 직면했을 때, 초대교회가 보여준 법에 대한 대담성이 늘 그들에게 대항할 힘이 되어왔다. 시민 불복종은 그리스도인들에게 있어 법철학 제일원리가 되었다.33)

이러한 전통에 비추어볼 때, 도로우Thoreau가 인두세 납부를 거절했다는 이유로 투옥되기 15년 전에, 체로키 부족Cherokees들에게 선교하던 기독교 선교사들이 성경에 근거하여 시민 불복종을 주장하고 나선 것은 놀라운 일이 못된다. 이 일에 직면하여 조지아

주에서는 법안을 만들어 체로키 원주민들에게는 그들의 땅에 대한 주권 요구를 포기할 것을 요구했고, 1829년 선교사들에게는 주민들의 권리를 더는 옹호하지 못하도록 했다. 또한, 선교사들에게 이 법을 인정함으로써 이곳에서 전도할 수 있는 자격증을 얻든지 아니면 그 주를 떠나든지 하라고 명령했다. 사무엘 워체스터 목사와 엘리저 버틀러 박사는 이 법을 무시하고 감옥으로 갔다. 선교사들은, 체로키 원주민들은 그들의 권리를 위해 선교사들에게 도움을 받아야 하며, 선교사 자신들은 억압받는 사람들을 위해 정의를 외쳐야 할 의무가 있다고 주장하였다. 워체스터 목사는 주장하기를, 자신은 "정치적인 편의에 의해 행동하는 것이 아니라 그것이 하나님의 계명을 어기는 것인지 아니면 지키는 것인지에 대한 명백한 윤리적 의무 때문에 행동한다."라고 하였다.[34]

시민 불복종은 제3세계 그리스도인들 사이에서는 변혁을 위한 방법으로 사용되기도 했다. 예를 들면 나이지리아의 오로[Oro] 부족에서는 추장이, 죽은 사람의 친족들에게 장례를 치르기 위한 요금을 징수하였다. 이 부족의 그리스도인 여성들은 이 명령에 저항하였는데, 그들이 징수하는 요금은 가난한 사람들에게는 부담되었으며 장례비용으로 쓰이지 않고 관리들을 위해 사용되곤 하였던 것이다. 그 여성들은 추장에게 호소하기도 하고 모임을 만들어 수차례 시위도 하였으며 나중에는 시장 한가운데서 불매운동도 전개하였다. 이러한 불매운동은 관습적으로 추장이 죽었을 때만 일어났다. 추장이 살아있을 때 이러한 행동을 한다는 것은 그들이 추장의 죽음을 바라고 있다는 표시가 될 수 있기 때문이었다. 그들의 요구는 신속히 받아들여졌다.[35]

무엇을 먼저 해야 하는가

우리에게는 절대라고 생각되는 규범적 가치들이 있다. 우리는 그 가치들이 항상 우리를 구속하고 있으며 또 문화적인 모든 상황 속에서 우리를 얽어매고 있다고 생각한다. 이 가치들은 기본적으로 성경에 근거하여 제시되지만, 그것과 더불어 역사적인 경험과 인간의 전통에 의해 생겨나기도 한다. 이처럼 변할 수 없는 속성을 지닌 인간의 기본적 가치는, 현실적으로는 온전히 지켜지지 않는다는 사실을 인정하면서도, '일차적인 의무'라는 개념으로 설명된다.

'일차적'이라는 의미는 가장 먼저 두드러진다는 것이다. 이 일차적인 의무는 도덕적 규범들이 적용되어야 하는 상황마다 항상 적용되는 도덕적 규범들로서, 이들은 문화적인 구속을 당하지 않는다. 그러나 이 규범에는 다른 윤리상황이 고려되어야 할 때가 있으므로 어떤 상황에서는 이들이 실제적인 의무가 되지 않을 수도 있다. 기본적인 윤리규범은 특수한 사람들과의 관계에서 표현되고 있다. 나를 둘러싼 사람들은 모두 나와 관계하고 있으며 남편은 아내와, 부모는 자식과, 친구는 친구와, 채권자는 채무자와, 시민은 시민과, 복음증거자는 불신자와 관계하고 있다. 이러한 모든 관계는, 기본적인 의무의 토대가 되고 있다. 십계명은 이러한 의무들을 나열하고 있다. 만일 우리가 누군가에게 약속하면 우리는 그 사람에게 기본적인 의무를 이행해야 하는 사람으로서 그와 관계하게 된다. 우리는 이것들을 가리켜 일차적의 의무라고 부를 수 있다.[36] 이들은 절대적이고 보편적인 가치들을 실현하게 해준다고 말할 수 있다.

우리는 다양한 관계 속에서 다양한 의무들을 요구받고 있다. 그런데 종종 우리는 이러한 다양한 의무들 가운데 하나만을 선택해야 할 때가 있다. "대부분 윤리문제는 다양한 의무들이 서로 충돌하는 상황 속에서 일어난다. 즉 어떤 윤리적 원리는 우리를 이쪽으로 잡아당기고 다른 원리는 저쪽으로 우리를 잡아당긴다."[37] 사소한 이익에 관한 모든 윤리적 문제는 이른바 누가 손해를 보느냐 하는 문제다.[38] 로스Ross는, 인간이 하는 모든 행동은 무수한 결과를 낳게 되며, 그중 일부는 효과적일 것이고 또 일부는 유익한 결과일 것이라고 말한다. 설령 그 결과가 간접적인 영향만 미쳤거나 원래 목적을 충족시키지 못했다 할지라도 그 결과에는 일차적인 의무가 수반된다.[39] 만약에 지금 이 책을 읽는 독자가 남을 위해 봉사하는 대신 연구를 하고 있다면, 그것은 그 때문에 현재 충족되지 않는 요인들이 존재하고 있음을 의미한다. 다양한 요구들 가운데 하나를 결정해야 할 때, 우리는 세 가지 유형의 의무에 대하여 숙고해야 한다. 즉 일차적인 의무, 이차적인 의무 그리고 실제적이 의무가 그것이다. 실제적인 의무는 주어진 상황에서 가장 올바른 결정을 말한다. 일차적인 의무는, 이 의무에 우선하는 다른 윤리적인 의무가 없다면, 실제적인 의무와 같은 의무가 된다. 이차적인 의무는 관습이나 예절, 능률 혹은 효용에 대한 요구와 같은 것으로서, 만일 그 상황 가운데 일차적인 의무가 존재하지 않으면, 실제적인 의무가 될 수 없다. 우편물을 정확한 시간에 배달한다는 명목으로 다른 사람을 총으로 쏘거나 비방하는 말을 할 수 없다. 일차적인 의무에는 예외가 있을 수 없다. 이 의무는 상황에 따라 변할 수 없는 의무며 어떤 상황에서도 고려되어야 할 의무다. 일차적인 의무는 의무되, 다른 것들도 이와 같은 의무며, 실제적인 의무는 의무되 모든 것이 고려된 의무다.

여기서 절대적인 가치들을 이야기하는 대신 새로운 전문용어를 끌어들인 이유는, "윤리와 도덕의 일반적 원리들이 지니는 절대성"을 보존하면서, 한편으로 영원히 구속력을 지니는 가치들조차도 실제로는 항상 실제적인 의무가 될 수 없다는 사실을 정확하게 반영하는 언어를 구사하기 위해서다.[40] '절대' 혹은 '보편적'이라는 용어는 실제로 의사가 결정되는 과정을 왜곡하는 구실을 하고 있다.

성경에는 다양한 요구들이 서로 충돌하는 많은 예가 기록되어 있다. 가이슬러Norman Geisler는 구약에서 하나님이 아브라함에게 이삭을 죽이라고 한 명령이, 이러한 충돌의 고전적인 예라고 말했다. 그리고 복음서에서는 예수를 따르는 일과 자식으로서의 책임 혹은 안식일의 규례와 제자들의 굶주림 등이 이러한 긴장의 예라고 한다.[41] 이러한 상황 속에서 일차적인 의무가 항상 실제적인 의무가 되는 것은 아니다. 따라서 이혼을 금지하신 하나님의 계명은 간음의 경우나 믿지 않는 배우자가 이혼을 요구하는 경우에는 수정되게 된다.[42]

이와 유사하게 우리는 어떤 사람이 휴가를 떠나면서, 도둑이 들지 않도록 집안에 불을 켜놓고 떠나는 것을 보고 이를 비난하지는 않는다. 만일 한 살인자가 자기 아이를 뒤쫓는 것을 그 어머니가 보았다고 할 때, 사람 대부분은 그 어머니가 어떤 수단을 써서라도 살인자를 엉뚱한 방향으로 유도할 수 있는 권리가 있다고 믿을 것이다.[43] 이 두 가지 경우에는 모두 무엇보다 우선하는 의무와 요구들이 있는 것이다.

윤리문제를 다루는 사람들은 대부분 문제가 되는 행위의 한 면만을 보기 때문에 단순한 경향이 있다. 예를 들어 낙태 문제를 생각해보자. 현재 낙태 문제로 심각하게 고민하고 있는 여성이 있다면, 무엇보다 문제가 되는 것은 그녀의 실제적인 의무보다는 그 상황의 복잡성이다. 이 문제에는 먼저 인간으로서의 태아의 권리 문제가 있고(언제 태아가 하나의 인격으로 간주할 수 있느냐에 대해서는 의학적, 종교적 그리고 철학적인 다양한 견해들이 존재한다.) 또 산모의 생명, 자신의 신체에 대한 산모 자신의 권리, 그녀의 정신건강, 낙태를 하고 난 후의 결혼생활에 지장이 없는지, 그리고 태아가 출생했을 때 그 태아가 앞으로 건강하게 자라 수 있는지, 마지막으로 그 가정이 안는 경제적, 심리적 문제 등 다양한 문제가 존재한다.

우리가 앞서 언급했듯이, 모든 행동에는 수많은 요구가 수반되며 우리는 모든 것을 충족시킬 만한 행동은 할 수 없다. 특정한 행위를 함으로 말미암아 어떤 요구가 충족된다면 그 요구는 정당한 것이 되며,[44] 반면에 충족되지 않은 요구들은 오류가 되는 것이다. 이 문제를 그 자체만으로 따져본다면 그 행위 자체가 정당한지 아니면 오류인지에 따라서 결정되는 것이다. 올바른 행위란 외견상 오류적인 특성보다는 정당한 특성에 더 많은 행위를 말한다.[45] 물론 그것은 이행된 의무가 그렇지 못한 의무보다 많다는, 단순한 숫자를 두고 따지는 문제는 아니다. 왜냐하면, 일차적인 의무는 특수한 행위의 참여도뿐만 아니라 기본적인 윤리적 요구들에 따라서 질적으로 달라질 수 있기 때문이다. 다른 사람이 피해를 보는 것은 항상 오류를 만들어내는 특성이다. 그러나 이러한 특성이 포함된 모든 행위가 단지 그 이유 때문에 반드시 잘못된 것은 아니다. 우리는 국가로 하여금 사람들을 구속하고 강제로 명령할 수도 있는 권위를 허용해주었다. 우리가 이렇게 한 것은 인격의 존엄을 경시해서가 아니라 그보다는 공동체를 더 앞세우기 때문이다. 개인의 특수한 자유와 존엄은 공동체의 보존이라는 실제적 의무에서 보면 오류를 만들어내는 특성이 된다.

만일 어떤 사람이 늘 약속을 어기는 사람으로 낙인이 찍혔다고 가정해보자. 그가 교회에서 예배를 인도하기로 정해졌다면 그 사람의 약점을 아는 목사님은 분명히 그로 하여금 제시간에 도착하도록 부탁할 것이다. 그런데 그는 분명히 충분한 여유를 두고 출발했지만 오는 도중에 사고로 딱한 처지에 있는 사람을 목격했다고 하자. 사람이 크게 다친 것을 본 그는 어떻게 해야 할 것인가? 이 상황에서 무엇이 올바른 선택인가 하는 점은 명백할 것이다. 이 상황에서 문제가 되는 것은 사고현장을 무시하고 예배인도의 약속을 지키러 가야 하는가 하는 점이다. 그가 어떤 결정을 하든지 간에 그는 두 가지 의무를 다 충족시킬 수는 없다. 약속을 지킨다는 것은 일차적인 의무다. 설사 약속을 지키지 못했다손 치더라도 약속을 지켜야 한다는 그 의무는 계속 남아 있는 것이다.

사이퍼트Harvey Seifert는 이 문제를 다른 각도에서 다루고 있다. 우리는 가치들의 전체계에 대하여 책임이 있다. 인간이 지닌 한계와 불완전한 상태 때문에, 모든 가치들을 동시에 실현한다는 것은 불가능한 일이다. 윤리규범이란 우리가 처한 상황에서 그것을 지키려는 목표가 되긴 하지만 언제나 그 규범을 완전하게 지킬 수는 없다.[46] 또한, 모든 윤리규범이 다 똑같은 비중을 가지는 것도 아니다. 즉 더 우선하는 규범이 있는가 하면 그렇지 않은 규범이 있는 것이다.

윤리적 의사결정에 대한 이러한 접근은, 어떤 일에 책임을 가지고 참여한다는 것이 종종 다양한 가치와 의무 가운데 하나를 선택하는 것임을 일깨워준다. 따라서 이러한 접근방식으로 말미암아서 우리는 아무리 정당한 요구라 하더라도 때로는 더 강한 요구를 충족시키고자 거부되어야만 한다는 것을 인식하게 되며, 복잡한 상황들에 정직하게 그리고 현실적으로 접근할 수 있게 된다. 이 방법은 사람들로 하여금 죄의식이나 수치감을 마비시키지 않고도, 생각하고 행동할 수 있도록 해주는 것이다.

또한, 이 방법은 우리가 이행하지 않은 의무도 여전히 우리에게 타당한 요구로서 남아 있다는 점을 인식시켜준다. 이처럼 우리는 선택하지 않으면 안 되는 상황에서 이행하지 못한 의무 때문에 후회도 하게 될 것이다. 이러한 후회는 죄의식과는 다른 것이다. 왜냐하면, 우리는 동시에 둘 다를 만족하게 할 수 없으므로 선택하여 행동해야 한다는 것을 알고 있기 때문이다.[47] 우리는 결정을 내릴 때, 주님의 인도를 바라면서, 그분이 우리의 선택을 이해하시고 인정해주실 것을 안다.롬14:23 충족되지 않은 요구가 있다는 것은 우리로 하여금 자책하게 할 것이다. 우리는 행동해야만 한다. 우리는 참여해야만 한다. 우리는 선택을 하려고 모든 것을 완전히 이해하거나 선과 악을 명백하게 구분할 수 있을 때까지 기다릴 수는 없다. 우리는 어떤 것을 선택할 때, 오류를 범할 가능성이 있음을 알고 있다. 따라서 우리는 오류를 가려내고 그 선택에 이

기적인 욕망이 개입되지는 않았는지를 늘 반성해야 한다.

"목적은 수단을 정당화시키지 않는다."라는 말은, 목적이 아무리 정당하더라도 그 목적에 도달하기 위한 수단에 오류가 있다면 그것은 정당화될 수 없다는 말이다. 어떤 행위를 평가할 때는 그 행위의 목적뿐만 아니라 그 속에 포함된 의무까지도 고려해야 한다. 어떤 행동 자체가 정당하다면 비록 행동을 수행하기 위한 수단에 오류가 있었다 할지라도 그 행동은 정당하다. 그러나 수단에 포함된 오류는 여전히 남아 있게 될 것이다. 그럼에도, 실제적인 의무는 계속 실천되어야 할 것이다. 불의한 집주인에게 위협을 가함으로써 바르게 행하게 한다는 것은 그 자체가 썩 좋은 방법은 아니지만, 세입자를 위해서라면 그런 수단이 필요할지도 모른다.

여러 가지 윤리적인 의무들이 서로 충돌하고 있는 상황 속에서 무엇이 우리의 실제적인 의무인가를 생각하기에 앞서, 우리는 먼저 각각의 의무들을 하나씩 분리해내고 평가해보아야만 한다. 그리고 나서 우리는 어떤 요구가 더 중요한가를 결정하도록 노력해야 한다. 즉 어떤 요구가 일차적인 의무고 또 어떤 것이 이차적인 의무인가? 하나의 의무가 다른 의무보다 더 중요한 대안이 되는가? 어떤 상황에서도 가장 합리적인 결정을 내릴 수 있는 비결을 찾는다는 것은 불가능한 일일 뿐 아니라 비생산적인 일이다. 그러나 결정을 하기 위한 우선순위는 밝혀낼 수 있다. 예를 들면 사람은 사물보다 더 귀하다(누구도 토마토를 훔치는 소년에게 총질을 하지 않는다). 그리고 무한한 인격을 지니신 그분은 유한한 인간보다 더 귀하다.[48]

정의의 개념은 이처럼 윤리규범들이 서로 충돌하는 상황 속에서 비로소 개입하게 된다. 우리가 기본적으로 관계를 맺는 부모, 배우자, 자녀, 동료 시민들 등이 우리에게 부과하는 특수한 요구들이 있다. 우리가 그들을 얼마나 중요하게 생각하고 있느냐에 따라 그들에게는 등급이 있고, 이 등급은 우리와의 의존관계를 말해주고 있다. 정의가 효율보다는 더 큰 우선순위를 갖는다. 그러나 정의가 효율이나 안정과 같은 이차적인 원리들을 증진시켜주는 것일 때는 그렇지 못한 정의보다 더 바람직스러운 것이다.[49] 이미 언급된 바와 같이 윤리적인 요구가 생명, 존중 등 기본적인 요소와 관계되는 범위가 넓으면 넓을수록, 그리고 인간이 함께 살아갈 수 있는 최소한의 조건에 가까운 것일수록 우선순위는 더 높아진다.

우리는 또한 다른 사람들이 생각하는 선에 대한 개념을 참고할 수도 있다. 그 사람들이 생각하는 선의 개념이 고통의 경감이라는 관점에서든 잠재 가능성의 실현이라는 관점에서 생각된 것이든 말이다(다른 사람들은 이 선의 개념에 쾌락, 힘, 지식들을 포함시키기도 한다). 윤리적 행동을 평가하는 기준에는 그것이 아닌 다른 행동을 선택했을 때 나타날 수도 있는 결과를 분석해보는 것도 포함될 수 있다. 그러나 기본적인 요구 간에 충돌이 있을 때, 우리는 무엇이 가장 훌륭한 결과를 가져올 것인가를 따져봄으로 어떤 행동을 결정해서는 안 된다. 왜냐하면, 그렇게 하는 것은 결과적으로 공리주의적인 원리, 다시 말하면 행해야 할 의무의 본질보다는 오히려 선의 양적인 측면을 생각하게 되기 때문이다.[50] 여기에서는 최고의 선을 가져오는 것만이 유일한 요소가 된다. 로스는 다음과 같은 예를 제시한다. 만일 내가 어떤 사람에게 1,000단위의 선을 해주기로 약속했음에도 불구하고(편의상 이러한 측정이 가능하다고 가정하자.) 다른 사람에게 그 약속을 어기면서 1,001 단위의 선을 행했다고 하자. 그러나 나는 약속을 어겼다는 점에서는 정당화될 수 없을 것이다.[51]

우리는 예측 불가능한 미래에 대하여 특별한 해답을 준비할 수는 없지만, 우리가 행해야 할 의무의 본질에 대해 명확한 지식을 갖는 것 외에 우리가 할 수 있는 최선의 준비는, "일차적인 의무들이 서로 충돌하는 상황에서 선택하게 되거나 혹은 우리가 실제적인 의무에 대한 기본적인 규칙을 수정하려고 할 때와 같은 결정의 순간에 우리를 지탱해줄" 인격적인 능력을 길러놓는 일이다.[52] 만일 교회가 하나님의 은혜로 말미암는 이러한 능력을 기르는 것을 돕는다면, 그것은 우리에게 윤리학적인 지식을 가르치는 것이 될 뿐만 아니라 개인적인 성장을 돕는 것임이 틀림없다.

사도행전에 따르면, 공회 앞에서 행한 베드로의 설교는 문자적으로 보면 "하나님께 순종하는 것이 사람에게 순종하는 것보다 더 큰 의무"행5:29라는 뜻이다. 우리가 행해야 할 일차적인 의무 중의 하나는 정부에 순복하는 일이다. 만일 이 의무보다 더 우선되는 요구들이 없다면, 그것은 우리의 의무가 된다. 시민 불복종과 같은 행위가 가지는 속성은, 정부가 요구하는 의무는 충족될 수 없는 요구라는 점과 그 의무에 포함된 오류의 가능성 때문에 그것이 언제든지 조정될 수 있다는 것이다.

정의를 위한 시민 불복종운동

시민 불복종은, 성경이 가르치는 사회생활의 원리와 일치하고 있다. 시민 불복종은 하나님의 주권 아래 살아가는 우리의 새로운 생활이 세상과 충돌할 때, 세상을 본받지 않는 것으로 나타난다. 그것은 공의를 세우고자 행하여지는 일이다. 그러나 시민 불복종은 전통적으로 정부에 대한 복종으로 드러나기도 한다.

시민 불복종은, 현대적 정의에서 볼 수 있듯이, 일종의 제한된 전술이다. 그것은 시민의 생활을 규정하는 원리들에 기초하고 있다.[53] 원리상으로 그것은 정부가 일차적인 권위를 갖고 있음을 인정하고 있으며 방법상으로는 일반 대중이 공감하고 있는 윤리에 호소한다. 시민 불복종은 법과 윤리가 더 큰 차원에서 일치할 수 있기를 원하며, 이러한 일치는 법을 존경할 수 있는 기초가 된다.[54] 시민 불복종이라는 방법을 사용하는 사람들은 법이라는 특별한 제도가 갖는 정당성을 인정하는 테두리 내에서 행동한다. 그러한 방법을 취한다는 것은 그 법 제도가 일반적으로 정당하다는 것을 전제하고 있다. 그러한 행동은 정부의 권위를 무시하는 것이 아니라 오히려 존중하는 것이며 따라서 이렇게 합법성을 지니는 시민 불복종은 일정한 조건들이 있어야 한다. 이 말은 다른 형태의 불복종이나 저항이 윤리적으로 결코 타당치 못하다는 것을 의미하는 것은 아니다. 다만, 그러한 행동의 본질을 깊이 숙고해볼 때 시민 불복종이 지니는 한계와 양립하지 않을 수도 있다는 것뿐이다. 예를 들어 지하철을 이용하여 노예들을 수송하는 일은 명백히 시민 불복종의 대상이 될 수 없다.[55] 또는 대단히 억압적인 정권, 예를 들면 독일의 나치 정권과 같은 정권하에서는 불복종이 성공할 가능성이 거의 없으며 공개적인 불복종에 참여하기에는 치러야 할 대가가 너무 커서 시도할 가치가 별로 없다.[56]

시민 불복종운동을 위한 조건들 [57]

시민 불복종의 첫 번째 조건은, 그 대상이 비윤리적인 법이어야 한다는 것이다. 정부에 복종해야 하는 일차적인 의무 때문에, 진정한 시민 불복종의 제일 되는 특징은 현재 저항해야 할 법은 더 높은 법의 요구와 충돌 상태에 있어야만 한다. 시민 불복종의 대상이 되는 법은 진정한 법의 목적인 생명과 존엄 그리고 사회적 조화를 위해 필수적인 것들과 대립하는 것이어야 한다. 그 법은 인격적인 도덕성과 하나님께 대한 충성 등 가장 기본적인 가치들을 침해하는 것이어야 한다.

우리가 정부에 복종한다는 것은, 부분적으로 악을 인정한다는 말이다. 어떠한 사회제도도 악으로부터 완전히 자유로울 수 없으며 기존의 사회질서에 참여한다는 것은 하나님 통치의 이상과 어느 정도의 타협을 수반하기 마련이다.[58]

시민의 복종에 관한 아퀴나스Thomas Aquinas의 사상은 시민 불복종에 대한 현대의 사상과 연결된다. 그는, 법은 두 가지 측면에서 정의롭지 못할 수 있다고 보았다. 첫 번째 측면은 그 법이 공정하지 못할 때와 헌법에 어긋난 때다. 이것은 법의 권위에 허용된 능력범위 밖의 문제일 수도 있다. 예를 들어, 삶에 필수적인 일로서 '의지의 내적 움직임' 양심에 관계된 일들에 법은 간섭할 수 없으며 또한 사적이며 자유의사에 관계되는 일, 예컨대 결혼이나 순결에 대한 서약과 같은 일에 개입할 수 없다. 만약 법이 이런 일에 간섭하고 있다면, 그것은 우리의 기본적인 자유를 간섭하고 있는 것이다. 만일 통치자가 법의 정당성의 근거가 되며 법적인 능력의 근원이 되는 공공의 선을 무시하고 사적인 이익을 위해 행동한다면, 그 법은 불의한 것이다. 또한, 그들이 피지배자들에게 불공평하게 부담을 지울 때도 그 법은 불의한 것이다. 우리는 시민적 권리를 침해하는 법에는 불복할 수 있다. 왜냐하면, 그 법은 시민을 보호하는 법이 아니며 정의의 분배에도 불공평하기 때문이다. 아퀴나스는 말하기를 이러한 법들은 정당성이 없어서, 이들은 참된 법이라고 하기보다는 오히려 폭력행위라고 하였다. 그는 "공정하지 못한 법은 전혀 법으로서 도움이 되지 못한다."라는 어거스틴의 말을 인용하였다. 그러므로 이러한 법은 시민들이 스스로 복종하게 하는 구속력을 가지지 못한다. 비록 사람들이 자진하여 순종하고 소동을 피하고자 법에 순복한다 할지라도 이러한 법은 시민들에게 의무를 부과할 권능을 가지고 있지 못하다.

법이 정의롭지 못할 수도 있는 두 번째 측면은 법이 선 자체 곧 하나님과 충돌할 때다. 이것은 하나님의 법에 어긋나는 그 무엇을 포함하는 경우다. 사람들을 억압하는 법은 이웃에 대한 사랑과 학대받는 자에 대한 공의를 요구하는 하나님의 계명과 모순될 수 있다. 아퀴나스는 그러한 법은 전혀 정의롭지 못하다고 말한다. 그러한 법에는 반드시 저항해야만 한다.[59] 따라서 그러한 법들은 인간의 기본적인 윤리에 직접적으로 배치되며 우리의 양심은 이에 굴복해서는 안 된다.[60] 그 법들은 정당성이 없다. 그 법들은 로마서 13장에서 말하는 권위에 포함되지 않는 것이다.

만일 정당한 법과 질서를 존중하지 않는 것이 죄라면, 정당하지 못한 법과 질서를 반대하지 않는 것도 죄다. 정의롭지 못한 법에 불복하는 것은 언제나 정의를 위한 투쟁 일부가 되어왔다. 라우센 부쉬는 다음과 같이 말했다.

"법은 말할 수 없이 고귀하다. 질서는 신의 딸이다. 그러나 사실 법과 질서는 가진 자의 편에 서 있다. 소외된 사람들은 현재 유행처럼 되어 있는 질서를 흔드는 대가를 치르면서도 법과 질서를 부르짖던 사람들이 이제는 새롭게 태어나는 수없이 많은 정의 자녀의 목을 조르고 있다."[61]

부스도 이와 비슷하게 다음과 같은 말을 하고 있다.

"어떤 사람들은 그들의 이웃보다 형편이 좋아서 감옥에 간다. 대부분의 사람은 그렇지 못하므로 감옥에 간다. 모든 종류의 순교자들, 애국자들, 개혁자들이 첫째 유형의 집단에 속한다. 어떠한 위대한 운동도 일정한 수의 사람들이 감옥으로 가기 전까지는 결코 승리를 거두어본 적이 없다. 정의롭지 못한 법을 폐지하는 일은 이를 개혁하고자 애쓰는 사람 중 일정 수가 벌금과 투옥과 같은 고난을 몸소 겪게 되기 전까지는 거의 이루어지지 않는다."[62]

정의롭지 못한 법에 저항하고자, 사람들은 다른 것에 불복할 필요도 있다. 만일 어떤 사람에게 투표권이 주어지지 않는다면, 그가 어떻게 유권자의 자격을 규정한 법에 반대할 수 있겠는가? 사람들은 현재 자기들이 반대하고 있는 법보다 더 높은 차원의 윤리적인 요구와 가치를 보호하고 제공하는 법에 대해서는 불복해서는 안 된다. 사람들은 차별적인 우편물 배달 서비스에 항의하려고 재산을 파괴해서는 안 된다. 왜냐하면, 이러한 서비스는 부차적인 선이기 때문이다. 사람들은 효과적인 저항을 가져다줄 수 있는 법 중에서 가장 중요도가 떨어지는 법을 선택해야 한다.[63] 저항이 얼마나 효과적이냐 하는 문제는, 그들이 저항하고 있는 법과 대체관계에 있는 법이 서로 어떤 관계가 있느냐에 달렸다.

시민 불복종은 그 저항의 초점이 윤리적인 문제에 있음을 반복하여 주지시키는 것이 중요하다. 이 불복종의 동기 가운데는 선뜻 받아들일 수 없는 것이 있는데, 거기에는 자기만의 이익, 편견, 검증되지 않은 감정적 반응 그리고 확증할 수 없는 사실에 의한 요구들이 포함된다.[64] 사람들은 자신들의 판단을 윤리적인 원리들이나 더 상위의 법에 호소함으로써 뒷받침한다. 시민 불복종은 대한 이러한 기준은 다음에 열거하는 내용과 마찬가지로, 시민 불복종은 법질서를 파괴하는 다른 유형의 방법들과 다를 바가 없다는 주장을 논박해주고 있다.

시민 불복종이 가능한 두 번째 조건은 불복종 이외의 가능한 모든 자원들은 고갈되었을 때다. 시민 불복종은 법 제도에 대한 의무를 인정하기 때문에, 사람들은 먼저 그 제도 내에서 가능한 수단들을 통해 그 법을 바꾸려고 노력해야 한다. 어떤 사람들은 시민 불복종운동을 합법적으로 제거하려고 이러한 조건들을 이용하려고 할 것이다. 그러나 합법적인 과정이 극도로 비효율적일 수 있기 때문에 때로는 직접적인 행동이 필요할 때도 있는 것이다. '고갈되다', '가능한' 이라는 의미는 상황에 따라 조정될 것이다.[65]

세 번째 조건은 저항은 비밀이 아니라는 것이다. 시민 불복종이 법적 권위를 인정한다는 명백한 증거는, 이 운동이 법의 집행기관이나 공공의 눈에 환히 보이는 곳에서 이루어진다는 사실에 있다. 이것은 이 운동을 하는 사람들이 불복종을 통해 어떤 이익을 얻거나 체제를 전복하려는 것이 아님을 말해주고 있다. 운동의 이러한 공개성은 원리적인 면을 위해서나 전략적인 면에서 반드시 요구되는 것이다. 이 행동의 목적에 대한 분명한 선언이 있어야만 하며 행동하는 당사자들은 자신들의 행동과 목적을 사람들에게 분명하게 이해시킬 수 있도록 인식하고 있어야 한다.[66] 같은 이유로 그 행동은 비폭력적이어야 한다.

　네 번째로, 그 운동은 성공의 가능성이 있어야 한다. 베일스 Michael Bayles는 시민 불복종이 있는데, 이는 법에 복종함으로써 개인의 도덕성이 파괴되는 경우다. 그 사람은 사회변혁을 위해서가 아니라 자신의 양심만을 위해서 그렇게 행동할 뿐이다. 여기서는 성공의 가능성에 대한 기준을 적용할 수 없다. 두 번째 유형은 사회적인 시민 불복종으로서, 이때의 목적은 어떤 법에 저항하거나 이를 개혁하는 것이다.[67] 우리는 지금 사회변혁을 위한 전략에 대하여 생각하는 중이기 때문에 이 유형에 대하여 생각해보자. 정부의 권위에 복종해야 할 의무를 어기는 것은 중대한 행동이기 때문에 사람들은 자신들의 목적이 성취 가능하다는 어떤 보장이 없다면 시민 불복종을 통한 변화를 추구하지 않는다. 우리는 이 운동을 통하여 어느 정도나 선을 이룰 수 있는가와 그에 따르는 역효과가 차지하는 비율을 신중하게 생각해보아야 한다. 이 역효과들에는 이 운동으로 말미암아 받게 될 처벌에 의한 불이익뿐만 아니라 법에 대한 무시, 폭력, 사회적 갈등 등이 포함될 수 있다.[68]

　다섯 번째로, 처벌을 감수할 의사가 있어야 한다. 시민 불복종은 기종의 법 제도를 인정하는 상황 속에서 수행되는 것이기 때문에, 이 운동에 참여하는 사람들은 그에게 올지도 모르는 체포, 재판 혹은 처벌을 회피하려고 해서는 안 된다. 법이 지배한다는 것은 그 법을 위반한 모든 사람을 기소하는 것을 의미하며, 법의 지배를 승인한다는 것은 그 법이 집행되도록 권한을 위임한다는 것을 포함하는 것이다. 따라서 그 제도를 존중한다는 것은 어떤 사람에게 법적 제재를 가할 때 이를 받아들이는 것을 의미한다.[69]

이러한 기준은 불복종운동의 공개성과 밀접한 관계가 있다. 사람들은 자신에게 주어지는 구형과 선고를 회피해서는 안 되며, 자신들의 행위를 은폐해서도 안 된다. 처벌을 받아들임으로써 그 사람은 자신이 그 사회의 구성원임을 재확인하는 것이다. 처벌을 받아들임으로써 그는 자신의 판단이 틀릴 수도 있음을 또한 인정하는 것이다. 사람들은 틀릴 수도 있고 사회가 결국 옳을 수도 있다.[70]

이 말은 정당하게 쓸 수 있는 수단을 통해서도 자신을 방어해서는 안 된다는 말은 아니다. 법적 장치를 사용한다는 것은 그 제도를 긍정한다는 하나의 단면을 보여주는 것이다. 이에 덧붙여 재판하는 과정은 불복종운동이 추구했던 공공의 관심과 법적인 관심을 끄는 역할을 하게 된다.

시민 불복종은 법질서에 이바지한다. 어떠한 헌법적 과정도 완전할 수 없기 때문에 불의를 완전히 피할 수는 없다. 시민 불복종은 헌법 질서의 온전하지 못한 부분에 개입하여, 정의를 회복할 기회를 부여해준다.[71] 만일 시민이 불복종할 기회가 존재하지 않는다면, 정의로부터 이탈한 국가는 다시 정의를 회복하지 못하고 말 것이다. 정의를 위한 압력과 불의에 대한 분노는 국가에 의해 무시될 수 있으며, 폭력과 폭동의 위협으로 나타날 때까지 계속 축적되어 겉으로 드러나지 않을 수도 있다. 시민 불복종이라는 장해가 없다면, 법 제도와 사회질서는 불의를 위한 썩어빠진 피난처가 될 수 있으며 폭력과 혁명적 행동의 전조가 될 수 있다. 그 사회 안에 여타의 견제와 균형, 그리고 정부가 적절한 기능을 하지 못할 때, 시민 불복종은 그 틈 사이에 개입하여 정의로운 민주사회를 위한 기본적인 가치들을 증진시킬 수 있다.[72]

이처럼 시민 불복종은 진실로 정치제도에 존경의 의무를 다하고 이를 명예롭게 하는 수단이 될 수 있다.롬13:7

시민 불복종의 방법은 전략적인 비협조다. 시민 불복종은 개혁을 목적으로 한다. 법과 관습을 개혁한다는 것은 한순간에 이루어지는 것이 아니라 기나긴 과정이 있어야 한다. 그러나 그 제 일보는 여론을 바꾸고 사람들로 하여금 행동하게 하는 일이다. 시민 불복종은 이러한 목적 중에 어느 하나만이라도 이룰 수 있다면 효과가 있었다고 생각할 수 있다.

시민 불복종도 다른 형태의 전략적 비협조가 지니는 한계를 가지고 있다. 그것은 사회제도를 비판하는 것으로 그치는 것이다. 그러나 정의를 적극적으로 성취하려면 그 자체만으로는 부족하다.[73] 그것은 그 제도 안에서의 정치적인 행동에 대한 대안이 아니며, 그러한 행동의 한 구성요소일 뿐이다.[74] 전략적인 비협조는 이 행동이 헌법 제도를 피드백시킬 수 있을 때 가장 효과적이다. 성공적으로 수행된 흑인의 권리를 위한 투쟁의 예를 보면, 저항운동과 불매운동에는 연방정부의 힘이 개입되었다. 시민 불복종은

공립학교의 흑인종과 백인종의 통합에 이바지하였다. 그러나 이
운동은 연방정부의 결정이 있기까지는 효과가 거의 없었으며, 연
방정부의 결정은 결국 개인들과 공공기관들로 이루어진 전체적인
연계조직의 협조가 있었기 때문에 가능한 것이었다.[75] 시민 불복
종은 한 국가의 테두리 내에 존재하는 것이며, 이 국가의 권위와
정통성은 불복종하는 사람들 자신들에게서 나오는 것이기 때문에
이 운동의 위상은 그 제도 내의 정치적인 행동의 다른 측면들과
동등한 것이다.

시민 불복종은 정의로 가는 정상적인 길은 아니다. 그러나 하나
님에 대하여 적대적인 이 세상 속에서 그것을 요구하는 상황들도
드문 것은 아니다. 종종 이러한 상황들에서 정의에 관한 핵심적인
문제들이 대두하게 되는 것이다.

 무장혁명은 가능한가

“**그**들이 웃고 노래하며 민족과 다른 모든 사람들을 사랑한 것
을 생각하라. 이 사람들은 권력 앞에서 사랑을 보였으며,
사랑이 없는 권력을 근절하는 데 필요한 힘 있는 사랑을 보여주었
다.”[1]

우리는 악이 사회구조 속에 강력하게 자리 잡고 있기 때문에,
하나님께서 요구하시는 사랑에 반응을 보인다는 것은 불의에 단
호하게 저항하는 것임을 보았다. 힘없는 자들을 사랑한다는 것은
권력에 대한 투쟁과 분리될 수 없다. 그렇다면, 우리는 사회적 정
치적 갈등을 해결하려고 무기를 사용할 수도 있는가?

악이 창궐하게 되면 사회 안의 모든 제도들은 원래의 목적을 상
실하고 왜곡되게 된다. 이와 동시에 사회가 부패할수록 이익을 얻
는 사람들이 정부를 지배하고 있기 때문에, 사회는 개선이 이루어
지기보다는 더욱 부패하게 된다. 이런 사회에서는 개혁이나 발전
이라는 말은 단순한 외견상의 변화만을 뜻하며 문제의 본질을 해
결하지는 못하고 만다. 또 한 전략적인 비협조운동이나 다른 형태

의 비폭력운동을 통한 급진적인 변화는 다음 같은 경우에 불가능한 것이 될 수 있다. 즉 그 목표들이 서로 혼선을 일으키고 민주주의에 대한 기반이 결여되어 있거나, 변화를 추구하는 군중이 비폭력운동에 제대로 참여하지 않을 때 그렇게 될 가능성이 크다. 거대한 압력 그리고 특정한 집단에만 집중되는 압력에 직면했을 때, 무기를 사용하는 것이 정당한가 하는 것은 심각한 윤리문제를 야기 시킨다.

정의에 대한 요구가 평화에 대한 요구보다 앞선다. 왜냐하면, 정의가 없이는 평화가 있을 수 없기 때문이다. 예레미야는 사회적으로 불의가 만연해 있는데도 "평화로다, 평화로다"라고 외치는 거짓 외침을 비난했다.렘6:13,14; 슥8:16 최종적인 평화는 최종적인 정의가 실현된 다음에 온다. 정의의 결과는 평화다.사32:17

비폭력을 주장하는 지도자 대부분은, 국가가 질서를 유지하거나 정의를 보장하려면 다소 권위적인 형태를 띠지 않을 수 없다는 점에 동감하고 있다. 그러나 공공의 안녕을 위해서 개인에게 해를 입히거나 심지어 목숨을 앗아가는 무기를 사용해도 되느냐 하는 것은 여전히 문제를 남는다.

비록 무기를 사용해야만 정의를 실현할 수 있다 해도, 그 때문에 무기를 사용하는 것이 윤리적으로 반드시 정당화되는 것은 아니다. 공공의 안녕을 위한 것이라 해도 정당화될 수 없는 행위들이 있다. 만약 어린 아이 한 명을 희생시킴으로써 나머지 사람들이 다 살아남을 수 있다 해도 남은 사람들의 목숨은 무고한 생명에 대한 죄 때문에 그 가치를 잃고 말 것이다. 또 모든 사람들이 다 살아남기에는 장비가 충분하지 못한 구명보트에서 전원이 다

죽지 않으려면 몇 사람이 희생을 해야만 하는 경우에 대해서도 우리는 같은 말을 할 수 있을 것이다. 사실 이런 상황에서 몇 사람이 목숨을 유지하기보다는, 모두가 다 같이 죽는 편이 나을지도 모른다. 폭력이나 독재정치라고 할지라도 생명을 빼앗는 것은 정당화될 수 없다는 주장에 대해 성경은 그것을 지지하고 있는가?

질서와 혁명

혁명이란 사회의 외적인 구조가 변화되는 것을 말한다. 여기에는 권력의 재분배, 사회의 제반 제도들의 형태와 방향의 수정 등이 포함된다. 혁명을 통해서 새로운 권력 기반을 가진 사람들이 주도권을 잡게 된다. 변화는 점진적이라기보다는 갑작스럽게, 또는 혁명적으로 일어난다. 혁명이라고 해서 꼭 생명을 빼앗거나 상처를 입히는 차원의 폭력이 필요한 것은 아니다. 그러나 폭력이 동원될 때 무기를 사용하는 경우가 자주 있으며, 바로 이 점이 문제로 제기되어 있다. 그러므로 여기서는 혁명이란 용어를, 어떤 국가의 정책들이나 법률, 조직들을 바꾸고, 사회 경제적인 구조들을 변화시키기 위한 내전2)으로 정의하기로 하자.

이러한 혁명 속에 있는 윤리적인 문제들은 복잡하다. 우리는 공권력에 대하여 요구한 바와 개인의 안전에 대한 명백한 요구 즉 다른 사람에게 육체적으로 해를 입힌다거나 그의 목숨을 빼앗아서는 안 된다는 의무 사이의 갈등에 직면하게 된다.

우리는 시민 불복종에 대한 논의에서, 혁명과 기존 체제에 순응하는 것 사이의 갈등을 대강 다루었다. 그러나 이제 우리는 훨씬 더 광범위한 갈등, 즉 정의를 세워야 할 의무와 전반적인 법률체계가 부도덕할 때 그것에 대한 존중 사이의 갈등에 직면해 있다. 모든 체계는, 정치질서에 대한 하나님의 의도를 근본적으로 위반하고 있는 것으로서, 저항의 대상이 된다. 국민 가운데 상당수를 차지하는 사람들에게 근본적인 안전이나 복지, 정의를 제공하지 못했다는 것 때문에 정부 자체가 거부당하고 있다. 에른스트 캐제만Ernst Käsemann이 로마서 13장을 숙고하면서 말한 것처럼, 우리는 하나님께 드리는 진정한 예배의 한 형태로서 혁명을 가담할 수 있다.[3]

다시 말해서 정치권력을 가진 자들의 행위를 통해 볼 때, 또한 그들이 하나님께서 보내신 하나님의 종으로서의 권세가 아니라는 사실이 드러나게 될 때,롬13:4 혁명적인 불복종은 정당화될 수 있게 된다. 그런 상황에서 그들이 어떤 주장을 하더라도 그들은 합법적인 통치자가 아니며, 국민에게 복종하도록 강요할 수도 없다.

성경에는 하나님의 뜻에 불순종함으로써 불의하게 전락한 국가들을 전복시키려는 예가 많이 나와 있다. 사사기에는 하나님께서 이스라엘 백성을 압제자의 손에서 구출해내고자 계속 구원자들을 보내신 것이 기록되어 있다. 외부의 압제를 받지 않고 독립을 누렸던 분열왕국 시대에도, 하나님께서는 선지자들을 보내셔서 일반인들을 왕으로 삼고, 기존의 통치자들을 제거시키셨다.왕하9:6,7 오늘날은 하나님께서 직접 계시하시지는 않지만 이러한 예들을 통해 볼 때 최소한 원칙적으로는 하나님께서 국가권력에 속한 자들을 반대하셨다는 사실을 알 수 있다. 우리가 안은 문제는, 정치적인 권력을 가진 자들이 언제 합법적인 근거를 이탈했느냐 하는 것을 분별해내는 일이다.

우리는 정부가 있어야 할 필요성과 권세에 대한 존경의 의무를 심각하게 고려해야만 한다. 그러나 무장혁명과 관련된 더 큰 윤리적인 갈등은 폭력의 문제를 중심으로 제기되고 있다.

폭력에 대한 성경의 가르침

성경에서는 무기 사용에 대해 어떻게 말하고 있는지를 알려면, 반드시 예수의 가르침과 본보기를 다루어야 한다. 이 문제에 대해, 대부분의 기독교 윤리학자들은 예수께서는 비폭력을 가르치셨다고 생각한다. 그러나 이들은 예수의 가르침이 현재 우리 사회에 어떻게 적용되는지 각각 의견을 달리한다. 여기서는 예수의 가르침과 본보기가 그리스도인들이 폭력을 어떻게 보아야 하는가에 대한 직접적인 적용이 도리 수 있다는 주장을 반박하게 될 것이다.

기독교가 가르치는 사랑은 다른 사람의 유익을 추구하고, 더불어 사는 사회를 만들고자 하는 것이기 때문에, 다른 사람들에게 육체적인 해를 입히거나 죽이는 것을 금하고 있다고 볼 수 있다. 사랑의 이런 측면(신약의 관점에서, 롬13:9,10)은 십계명에서 발견된다. "너는 살인하지 말지니라"출20:13 그러나 이 계명은 다른 사람의 목숨을 부당하게 빼앗는 것을 금하는 것이지 무조건 살인을 금하는 것은 아니다. 출애굽기 20장 13절에 사용된 용어는 살인을 나타내는 것rasah이지 죽임을 나타내는 더욱 포괄적인 용어 harag가 아니다.[4] 율법을 통해 알 수 있는 것처럼, 이스라엘 백성

은 늘 살인을 할 가능성을 가지고 있었다. 성경의 윤리를 비폭력
으로 해석하는 사람들도, 구약의 율법이 살인을 무조건 금하는 것
은 아님을 인정하고 있다. 그러나 그들은 살인하지 말라는 계명에
서 유보된 사항 즉 무조건 살인을 금한 것은 아니라는 사실들이
예수의 가르침에 의해서 극복되었으며, 그의 해석은 결정적이라
고 주장한다.[5] 그러므로 문제는, 어떻게 해서 예수께서 살인금지
명령을 죽임에 대한 총제적인 금지로 확장시켰는가 하는 것이다.
먼저 성경이 비폭력을 지지하고 있는 것으로 보이는 구절들을 구
체적으로 검토해보기도 하자.

다른 쪽 뺨을 돌려대라

예수께서는 가해자에게 똑같은 해를 입힘으로써 보복을 가하는
'눈에는 눈으로' 라는 율법에 대해 해설하시면서,[6] 폭력과는 직접
적인 관계가 없기를 하지만, 논리적으로는 몇 가지 형태의 폭력들
을 금하는 것으로 보이는 예들을 사용하셨다.마5:38~42 [7] 그러나
이런 형태의 폭력 중에서, 정통적인 기독교가 어떤 종류의 무기
사용도 반대해온 것과 관련이 있는 것은 하나도 없다.

예수께서는 뺨을 맞았다고 해서 꼭 보복을 해야 하는 것은 아니
라고 말씀하셨다.마5:39 그러나 뺨을 때린 것을 곧 폭력으로 해석
해서는 안 된다. 로버트 탄네힐Robert Tannehill은, 예수께서 이 구절
에서 일종의 상징적인 표현을 사용하셨으며, 구체적인 예를 들어
듣는 자들에게 충격을 줌으로써 새로운 도덕을 깨닫게 하셨다고
보았다. 이 말씀은 극단적이기 때문에, 청중들은 이것이 문자적인
의미뿐만 아니라 이와 비슷한 모든 경우에도 다 적용되는 말씀임

을 알게 되었다.[8] 그러나 뺨을 때린 것이 육체적인 해를 입히는 극단적인 경우가 될 수는 없다. 오히려 팔레스타인의 문화에서 손등으로 뺨을 때리는 것은 다른 사람에게 모욕을 주는 극단적인 방법이었다.[9] 그리스도인들은 남을 사랑하고자 자유함을 얻었기 때문에, 예수께서는 자신을 따르는 자들에게 자존심이 상하는 극단적인 모욕도 개의치 않으라고 요구하셨다. 이와 유사한 로마서 12장 17~21절의 가르침은, 더 일반적인 복수에 대해서 이야기한다. "아무에게도 악으로 악을 갚지 말라"롬12:17 바울이 자주 인용한 "악에게 지지 말고, 선으로 악을 이기라"롬12:21 라는 구절도 이와 같은 복수에 대한 상황에서 주어진 말씀임을 알 수 있다.

산상보훈에서 예수께서는 다른 사람이 우리에게 부당한 요구를 할지라도 거기에 저항하지 말아야 할 뿐만 아니라, 더 나아가서는 요구된 것 이상의 것을 주어야 한다는 것을 말씀하셨다. 예수께서는 그를 따르던 무리에게 법정에서 거짓 증언에 대항해서 자신들을 변호하지 말며,[10] 다른 사람이 깔보더라도 거만하거나 보복으로 대응하지 말며, 속옷을 요구하면 겉옷까지 주라고 권면 하시면서,마5:40 근심과 자기 보호행위로부터 자유하라고 부탁하셨다. 이런 행위는, 그가 여러 번 언급한, 하나님께서 보호하고 섭리하신다는 사실을 전적으로 신뢰마6:25~34할 때에만 이해될 수 있다. 이러한 예수의 가르침이 더 복잡한 사회관계들에도 적용될 수 있다면, 이는 불의에 저항하는 어떠한 시도도 금지하고 있다는 것이 분명하며, 폭력을 사용한 저항을 금지하고 있다는 것은 말할 필요조차 없다. 이러한 금지명령에 의하며, 폭력적인 저항이나 비폭력적인 저항은 모두 다 배제될 것이다. 그러나 이런 수동적인 태도는, 예수께서 전적인 비폭력을 가르쳤다고 믿는 사람들조차도 반대하고 있는 것이다.

비록 이 구절이 폭력의 문제를 본질적으로 다루고 있지는 않지만, 로마서 12장과 마찬가지로 복수나 보복, 그리고 자신의 재산을 보호하려 폭력을 사용하지 말라고 하는 점만은 분명하다. 이런 행동들은 금지되어 있다. 예수께서 예를 들어 말씀하신 것을 근거로 자신이 폭력을 당해도 저항하지 말아야 한다고까지 주장하는 것은, 별로 중요하지 않은 것으로부터 극단적인 것을 이끌어내는 것이다. 예수의 방법은 이와는 반대로 극단적인 것으로부터 덜 중요한 것을 이끌어내는 것이었다. 그럼에도, 이 구절로 비추어볼 때, 사람이 '자기보호 본능으로부터 자유'[11] 하면서도 폭력으로부터 자신을 보호하고자 무력을 사용할 수 있으며, 또한 예수께서 제기하신 하나님에 대한 신뢰를 말할 수 있는 것인지는 의문이다. 이 구절은 폭력으로부터 자기를 보호하는 문제를 다루는 것은 아니다. 그러나 하나님의 돌보심을 완전하게 신뢰하라고 말씀하신 것으로 보아 이것조차도 배제할 수 있을 것으로 보인다.

그러나 이런 적용은 앞에서 우리가 제기했던 무기의 사용에 관한 의문들을 해결해주지 못한다. 무력에 대한 기독교의 전통적인 가르침은, 복수나 보복을 위한 무기 사용을 금한다는 것이다. 다음 항목에서 보게 되겠지만, 고전적이 주장으로 심지어는 위험에 처해서 자신의 목숨을 구하려고 힘을 사용하는 것조차도 허용되지 않는다. 마태복음 5장38~42절에 나타난 경우는, 개인과 다른 개인과의 양자관계에 대한 것이다.[12] 이 상황 속에서 각 개인은 상대방에게만 의무가 있는 것이 아니라, 그가 책임을 져야 할 제

삼자 혹은 그 부류의 사람들에게도 의무관계가 형성되어 있는 것
이다.

자기보호를 위해 저항하지 말라는 금지명령은, 제삼자가 당하
는 불의에 대해서도 역시 적용될 수 있는가? 이 구절을 이 문제에
적용시킬 수는 없다. 이 문제에는 국가의 역할이 포함되어 있다.
우리는 양자 간의 관계에 대한 금지명령을 다자간의 관계에 적용
시켜 해답을 찾을 수 없다. 예수께서 정의에 대해 말씀하신 내용
과마23:25; 막12:40; 눅4:18,19 성경의 다른 부분들을 살펴보면, 양자 간
의 관계에서 금지된 비폭력의 문제를 다른 사람들에 대한 책임에
까지 확대시킬 수 없다는 것을 알 수 있다. 그리고 성경에는 다른
사람들이 당하는 불의에 저항할 때, 무기를 사용할 수 있는지 없
는지에 대한 지침들은 나와 있지 않다.

예수와 열심당원

몇몇 학자들은 예수께서 광야에서 받은 시험 중에, 폭력을 수단
으로 해서 메시아임을 드러내라는 시험이 포함되어 있었다고 해
석해왔다. 사탄은 예수께 이 땅의 모든 나라들을 보여주고, 만약
그에게 경배하기만 한다면 이 모든 나라들을 주겠다고 말했다.마
4:8~10; 눅3:5~8 예수께서 이 시험에 굴복하지 않으신 것은 곧 칼을
사용하지 않겠다는 뜻으로 이해되었으며,[13] 예수께서 이것을 거
절하심으로써 열심당의 견해를 거부하신 것으로 이해되었다.[14]

예수께서 사탄에게 시험당하신 기사를 해석하는 열쇠는, 예수
께서 하신 대답이 성경의 같은 부분, 즉 신명기 6~8장으로부터
나왔다는 사실에 있는 것으로 보인다.[15] 예수께서는 하나님에 이

끌려 광야로 들어갔던 이스라엘 백성이 받았던 시험과 비슷한 시험을 경험했다. 그리고 그는 이 성경 말씀들을 깊이 생각함으로써 시험을 이기셨다. 그는 배고픔을 겪었으며 이스라엘 백성 또한 만나를 필요로 하였으나, 그 속에서 하나님의 말씀을 신뢰하는 법을 배웠다. 신8:2,3; 마4:4 예수께서는 성전에서 뛰어내리라는 시험을 받으셨고 이스라엘 백성은 하나님께 물을 달라고 요구하는 상황 속에서, 예수와 이스라엘 백성은 하나님께 보호해 달라고 간절히 구함으로써 신뢰의 관계를 깨뜨리지 않는 법을 배웠다. 신6:16; 마4:7 마지막으로 예수와 이스라엘 백성은 하나님께서 그 아들의 발아래 두겠다고 약속하신 땅이나 하나님의 백성에게 주신 땅이 하나님을 불순종하거나 다른 신을 경배하는 원인이 되어서는 안 된다는 것을 배웠다. 신6:10~13; 마4:10

세례를 받을 때 하나님의 아들이라는 선언을 받으신 예수께서는, 하나님에 대한 아들로서의 신뢰와 충성심이 있는지를 시험받게 되었다. 이 시험에는 '왕이 되는 방법들'이 포함되어 있지 않다. 또한, 예수께서 다른 사람들을 위해서 무엇을 할 것인가 하는 것도 포함되어 있지 않다.[16] 오히려 이 시험은 그가 자신만을 위해 무엇을 하려는 잘못된 시도에 대한 시험이다. 이스라엘 백성처럼 예수께서는 하나님에 대한 헌신과 신뢰를 시험받았다.

이 본문들에서는 폭력에 대한 언급을 찾아볼 수 없다. 사탄을 경배하면 열국을 상급으로 받는데도 불구하고 예수께서 그 나라들을 얻으려고 싸우지는 않았을 것이다.[17] 사탄은 왕국들이 그의 통제 아래 있으며, 그의 것을 주겠다고 주장했다. 눅4:6 이에 대해 예수께서는 "주 너의 하나님을 경배하라"고 대답하셨는데 이 대답은 폭력이나 정치와 관계된 것이 아니라 오히려 충성의 문제에 초점을 맞추는 것이다.

이 본문을 해석하는 데 있어서, 어떻게 폭력의 문제가 개입될 수 있는가? 이 질문에 대한 대답은 예수와 밀접한 관계를 맺었던 것으로 보이는 열심당의 입장에 의해 좌우된다. 이 본문의 해석은 당시 유대교 내에 있었던 강력한 혁명세력인 열심당을 어떻게 이해하느냐에 따라서 달라질 수 있다. 이 열심당은 당시에 너무나도 중요한 운동이었기 때문에 예수께서는 이들과 만나지 않을 수 없었을 것이다. 만약 예수께서 이 세상 나라의 통제권을 잡는다면, 그것은 곧 로마의 통치를 전복시키는 것을 의미하는 것이다. 그러므로 예수께서 사탄의 제안을 받아들이는 것은 열심당이라는 반로마적인 정치세력과 자신을 연계시키는 것이 될 것이다. 열성당원들은 폭력적이었기 때문에, 예수도 역시 폭력적인 방법을 받아들이지 않을 수 없었을 것이다. 이 논리의 타당성 여부는 별도로 하고 여기서 열심당원들에 대해 살펴보기로 하자. 열심당원들에 대한 최근의 연구들은, 1세기 유대교의 혁명적인 사건들에 대한 시기와 다양한 움직임들을 새롭게 조명해내고 있다. 열심당은 헤롯이 죽고 난 후에 폭발한 민중들의 소요 속에서 형성되어 로마전쟁과 70년의 예루살렘 멸망까지 계속된 유대교 내의 다수파였던 것으로 생각되고 있다. 그러나 요세푸스의 기록을 새롭게 연구한 결과 사실 열심당은 66~68년까지는 아직 하나의 당을 형성하지 못했다는 것이 밝혀지고 있다.[18] 전쟁 중에도 로마에 대한 저항은 여러 다른 집단들에 의해서 이루어진 것이지, 하나의 이데올로기로 통일된 운동으로 이루어진 것이 아니었다. _{요세푸스, Jewish War,}

요세푸스의 기록은[19] 타키투스가 팔레스타인에 대하여 "티베리우스AD 14~37년의 치세 아래서 모든 것이 조용하였다."Histories 5.9,10고 진술한 것과 맥을 같이하고 있다.[20] 열심당이 1세기에 유대교의 네 번째로 중요한 역할을 한 당파라는 생각은, 갈릴리의 유다AD 6년가 제4철학을 창시했으며, 그의 생각이 민중의 소요에 근거를 제공했다는 요세푸스의 진술에 근거하고 있다.Ant. 18.9 그러나 요세푸스가 그 이후의 역사에 대해 쓴 것을 볼 때, 그가 말한 내용은 단지 유다와 그의 세력이 AD 70년 이전의 이십 년 동안에 유행한 파괴적인 한 예였다는 것 이상을 말하려고 한 것 같지는 않다. 그는 AD 6년 이후와 50년대 이전의 중요한 정치적, 종교적 소요를 유다의 당파와 전혀 연결하고 있지 않다.[21] 만약 갈릴리의 유다의 제4철학이 정말로 시카리파(예루살렘에 있었던 테러리스트들로서 이들은 살해 대상을 구부러진 단검으로 찔러 죽였는데 이 단검을 라틴어 '시카'라고 한다)에 의해서 계속되었다면, 이 파는 헤롯의 죽음으로 일어난 소요 후 50년대에 시카리운동이 일어나기까지 사라졌었거나 잠복하고 있었던 것이 틀림없다. 군중에게 구원을 약속한 여러 선지자도 40년대 중반까지는 활동을 시작하지 않았다. 민중의 반란 중 최후의 반란은 예수께서 사역하셨던 세대 이전의 세대에 있었으며, 그가 십자가에 못 박히신 지 십 년이 지나기 전까지는 로마전쟁을 유발시킨 타락의 조짐들이 아직 시작되지 않았다. AD 6년부터 40년대 후반 사이의 기간에 일어난 유대인과 로마인들 사이의 사건들은, 최근에 데이비드 로오즈David Rhoads가 이 기간의 역사에 대해서 쓴 것에 따르면, 예수께서 사역하신 동안에는 혁명운동이 별로 없었다는 주장에 모순되는 것이 아니라 오히려 이 주장을 지지해주고 있음을 보여주고 있다. 이 기간에 일어났던 대립 사건들은 빌라도의 군대가 로마 우상의 모습을 그린 깃발들을 예루살렘으로 가지고 들어온 사건(그리고 아마 황제의 이름이 새겨진 봉헌 방패를 예루살렘 궁전에 걸어둔 다른 한 사건)과 빌라도가 수로를 건설하는 재정을 충당하려고 성전의 재산을 몰수한 사건, 그리고 칼리큘라의 조상을 성전에 세운 사건 때문에 일어났다. 이런 상황은 유대인들의 종교적 감정을 극도로 자극하는 것이었으며, 이 상황에서 유대인들이 로마에 대항한 것은 당연한 일이었다. 일반적으로 말해서 이러한 적대행위는 비폭력적이었으며 비폭력이 아니었던 경우도 무장봉기라기보다는 분노한 군중에 의해 일시적으로 일어났던 경우였다. 여기에 참여한 사람들은 특정한 당파에 의해 주도되었다기보다는 자발적으로 사회의 각계각층에서 나온 사람들이었다. 항거가 제한적이었다는 것과 항거가 끝난 후에는 기꺼이 평화로운 시민으로 복귀했다는 사실은, 이 당시의 로마와 비교해서 이 지역이 상대적으로 평온했다는 사실을 지지해주고 있다.[22] 물론 유대인들에게는 이방인 통치자들에 대한 한 맺힌 적개심이 있기는 했을 것이다. 그러나 로마에 대한 이러한 저항은 당시 유대사회 내에 존재했던 가진 자와 갖지 못한 자, 시골과 도시 분파들과 성전 사이의 갈등 등 보다 커다란 사회적 모순의 한 부분에 불과한 것이었다.[23]

복음서에 나타나 있는 시민투쟁과 폭력의 암시들은 바로 이런 사회적인 불안이라는 맥락 속에서 이해해야 한다. 만약 성전 외의

자료에서 이 당시에 확실한 저항운동이 있었다는 것이 드러난다
면, 그 중의 일부는 바로 이런 현상을 말해주는 것이라고 보는 것
이 타당할 것이다. 그러나 복음서에 나와 있는 내용만으로는 이런
운동이 존재했다는 것을 확정 짓기에는 불충분하다. 빌라도가 갈
릴리인들의 피를 그들의 희생재물에 섞었다는 말눅13:1은 요셉 블
린츨러Josef Blinzler의 분석에 따르면 열심당과 연결될 수 없으며,
요세푸스가 하나의 사건으로 기록하기에는 너무나도 우발적인 사
건이었다. 블린츨러는 이 사건은 성전에서 갈릴리 순례자들이 로
마병정들을 화나게 한 것을 빌라도가 명령을 내려 간단하게 처리
한 경찰업무였다고 주장했다.24) 이런 사건은 유대인들이 로마인
들에게 오랫동안 적개심을 품어왔음을 암시해주는 것일 수도 있
다. 그러나 이 사건에 대한 언급이 많지 않은 것으로 볼 때, 이 사
건이 더는 확대된 것 같지는 않다. 사람들의 요청으로 예수 대신
에 풀려난 바라바는 강도라고 불렸는데,요18:40 이 용어는 요세푸
스가 후대의 반란자들을 일컬을 때 쓴 용어다. 리처드 호어슬러
Richard Horsley는 요세푸스가 말한 그대로 받아들여야 하며, 이런
사람들을 소작농 도적떼라는 광범위한 현상의 틀 속에서 이해해
야 한다고 주장했는데, 이 주장에는 사회학적으로 매력적인 요소
가 있다.25) 따라서 중대한 사회적인 봉기를 선동하고 살인한 죄로
바라바가 감옥에 갇힌 것막15:7; 눅23:19은 이 당시의 심각한 사회적
인 긴장들을 반영해주고 있기는 하지만, 이것이 꼭 반로마적인 혁
명당이 존재했음을 반영해주는 것은 아니다. 예수가 백성을 선동
했다는 죄목으로 고소당한 것 때문에눅23:5 빌라도 앞에 끌려간 점
은 심각하게 취급되어야 한다. 그러나 복음서에서는 예수께서 고

소를 당하신 것은 직접적으로 로마인들을 적대했기 때문이 아니라 주로 성전에서 하신 행동으로 말미암아 예루살렘의 관료계급이 위협을 느꼈기 때문이라는 것을 시사해 주고 있다.

이러한 사실들을 염두에 둘 때, 우리는 예수의 제자 중 한 명이 '열심당원' 눅6:15으로 불렸다는 사실이 별로 정치적인 중요성을 가지고 있지 않다는 사실을 알 수 있다. 예수 당시에 이 칭호는 혁명적인 당의 일원을 가리키는 것이 아니었다. 이런 이름을 가진 당은 이후로 35년이 지나기까지는 만들어지지 않았다. 오히려 이 당시에 열심당원이라는 말은 비느하스와 엘리야를 흉내 낸 사람들을 가리키는 말이었으며(예를 들면, 마카비1서 2:24,26,58; 마카비4서 18:12), 율법을 지키려는 이들의 열심은 아주 대단했기 때문에 이들은 필요한 경우에는 기꺼이 폭력을 사용하려고 했다. 그리고 원칙적으로 이들의 적대자는 외국의 점령세력이 아니라 유대인 배교자들이었다. 신약에서 열심당원들을 찾을 수 있는데, 행17:5 이들은 심지어 데살로니가에서 조차도 그리스도인들을 공격하려고 했으며, 이렇게 하는 가운데 그들의 박해행위가 로마의 이익과도 일치했음을 알 수 있다. 행17:7 바울은 그가 이전에 교회를 박해했던 것에 대해서 말하면서갈1:13 "나는 내 조상들의 전통을 지키는 데 있어서 열심당원이었다"고 말하고 있다. 갈1:14 만약 예수의 사역 기간에 한 사도가 자신이 가지고 있던 배경 때문에 '열심당원'이었다 불렸다면 그것은 혁명적인 활동 때문이 아니라 율법에 대한 극단주의적인 태도 때문이었을 것이다. 26) 마지막으로 우리는 예수의 사역지였던 갈릴리가 이 당시에 로마의 군사점령지가 아니었다는 점을 주목해야 한다. 헤롯 안티파스는 규율을 잘

지켰기 때문에 그의 통치 기간에 유대인 유격대가 조직되었다는 증거는 찾아볼 수 없다.[27] 이러한 증거를 통해 볼 때 예수께서 열심당에 대해 어떤 입장을 취하셨는지를 추측하기란 불가능하다는 것을 알 수 있다. 또 복음서 기록의 행간을 통해 그 실체를 파악할 수 있는 유대인들의 저항단체가 30년대에 존재했다는 사실도 그 증거를 찾아볼 수 없다.

예수의 수난과 십자가 정신

비폭력을 옹호하는 자들에게 가장 강력한 근거가 되는 것은, 신약 정신의 정수인 그리스도의 죽음이라는 사건으로부터 도출된다. 그리스도는 폭력으로부터 목숨을 보호하려고 하지 않았으며, 자신을 죽이도록 허용하셨다. 그는 자신의 원수들을 위해서 돌아가심으로써 그들을 대우하셨다. 그리고 비폭력을 주장하는 사람들은, 그가 받는 고난은 우리에게 모범이 되므로 우리도 역시 비폭력적이어야 하며, 특히 가장 어려운 순간, 즉 우리가 우리의 적 앞에 서 있을 때에도 그렇게 해야 한다고 주장하였다.

그리스도의 고난을 가장 분명하게 그리스도인들의 행동모델로 사용하고 있는 본문은 베드로전서 2장 18~25절이다.[28] 이 본문은 주인에 대한 종들의 태도를 다루고 있는데, 특히 그들이 고통을 당하는 상황을 다루고 있다.[벧전2:18] 이 본문의 주안점은 그들이 벌을 받을 만한 일을 전혀 하지 않은 가운데서 예수의 모범을 따르라는 것이다.[벧전2:19~22] 그러나 23절은 예수의 고난을 그들이 고난 당할 때 행해야 할 행동의 본보기[벧전2:21]로 적용하고 있다. 예수께서는 "욕을 당하시되 맞대어 욕하지 아니하시고 고난을 당하

시되 위협하지 아니하시고 오직 공의로 심판하시는 이에게 부탁하시며"^{벧전2:23}

　이 23절은 마태복음 5장 38~42절과 맥을 같이하고 있다. 우리는 고소자나 괴롭히는 자의 악에 보복하지 말아야 한다. 자기가 고통당한다고 해서 남을 욕하거나 위협해서는 안 된다는 것은 어떤 형태의 자기 방어도 해서는 안 된다는 의미는 아니다. 하지만, 이것은 이 구절의 후반부에 언급된 하나님에게 자신을 맡긴다는 정신과 일맥상통한다. 예수께서는 마태복음 5장 39절에서 말씀하시고자 했던 것으로 보이는 것과 마찬가지로[29] 자신에 대한 거짓 증언에 대꾸하지 않으셨다.^{마26:62,63} 베드로전서는 마태복음 5장과 마찬가지로 비폭력에 대한 극단적인 권면인 것 같지는 않지만 고난받는 그리스도를 본보기로 하는 근본원리에 기초해 있다.

　이와 같은 그리스도를 본받는다면 어떻게 폭력을 행사할 수 있겠는가? 예수께서 행하신 일을 통해 우리는 말로나 육체적으로 행패를 당할 때, 심지어는 자신의 목숨을 잃게 될 지경에 이르러도 보복할 생각은 하지 말아야 한다는 것을 볼 수 있다. 이것은 자신에게 가해진 불의에 대한 무저항을 의미하는 것으로 보인다. 그러나 여기에서 중요한 점은 비폭력이 아니라 무저항이라는 점이다. 이 본문을 보고 비폭력의 원리를 도출해낼 수 있다면, 이 원리에는 반드시 불의에 저항하지 말라는 더 넓은 원리가 전제되어야 한다. 그때에야 비로소 비폭력적인 저항도 저항이라는 점에서 폭력적인 저항과 마찬가지로 배제될 수 있을 것이다.

　그러나 이러한 해석에 대해서도 의문이 제기될 수밖에 없다. 왜냐하면, 이 경우도 역시 집행자들과 예수의 양방 간의 관계를 구조적으로 다른 상황들, 특히 제삼자를 보호하고자 야기된 다자간의 관계라는 상황에 적용하려고 하고 있기 때문이다. 만약 나를 공격하는 자가 나를 죽이도록 허용함으로써 내가 공격자의 목숨을 지켜준다면 나는 적을 대신해서 죽으신 예수의 모범을 따르는 것이 될 수 있다.롬5:6 30) 그러나 이 모범은 공격자가 내 보호 아래 있는 다른 사람을 죽이려는 상황에서는 적용되지 않는다.

예수의 죽음이 비폭력에 대한 대안으로 제시될 수 있는가? 복음서들은 예수께서 폭력을 사용하지 않고 죽으셨다고 기록하고 있다. 그러나 과연 복음서들은 그의 죽음이 고의적으로 폭력을 거부한 결과라고 보고 있는가? 예수께서 폭력을 사용하신 언급이 없다고 해서 반드시 원칙적으로 폭력이 인정되지 않는다는 것을 의미하는 것은 아니다. 규범적으로 만들어지지 않은 것은 무엇이나 다 잘못이라는 원리는 타당하지 못하다. 복음서에 이 문제에 대한 언급이 없는 것은 단지 복음서의 저자들이 이 문제를 제기하지 않았음을 시사해주는 것일 수도 있다.

마태복음 26장 53절에서 예수께서는 폭력을 사용하는 대신 죽음을 선택하신 것이라고 볼 수도 있다. 이 구절에서 마태복음은 예수께서 열두 명도 더 되는 천사들을 불러올 수도 있지만 그렇게 하지 않겠다고 말씀하신 것을 기록하고 있다. 천사들을 부르는 목적은 그가 체포되어 죽음을 당하지 않도록 보호하기 위해서였을 것이다. 그러면 왜 예수께서는 천사들을 부르지 않기로 하셨을까? 예수께서 천사들을 부르지 않으신 것은 폭력에 대한 비폭력이라는 윤리적인 원리 때문이 아니다(만약 그렇다면 예수께서는 어떠한 형태의 저항도 하지 않으셨기 때문에 이것은 오히려 폭력에 대한 무저항이 될 것이다). 예수께서 베드로에게 "검을 가진 자는 검으로 망하리라!"마26:52 라고 하신 말씀은 예수의 선택 의미를 밝혀주지 못하고 있다. 왜냐하면, 그는 사실 폭력적인 죽음을 택했기 때문이다. 다음 구절마26:54에서 예수께서는 천사들을 부르지 않는 이유는 "이런 일(그의 죽음)이 있으리라 한 성경의 말씀을 이루기 위한 것"이라고 말씀하셨다. 만약 우리가 이 본문을 마태가 기록한 대로 받아들인다면(그렇게 되면 천사들에 대한 말씀도 이런 시각에서 보게 될 것이다.) 31) 예수의 죽으심은 그의 죽으심을 희생제물로 삼으려고 하신 하나님의 독특한 의도라는 측면에서 해석해야만 한다.마20:28; 26:28

예수께서 비폭력의 원리를 따르기 위해서가 아니라 하나님의 구원계획 때문에 자신을 죽음에 내주신 것이라는 사실은, 수난기사에서도 나타난다. 그것은 무기에 대한 문제가 제기된 본문에 나타나 있다. 요한복음 18장 36절에서32) 예수께서는 만약 그의 나라가 이 세상의 가치들을 인정했더라면 그의 종들이 이것을 위해서 싸웠을 것이지만 그의 나라를 지배하고 있는 가치들은 이 세상 가치와는 다른 것이라고 말씀하셨다.

예수께서 가진 왕권의 독특성이 바로 그의 종들이 싸우지 않는 이유다. 그의 왕권은 어떤 점에서 독특한가? 예수께서는 다음 구절에서 그 성격을 드러내신다. "빌라도가 이르되 그러면 네가 왕이 아니냐 예수께서 대답하시되 네 말과 같이 내가 왕이니라 내가 이를 위하여 태어났으며 이를 위하여 세상에 왔나니 곧 진리에 대하여 증언하려 함이로라"요18:37

예수의 왕권은 그 기원부터 독특하다. "내가 이를 위하여 세상에 왔다.” 그는 하나님으로부터 세상에 온 자다. 그의 왕권의 근거는 인간의 지지에 있는 것이 아니라 그를 보내신 하나님의 뜻에 있다. 게다가 그의 왕권은 그 목적에서 독특하다. “곧 진리에 대하여 증거하려 함이로라.” 예수의 나라가 이 세상에 속해 있지 않다는 것은 그의 통치가 물질적이고 시간적인, 또는 정치적인 실체와는 아무런 접촉이 없다는 것을 의미하는 것이 아니다. 만일 예수께서 통치하는 나라를 이런 식으로 규정하게 되면 요한의 문헌들에 나오는 세상이라는 개념을 시간적인 개념이 아니라 윤리적, 종교적인 것으로 오해하게 된다. 제5장 “하나님의 통치를 위한 정의” 참고 그의 통치는 물질적이고 정치적인 실체를 포함하고 있다. 그러나 그의 통치에는 인간의 왕권을 넘어서는 궁극적인 목적이 있다. 예수께서 자신의 왕권에 대해 증거하는 진리는 유일하신 하나님과 그 하나님께서 당신의 아들을 보내셨다는 지식이다. 이 지식은 성부와 성자의 영광에 이르게 하며 영생을 가져다준다. 요17:1~3 참고 이 진리에 대한 예수의 증거는 독특하게, 그리고 가장 분명하게 그의 죽으심을 통해서 이루어진다. 그의 죽으심 속에서 아들과 아버지가 알려지고 영화롭게 된다. 그의 죽으심을 통해서 모든 사람들은 그에게로 이끌림을 받는다. 요12:23,28,32

따라서 예수의 죽음은 예수에 의해서 선택된 것이며, 더 나아가 그가 추구한 것이다. 요한복음은 예수께서 체포되고 심문을 받으실 때, 죽음을 피할 수도 있는 상황을 통제하고 계셨다는 것을 보여줌으로써, 예수께서 죽음을 선택하셨다는 사실을 강조하고 있다. 예를 들어 다른 복음서들과는 달리 요한은 수백 명의 군인으로 된 한 부대(보통 육백 명으로 구성된 군대)가 동산으로 몰려왔지만, 예수께서는 그들에게 그의 제자를 그냥 보내달라고 명령하셨으며, 그들이 그의 명령에 순종했다는 것을 보여주고 있다.요 18:8 그의 제자들은 공관복음서의 내용과는 달리 도망치지 않았다.[33] 그리고 예수께서 빌라도와 하신 대화에서는 예수께서 그 대화를 지배하고 있음을 보여주고 있다. 즉 여기에서 실제로 심문을 받는 사람들은 바로 빌라도와 예수를 고소한 자들이다. 무기력하게 상황에 쫓겨서 하고 싶지도 않은 일을 하게 된 빌라도는 만약 위로부터 주어지지 않았다면 그가 예수를 죽일 권리가 없었을 것이라는 말을 듣게 되었다.요19:11 예수께서는 스스로 통제권을 가지고 죽음을 선택하셨다. 그의 종들은 예수께서 비폭력을 택하셨기 때문에 싸우지 않은 것이 아니라 그가 죽음을 택하셨기 때문에 싸우지 않은 것이다. 베드로가 대제사장 종의 귀를 자른 폭력에 대해서 예수께서는 폭력을 꾸짖으신 것이 아니라 자신이 죽음을 선택했다고 단호하게 말씀하셨다. "아버지께서 주신 잔을 내가 마시지 아니하겠느냐?"요18:11 예수의 제자들은 폭력이 잘못된 수단이기 때문에 싸우지 않은 것이 아니고, 폭력이 잘못된 목적, 즉 예수의 죽으심을 방해하였기 때문에 싸우지 않은 것이다. 세상의 왕들은 죽고 나면 다스릴 수 없다. 그러나 예수께서 통치하려면 죽으셔야 한다. 이것이 바로 그의 왕권의 특징이다.

 예수의 목적에 비추어볼 때 싸움은 목적이 잘못되었다. 또한, 싸움은 예수께서 어디에서 오셨는지를 생각해볼 때 그것과는 아무런 관계가 없다. 예수의 권위는 그가 하나님에게서 오신 것과 하나님께서 그에게 위임하신 것에 근거하고 있다. 그의 왕권은 인간의 노력이나 지지에 근거하고 있지 않다. 예수께서는 문화적으로 다른 맥락 속에서 "나의 나라는 이 세상에 속한 것이 아니다. 그러므로 나의 추종자들이 싸움을 통해서 나를 지원하지는 않는 다."라고 말씀하실 수 있었다. 이 구절에서는 이와 같은 나라가 어떻게 세워질 수 있으며, 어떻게 존립할 수 있는지 그 방법들에 대해서는 검토하지 않은 채 남겨두고 있다. 이 문제는 이 본문에 서는 다루어지지 않았다.

요한복음에는 예수의 죽으심을 윤리적인 행동과 연결해서 말한 주제가 하나 있다. 여기에서 그의 죽으심의 의미는 사랑이다. ^{요13:1} 이것은 그의 제자들이 따라야 할 행동의 본보기다. 그리스도께서 친구들을 위해서 죽으신 것처럼 그들도 서로 그렇게 사랑해야 한 다.(요15:12~14; 요한일서 3장 16절은 이렇게 연결하고 있다. "그 가 우리를 위하여 목숨을 버리셨으니 우리도 형제들을 위하여 목 숨을 버리는 것이 마땅하니라") 그러나 예수의 죽으심을 자신의 삶에 적용시켜 기꺼이 자기를 희생하라는 이러한 윤리적인 권면 은, 그의 죽으심이 인류의 구원을 위해서 하나님께서 작정하신 것 이라고 제시하고 있는 본문들에서는 나타나지 않는다. 요한복음 에는 예수의 죽으심을 윤리적으로 다루는 것과 신 중심적으로 다 루는 것 사이에 뚜렷한 구분이 있다.[34] 요한복음 18장 28절에서 19장 16절의 예수와 빌라도와의 대화는 후자의 형태에 속한다. 이 본문에는 그의 죽으심이 사람들로 하여금 서로 사랑하도록 촉 구하려는 것이라는 해석은 나타나 있지 않다. 예수의 죽으심을 사 랑으로 해석하는 본문들은 무기에 대해서 언급하지 않고 있으며, 우리 자신의 목숨을 구하기 위해서가 아니라 우리의 형제나 자매 들을 위해서 무기를 사용해야 할 상황들이 발생할 수 있을 것이냐

하는 문제에 대해서도 언급하고 있지 않다.

그러나 만약 예수께서 동산에 천사들을 부르지 않으신 것이 곧 하나님의 통치를 가져올 "묵시적인 거룩한 전쟁" 즉 성전을 거부하신 것이라면 그 의미는 무엇일까? 35) 또는 만약 예수께서 이 성전을 선택하셨다면(또는 광야에서 시험받으실 때 이것을 선택하셨다면) 이것이 현재의 혁명이나 전쟁에 어떤 의미를 부여하게 될까? 야훼께서 신적인 전사로서 종교적인 의식을 통해 자기 백성을 직접 인도하시는 거룩한 전쟁은 다른 전쟁과는 다르다. 따라서 통상적인 전쟁의 선례를 구약의 거룩한 전쟁에서 찾으려는 노력은 당연히 거부해야 한다. 바로 이러한 이유 때문에, 예수께서 거룩한 전쟁을 선택하셨다고 하더라도 그것이 곧 세상에서 벌어지는 일반적인 전쟁을 인정한다는 의미가 아니다. 그가 전쟁을 수락했다고 해서 무기를 사용해도 좋다는 것이 아닌 것처럼 그가 전쟁을 거부했다고 해서 무기 사용을 거부한다는 뜻도 아니다.

장 라세르Jean Lasserre가 쓴 『전쟁과 복음』이라는 책에 대해서, 요더는 "기독교의 평화주의에 대한 가장 적절한 신학적 주장"36) 이라고 평가했는데, 이 책에서 그는 "신약은 군 복무의 원칙에 대해서 아무것도 말하지 않았으며, 이 의무에 그리스도인이 복종함으로써 제기되는 문제데 대해서도 아무것도 말하지 않았는데, 그것은 이 문제가 그때는 제기되지 않았기 때문이다."37) 라고 말했다. 이 설명은 상당히 옳은 편이다. 그러나 신약에서 무기의 사용 문제가 논의되지 않았다는 말은 다음도 똑같이 적용된다. 즉 이웃을 폭력으로부터 보호하고자 무력을 사용할 수 있는지도 논의되지 않았다는 사실이다.

신약에서 이 문제를 다루고 있지 않다는 점은, 그리스도인들은 당연히 비폭력이어야 한다는 주장을 반박하는 근거가 되지는 못한다. 이 문제는 특수한 본문들에 대한 주해나 주석이라는 방법 이외의 다른 방법들을 통해서 확립되어야 한다. 만약 비폭력에 대한 주장이 성경의 전반적인 가치체계 위에 세워지려면, 복음서들이 침묵하고 있는 상황들에 대해 성경적인 원리들의 역사적, 철학적 의미를 고찰해보아야 한다. 오직 이러한 고찰들을 통해서만 우리는 무기의 상용에 대한 타당성 있는 결론에 도달할 수 있게 된다. 단지 예수의 삶이나 가르침에 대해서 지적하거나 정경으로서의 성경에 대한 순종을 요구하는 것만으로는 충분하지가 않다.[38]

사랑과 폭력의 함수관계

사랑해야 할 의무

우리가 자신과 상대방과의 윤리적인 상황에서부터 다른 집단 간의 관계로 눈을 돌리게 될 때, 우리는 다양한 사랑의 의무들이 서로 상충하고 있음을 깨닫게 된다. 여러 요소가 관련된 상황은 동시에 충족될 수 없는 두 개, 혹은 그 이상의 관계로 구성되어 있다. 실제적인 의무는 연루된 표면상의 의무로부터 제기되는 것과는 다르다.제8장 "갈등관계에 있는 의무들의 윤리" 참고 한 나라의 지도자나 그 나라에 대항하는 사람들의 지도자는 매우 복잡하고 다면적인 상황 속에서 선택해야만 한다. 이런 처지에 있는 사람들은 다른 많은 사람에게 책임이 있으며, 그가 가진 의무들은 자기 자신에게 해당한 일이나 다른 한 사람에게만 관계된 경우의 의무들과는 다를 것이다. 예를 들어 각 개인에게는 친히 원수를 갚지 말라는 명령롬12:19이 주어졌지만, 통치자는 "하나님의 사역자가 되어 악을 행하는 자에게 진노하심을 따라 보응하는 자니라"롬13:4다. 39) 개인들에게는 주어지지 않은 권리가 국가에게는 주어졌다.

우리는 이원론적인 윤리에 직면해 있는 것이 아니다. 개인적이고 사적인 생활에 관계된 윤리와 상업적이고 정치적인 생활에 관계된 윤리가 따라 있는 것이 아니다. 이 두 상황에는 같은 판단기준이 적용되고 있지만, 후자가 보다 복잡하다. 악을 행하는 자까지도 사랑해야 한다는 의무에 따르면 통치자가 자신의 개인적인 이익을 위하여 복수하는 것을 언제나 금해야 할 것이다. 그러나 공동체 내에 있는 다른 사람들을 사랑해야 한다는 의무에 따르면 통치자는 악인을 벌하게 될 것이다. 통치자는 악을 행하는 자와 자신 간의 개인적인 관계 때문에 시민들에 대한 요구들을 회피해서는 안 된다. 그러나 양자 간의 관계에서 요구되는 일은 여전히 남아 있다.

예수의 가르침이 폭력의 문제에 영향을 미치는 만큼, 이것은 지위의 고하를 막론하고 사회의 모든 사람들에게 적용된다. 자신의 자존심이나 재산, 또는 개인적 이익을 위해서 무력을 사용하는 것은 금지되어 있다. 상대방이 적이라는 이유 때문에 그 사람이나 그 집단에 무기를 사용해서는 안 된다. 국가가 정당한 이유 없이 사람을 죽이는 것은 개인의 경우와 마찬가지로 살인죄를 저지르는 것이다. 따라서 국가가 무기를 사용하는 것은 개인의 자기방어 원리에 유추해볼 때 정당화될 수는 없다. 왜냐하면, 예수께서는 자기방어를 금하셨기 때문에 폴 렘제이가 지적한 것처럼, 정당한 전쟁의 기준을 정하고자 했던 사람들 즉 어거스틴, 아퀴나스, 루터는 자신의 목숨을 구하려고 무기를 사용하는 것을 금했다. 또한, 그들은 정당한 전쟁에 대한 그들의 이론을 자기 방어의 원리 위에 세우지도 않았다.[40]

사랑은 무기가 있어야 한다. 우리가 자신의 생명과 안전뿐만 아니라 형제·자매들의 생명과 안전을 위협하는 적대적인 무력에 맞닥뜨리게 될 때 사랑을 실천해야 하는 의무 때문에 무력을 사용할 필요가 생길 수도 있다. 대부분은 이웃에 대한 사랑 때문에 무력을 사용하는 것이 불가피하다는 것을 인정하고 있다. 그러나 이런 상황은 자신의 목숨과 안전이 위험하다는 것을 의미할 수도 있다. 여기에서 문제는 우리가 기꺼이 이웃으로부터 고난을 받을 준비가 되어 있느냐 하는 것이 아니라, 이웃에게 불의가 가해지는 것을 막고자 우리가 기꺼이 고난받을 수 있느냐 하는 것이다.

바로 이 점에 의무 간의 갈등이 있다. 여기에서 우리는 불의한 자의 행위를 막고 무고한 사람들의 안전을 도모하고자 무력을 사용할 것인지, 아니면 개인적으로 해를 당하지 않으려면 공격해야 한다는 주장 사이에서 선택해야만 한다. 그리스도인들은 이런 상황에 부닥치었을 때 약한 자와 가난한 자들을 돌보아야 한다는 것을 알고 있기 때문에 무고하고 무기력한 자들을 불의하고 악의에 찬 세력으로부터 보호하기 위한 최소한의 힘만을 사용하려고 할 것이다.[41]

인간의 생명을 빼앗는 일을 심각하게 고려해야 한다는 사실은 아무리 강조해도 지나치지 않다. 그리스도인들은 인간의 생명을 취하려고 하지 않는다. 그리스도인들은 사랑에 대한 요구가 불가피하게 폭력이 필요하지 않은 한 비폭력적이고자 한다. 우리는 타협적인 의무에 대해서 말하는 것이 아니라, 사랑에 대한 요구들 때문에 무기를 사용하는 것이 오히려 기독교적인 가치들을 표현하는 하나의 의무가 되는 상황에 대해서 이야기하고 있는 것이다. 이러한 예외가 남용될 수 있다는 것을 우려하는 사람들은 요더의 주장에 주목할 필요가 있다. 즉 그는 사람들이 이 이론을 받아들였다 하더라도 이 주장으로는 대부분의 전쟁이나 전쟁에 대한 명분들은 비난받을 것이기 때문에, 실제로는 사람들이 실용주의적인 평화주의를 따르려고 할 것이라는 점이다.[42]

요더는 비록 가해자를 죽이는 것이 악을 방지하는 방법이긴 하지만, 어떻게 해서 그것이 그 가해자에 대한 기독교적인 사랑의 표현일 수 있느냐 하는 적절한 문제를 제기했다. 악을 방지하고자 가해자를 죽여야 한다는 주장은 "가해자의 목숨이 피해자의 목숨보다 가치가 없다는 가정에 근거하고 있는 것이 아닌가?"[43] 이러한 문제는, 폭력의 문제에만 국한되어 있는 것이 아니다. 요더의 질문은 원칙적으로 분배정의에 관한 문제에 다 적용된다. 이에 대한 대답으로, 가해자를 제거하는 이유는, 그가 별볼일없는 집단에 속해 있거나 별로 좋지 못한 성격 때문이 아니라고 말할 수 있다. 그가 적대시되는 이유는 단지 그가 공격을 가하기 때문이며, 그 외의 다른 선택 가능성을 남겨놓지 않기 때문이다.

둘째, 정의가 관련된 상황에서는 사람은 반드시 둘 중의 하나를 선택해야 한다.3장 참고 그러나 이것은 이 선택이 기독교적인 사랑에 의해서 동기가 부여되지 않는다는 것은 아니다. 만약 두 사람이 나의 외투를 달라고 하는데 오직 한 사람만이 그것을 필요로 하고 있다면 어떻게 할 것인가? 악덕 집주인의 이익과 세입자의 복지 사이에서 선택해야 할 때 과연 사랑에 의한 선택이란 어떤 것인가? 빈민가의 왕초를 통제하려고 법을 공포하고, 이 법을 효과적으로 운용하고자 감옥에 가두는 것이나, 구금형을 활용하고 무기를 사용하며 필요하다면 이것을 강화시키는 것이 일관성이 없는 일인가? 성경은 우리가 이런 선택을 하는 데 도움을 준다. 성경적인 정의는 불의를 행하는 자들에 대항하여 억눌린 자들을 보호해주도록 명령한다. 때로 이렇게 하려면 무기를 사용해야 한다는 점이 선택을 더욱 어렵게 한다. 그러나 이것이 정의 안에서 사랑을 표현하는 다른 방법들과 비교하여 일관성이 없는 것은 아니다.

정의를 위한 의무

한 사회의 제도가 불의하기 때문에 생긴 육체적인 상처나 죽음은, 그 범위에서 군대에 의해 입은 상처나 죽음에 비견될 수 있다. 혁명이 정당한가 하는 문제는 바로 이런 사회에 가장 잘 적용될 수 있다. 우리는 인구의 2퍼센트가 전 국토의 60퍼센트를 소유하고 있는 반면에, 도시 가구의 40퍼센트가 땅을 소유하지 못하는 사회에 대해서 논의하려고 한다. 이런 사회에서는 노동자의 90퍼센트가 영양실조에 걸려 있으며, 이들 중 40퍼센트가 기생충병을 앓고 있다. 상류층 사람들의 생활기대치는 하층계급에 있는 사람들의 생활기대치보다 두 배나 높다. 이런 상황이 별 진전 없이 계속될 때마다 매년 수천 명의 사람이 기아와 병으로 죽어간다.[44] 사회 속의 수많은 불의로 말미암은 육체적인 상처와 피해들이, 권력을 가진 사람들의 불의에 항거하는 사람들에게 가한 폭력과 뒤섞여진다. 살인, 고문, 강탈 그리고 너무나 비참한 감옥의 상황 때문에 희생자들이 늘어난다. 이런 상황에서 사회정의에 대한 요구는 억압에 대한 보호의 요구, 즉 시민들에게 최소한의 안전과 복지를 보장해주는 사회질서에 대한 요구와 비슷하다.

성경적인 관점에서 볼 때, 폭력은 불의의 전형이다. 여기에서 폭력은 단지 육체적인 학대나 목숨을 앗아가는 것뿐만 아니라 불의에 의해 야기된 살해나 가혹행위도 포함하고 있다. 경제적으로 강한 자들이 약한 자들에게 무력을 휘두르는 것은 비난을 받아야 한다. 또한, 지나치게 거칠게 굴거나 잔인한 것, 그리고 무고한 자들을 죽이는 것도 비난을 받아야 한다.[45]

구약에서 폭력이 억압^{암3:10}이나 불의^{욥19:7}와 연결된 경우가 자주 있다.[46] 폭력의 희생자들은 외국인이나 고아나 과부들,^{렘22:3} 그리고 궁핍한 자들과 가난한 자들이며,^{시72:12~14} 폭력을 행사하는 자들은 부자와 힘 있는 자들이다.^{겔7:11,19,23,24} 폭력은 또한 억압받는 상황 속에서의 거짓 증언과 연결된 경우가 있다.^{시5:9~11} 사회적인 억압은 힘을 사용하거나 법정에서 거짓증언을 하는 것을 통해서 발생한다. 폭력은 악의, 거짓말, 경제적인 억압을 동반한 물리적인 힘이다. 이러한 불의를 진압하려고 물리적인 힘을 사용하는 것은 폭력이라고 비난받지 않으며, 사사^{삿6:1~6; 7:19~25}나 왕사^{11:4}과 같이 권세를 가진 자들이 이것을 사용하는 것이 허용된다. 힘이 사회적인 불의^義를 일으키는 데 사용될 때는 비난받게 된다. 그러나 불의를 극복하려고 무력이 정당하게 사용되는 것은 인정을 받는다.

성경적인 관점에서 볼 때, 생명과 인간의 존엄성이 언제나 다른 모든 가치들보다 중요한 것은 아니다. 육체적인 가혹행위는 다른 모든 종류의 불의들과 밀접하게 연결된 불의다. 어떤 사람이나 불의를 행하는 자의 생존 자체가 언제나 궁극적인 가치를 가지는 것은 아니다. 힘은 정의에 대한 보다 근본적인 개념들에 따라서 가치를 부여받는다.

"칼에 죽은 자들이 주려 죽은 자들보다 나음은 토지 소산이 끊어지므로 그들은 찔림 받은 자들처럼 점점 쇠약하여 감이로다"^{애 4:9}

이제 우리가 간단히 고려해보겠지만, 어떤 상황에서는 압제 받는 자들을 해방하고 새로운 질서와 물질적인 복리를 증진하려면 무장혁명이 요구된다.

의로운 혁명이란

초기 칼빈주의자들의 시대 이래, 전쟁을 제한적으로 정당화하는 기준은 기독교에서 전통적으로 혁명에도 동일하게 적용될 수 있다고 이해되어왔다. 폴 렘제이는 말하기를, 그리스도인들에게 허용될 수 있는 혁명은 "정의로운 혁명" 뿐[47]이라고 하였다. "의로운 전쟁"이라는 이론은, 도덕적 기준에서 폭력을 정당하게 사용할 수 있는 상황과 그 한계를 명시해주고 있다. 이 도덕적 기준에는 그리스도인의 의무와 결과들에 대한 관심이 포함된다. 이 이론은 한편으로는 이웃에게 어떠한 해도 입혀서는 안 된다는 의무와, 다른 한편으로는 이웃을 보호하고 그들을 위하여 목숨을 내놓을 의무 사이에 있는 긴장을 인정하고 있다.[48] 특별한 상황하에서 이 이론은 무죄한 자들을 보호하고 정의를 지키기 위한 폭력의 사용을 정당화한다. 무장혁명이 필요해지는 가상적 상황이 어떤 것인지 구성하고자 이 이론의 요점들을 요약하고자 한다.

첫째, 대의명분이 정의로워야 한다.

혁명의 동기는 평화와 질서의 실현과 함께 어느 정도의 정의를 세우는 것이어야 한다. 즉 그것은 불의하게 정권을 탈취함으로써 정통성이 명백하게 거부되는 정권을 전복하는 데 있어서만 정당화된다.[49] 지배층의 압제를 옹호하는 자들의 신변 안전이나 공공질서를 유지하기 위한 필요보다는, 생명 자체를 위협하는 불의를 당함으로써 해방을 갈망하는 이웃의 외침에 먼저 귀를 기울여야 한다. 혁명의 가장 주된 행동 동기가 자만, 개인적 관심, 개인적 복수, 미움, 탐심 혹은 정죄 등이어서는 결코 안 된다. 칼 마르크스는 "압제하는 자들에 대항하는 압제 받는 자들의 항거만이 "역사상 유일하게 정당화될 수 있는 항거"[50]라고 말한 적이 있다. 종종 혁명에서 무기를 사용하는 경우는, 처음에는 비폭력으로 저항하던 사람들에게 정부가 발포함으로써 자극받게 된다. 불의는 생명에 대해 직접적이고도 의도적인 탄압을 가함으로써 폭력적 실체를 드러내게 되며, 그런 상황 속에서 죽느냐 사느냐의 선택은 피할 수 없는 것이 된다. "정의로운 전쟁" 이론에서는 남의 나라를 침략한 자를 격퇴하는 것이 도덕적 명령이 된다.

둘째, 최후의 수단이어야 한다.

혁명에 호소하기 전에, 의회나 비폭력적 수단을 통해 압제 정권의 법이나 그들이 행동을 바꾸려고 노력해야 하며 그와 같은 모든 노력이 소망이 없는 것으로 탄압당할 때, 최후의 수단으로 혁명적

방법을 사용해야 한다. 그러나 무기의 사용은 그 이유만으로 정당
화되지 않는다. 혁명적 행동이 정당화되려면 이 이론에서 말하는
모든 조건들이 충족되어야만 한다.

셋째, 혁명은 합법적인 대중적 기구를 통해야 한다.

"정의로운 전쟁"을 위한 이 기준은 혁명에는 적용이 안 될 수도
있다. 왜냐하면, 혁명은 국정을 책임지는 사람들이 합법적인 백성
의 기구가 아니라는 사실을 전제로 하고 있기 때문이다. 즉 혁명
에서 정통성의 문제는 근본적이다. 칼빈주의 전통에 있어서 혁명
이라는 개념은 민주주의라는 개념과 동시적으로 발전하였다. 시
민정부는 언약의 실현을 목적으로 조직된 것이기 때문에, 정부가
그 권한을 넘어서서 독재로 나아갈 때, 권력의 근원이 되는 백성
에게 통치권이 다시 넘어가야 한다고 주장할 수 있다. 혁명을 할
수 있기 위한 조건들에는 백성의 광범위한 지지가 반드시 포함된
다.

백성의 주권이 과도정부의 형태로 표현된다면, 혁명은 확실한
기반 위에 서게 된다.[51] 그와 같은 조직은 혁명이 의도하는 바가
무정부 상태가 아님을 분명하게 천명한 것이며, 백성이 지지를 보
낼 구심점을 마련하게 되며, 어느 정도는 희망하는 새로운 차기
질서가 어떤 성격의 것인지 알려주며 또한 새로운 정부로의 이양
을 쉽게 만들어준다. 그와 같은 과도정부에 지지를 보냄으로써,
사람들은 로마서 13장에서 말한 바 권위에 복종하라는 요구에 대
해 양심의 가책을 덜게 된다.

넷째, 성공에 대한 합당한 근거가 있어야 한다.

이 사항은 결코 그 자체만으로는 혁명을 정당화하지 못하는 것

이다. 그러나 이것이 결여될 때 혁명은 비참한 것이 된다. 기존 질서를 거부한다는 사실 뿐만 아니라 개인 안전의 중요성 때문에 성공은 필연적이어야 한다. 맹목적이고 무모한 혁명적 시도 때문에 종종 무고한 생명이 수없이 희생되었다. 예수 시대와 초대교회 당시에 로마제국에 항거한 것은, 이스라엘이 AD 66~70년에 비극적으로 멸망했던 사실을 통해 볼 때, 정의로운 혁명이 아니었을 것이다.

다섯째, 혁명을 통해 얻어질 선과 혁명의 부정적 영향 사이에 적절한 균형이 있어야 한다.

이 적절한 균형의 기준은 정의의 기준 및 성공의 가능성과 관계 있다. 이것도 역시 그 자체만으로는 혁명을 정당화하지 못한다. 그러나 혁명의 결과가 선으로 나타날지 부정으로 나타날지를 사전에 현실적으로 점검하지 않고서 혁명이 정당화될 수도 없는 노릇이다. 실제적으로 말하면, 군대를 제외하고 최소한의 폭력을 사용해서 성공을 보장해주기에 충분한 세력이 있어야 함을 의미하는 것이다. 이것은 물론 국민 절대다수의 지지를 포함한다.

여섯째, 정당한 수단을 쓰고 정당한 절차를 따른 것이어야 한다.

압제자로부터 선량한 사람들을 보호하려면 무력을 사용할 수밖에 없다는 사실은, 타도의 대상이 되는 세력에 직접적으로 가담한 사람 혹은 협조한 사람이 아닌 다른 사람들에 대해서는 무력을 행사해서는 안 된다는 것을 뜻한다. 무력행사의 대상으로는, 논리상 군인과 그들을 지휘하는 정치지도자들이 포함될 수 있다. 시민을 향한 그 어떤 폭력행위도 살인이다.[52] 따라서 시민에 대한 어떠한 테러행위도 배제된다. 혁명세력이 생명을 존중하는 모습을 보여줄 때 사람들은 혁명이 주창하는 새로운 질서가 어떤 성격의 것인지 판단할 수 있게 된다. 그와 같은 존경심 없이는 혁명은 그 본질적인 목적, 즉 인간생명의 존엄성을 확보하기 위한 목적을 달성한 것이 아니다.[53]

군인이나 민간인이나 그 어떠한 사람에 대한 고문도 정당화될 수 없다. 고문은 그 정권이 정의를 저버렸음에 대한 확실한 징표들 가운데 하나다. 만일 고문을 저지르는 혁명적 운동이 있다면, 그것은 그들의 정의에 대한 헌신이 기만적임을 드러내는 것이다. "압제자를 비인간적으로 대하는 것은 자기 자신을 비인간적으로 대하는 것이 된다. 그것은 결국 압제자와 압제 받는 자의 역할만 서로 바꾸게 됨으로써 해방운동의 가능성을 말살하는 것이다."[54]

예수의 가르침과 성령의 인도하심은 혁명이 지나치게 진전되지 않도록 해주는 데 반드시 필요하다. 많은 혁명이 군사력을 동원해 성공했음에도 불구하고 자신들의 대의명분을 우상시함으로써 그들이 주장한 정의로운 사회질서가 실현되지 못하게 되어 오히려 더 큰 저항을 당하게 된다. 그리스도인들은 세 가지 사항을 통해 그와 같은 지나친 결과를 주의해야 할 것이다. 첫째, 무엇보다 보편적 사랑으로부터 나오는 모든 요구들을 해결하려면 관심을 기울여야 한다는 점이다. 둘째, 자기 자신뿐만 아니라 다른 사람들의 내면에 자리 잡은 악에 대해 자각해야 한다. 셋째, 모든 정치적 목표들과 마찬가지로 혁명적 목표도 궁극적이거나 총체적인 것이 아니라는 점이다. 날마다 자기 십자가를 지고 예수를 따르는 것을 포함하여, 정의로 가는 길은 많이 있다. 무장혁명에 가담하는 것은 '고통스러운 참여'일 수밖에 없다. 왜냐하면, 이러한 투쟁은 결코 흔쾌히 가는 길이 아니기 때문이다.

혁명운동에 대한 그리스도인들의 요구는, 혁명 이후 권력에 대한 유혹에 대해 인식하고, 그 권력을 견제하는 장치를 마련하며 또한 소수집단을 보호하는 조치를 취하라는 것이다. 인간은 누구에게나 자신을 정당화시키려는 속성이 있다. 그것은 자신을 멸망시키는 자멸 행위일 뿐이다. 그러므로 우리는 "권력을 추구하는 능력을, 사랑할 수 있는 능력"[55]으로 변화시키는 힘을 가져야 한다. 실패 혹은 죽음이 닥쳐왔을 때,[56] 우리는 그것을 권력에 집착함으로써 피하려고 하지 말고 그것을 받아들일 수 있는 능력을 갖추고 있어야 한다. 우리는 인간의 속성을 알고 있기 때문에, 우리 자신과 혁명운동에 대한 비난을 조정하고자, 이전 권력자들이 범한 악이나 실정을 공개하여 밝혀야 한다.[57] 마지막으로, 이와 같은 기독교적 정신은 지속적인 변혁의 필요성에 대한 인식을 일깨우고, 어떠한 혁명도 안정적이며 최종적으로 선한 국가를 건설할 수 없으며 또한 새로운 제도도 언제나 개선되어야 한다는 사실을 깨우쳐주어야 한다.[58]

새로운 사회로 가는 길

국가의 중요성

성경은 다른 어떤 기관보다도 국가야말로 정의를 실현해야 할 책임이 있음을 강조하고 있다. 국가가 행해야 할 첫 번째 임무는 사회구성원들의 기본권을 보장해주는 일이며 이 일은 구성원들로 하여금 선을 추구할 수 있도록 한다.

하나님께서는 어떤 개인이나 조직기관에 특별한 권력을 허락하신다. 그것은 인간생활의 유익을 위하여 하나님의 주권을 행사하는 도구로 사용되기도 하며, 독재나 무질서를 막으려는 방편으로 사용되기도 한다.[1] 이처럼 하나님으로부터 특별한 권위를 부여받은 권력의 대행자 중의 하나가 바로 국가기관이다. 그러나 원래 선을 위하여 창조된 권력은 인간의 이기심에 의하여 왜곡되었다. 이러한 상황 속에서 하나님께서는 국가기관에 '칼을 가질 수 있는' 롬13:4 권위를 허락하셨다. 힘은 무죄한 자들을 보호하며 그들을 약탈하는 자들을 벌주고자 사용되어야 한다. 또한, 칼은 사회 내에서 질서를 유지하며[2] 정의를 공고히 하기 위한 하나님의 도

구이기도 하다.^{롬13:1~7, 벧전2:13~17}

통치자는 국가의 선을 이루기 위한 하나님의 종이다.^{롬13:4} 여기서 선이라는 말은 통치자에 대한 유대적 이해와 왕에 대한 구약의 견해에 비추어 이해되어야 한다. 유대에서 통치자는 백성의 아버지요 목자였고, 구약에서 왕은 잃어버린 자를 찾으며, 쫓긴 자를 돌아오게 하며, 상한 자를 싸매주며, 연약한 자를 강하게 하며, 살찌고 강한 자들을 제어하는 자였다.^{겔34:3,4,15,16,23,24} 고대 근동지역 전역에서 왕의 역할은 정의를 확립하는 것이었다. 그러므로 하나님은 왕으로 일컬음을 받으실 수 있었다. 왜냐하면, 하나님은 정의라는 속성을 가지고 계시기 때문이다.

"능력 있는 왕은 정의를 사랑하느니라 주께서 공의를 견고하게 세우시고 주께서 야곱에게 정의와 공의를 행하시나이다"^{시99:4}

이상적인 지상의 통치자는 정의를 실행하며 특히 억압받는 이들을 변호하는 것이 그 특징이다.^{시72:1~4} 성경은 심지어 이방 군주들에 대해서도 그러한 정의를 행하라고 명령하고 있다.^{단4:27} 한 국가가 하나님께 순종한다는 말은, '자유와 형제애'에[3] 기초한 법률을 통하여 시민들의 복지를 향상시킨다는 말이다. 그러나 하나님께 불순종하고 있는 국가는 하나님이 주신 책임을 소홀히 여기며 시민들의 복지를 위협한다. 그러므로 그리스도인들이 정부가 행하는 일에 관심을 두게 되는 것은 복지와 정의를 통해 정부가 하나님의 뜻에 순종하고 있는지 아닌지에 대한 관심으로부터 나오는 것이다.[4] 칼빈은 "시민의 지도자는 하나님의 섭리와 보호, 선하심, 호의 그리고 정의의 이미지를 나타내 보여야 한다."[5]라고 가르쳤는데 이 가르침은 성경적인 관점을 반영하고 있는 것이다.

통치자가 존재하는 이유는 백성의 선을 촉진하려는 것이라는 성경적 정의관은, 미국의 역사적인 정치사상과 대조를 이룬다. 미국역사를 살펴보면 국가의 권력은 주로 자유를 제한하는 것으로 나타났다. 따라서 어떤 이들은 국가의 활동을 안전을 보장하며, 각종 계약의 이행을 촉진하고, 물리적 폭력과 절도, 사기 등으로부터 시민을 보호하는 것으로 제한시키려 하기도 한다. 기독교 현실주의자들은 전반적인 상황이 악으로 치닫는 것을 바라보면서, 사회의 중요한 분야들이 왜 보다 높은 권위에 매이지 않은 채 방임되고 있는지 의문을 제기할 것이다. 성경은 정부가 반드시 대처해야만 하는 억압적인 세력에 대해 잘 말해주고 있다. 산업사회에서 그와 같은 세력들은 막강한 힘을 지닌 집단들로 나타나기도 하며, 질병과 굶주림 등의 사회적 요소로 나타나기도 한다. 이런 문제에 직면하여 국가는 정의를 실현하고자 그 역할을 확대할 필요를 갖게 된다. 그러나 '국가의 권리'라는 이유로 국민의 권리를 입법화하는 것을 반대하는 것이라든가, 기본적인 사회사업을 지원하고자 세금을 부과하는 것을 반대하는 것은, "우리에게 당면한 더 일반적인 강제에 대응해야 할 필요성이 있을 때에, 더 작은 강제를 문제 삼는 것의 부당성"6)에 대한 프란시스 맥코넬Francis McConnell의 통찰을 생각나게 한다.

비록 국가가 하나님의 종으로서의 역할을 하고 있지만, 그것은, 타락한 질서에 속해 있다. 정부도 역시 사회의 다른 영역들과 마찬가지로 인간공동체를 통제하고자 타락한 세상 권세들과 하나님의 권위가 싸우는 싸움터다. 두 가지 가치체계가 서로 상충하고 있다. 우리는 세상의 권세와 그들의 부패에 대항하여 '하나님의 뜻을 위한 싸움'을 싸워야 한다.[7] 이 싸움에 대한 책임은 정치적 차원을 지니고 있다. 우리는 정부의 행위에 대해 두 가지 태도를 보일 수 있다. 즉 그것이 하나님의 뜻에 반대된다 할지라도 묵묵히 순종하거나, 성경이 명령하는 것과 같이 성문에서 공의를 세우기 위하여암5:15; 슥8:16 참고 싸움으로써 권력에 대한 복종을 거부하는 것이다.

우리가 이 세상에서 수행해야 할 정치적 임무는, 역사 속으로 침투해 들어오시는 하나님의 통치를 통하여 새로운 힘을 얻는다. 하나님께서 창조하고 계시는 새로운 사회질서는 옛 질서와 병존해 있다가, 그것과 대항하여 싸우고, 언젠가는 그것을 대치하게 될 것이다. 청교도들은 이러한 사상에 바탕을 두고 역사상 처음으로 다음과 같은 사실을 깨닫게 되었다. "즉 그들은 인간이 의도적이며 조직적으로 자신이 속한 공동체를 변화시킬 수 있다는 것을 깨달았다."[8] 청교도들은 하나님의 주권이 삶의 모든 영역에 미치도록 해야 한다는 열정을 가졌을 뿐만 아니라, 회심의 열매는 사회질서를 개혁시키고 새롭게 만드는 것과 밀접하게 연결되어 있다는 확신을 하고 있었다. 그들은 사회를 의도적으로 변화시키는 것은 사물의 자연적 질서를 방해하는 것이라는 전통적인 견해에 대항하여, 역사를 하나님의 간섭이 없이는 멈추어질 수 없는 타락의 과정으로 인식했다. 그들은 인간이 쌓아온 전통과 선례가 아무리 막강하더라도 새로운 변화를 요구하는 힘을 막을 수는 없다고 생각했다. 성경과 이성이면 충분하다. 주권을 가지신 분은 역사가 아니라 하나님이시다. 따라서 토마스 케이스Thomas Case는 이렇게 외칠 수 있었다. "대학을 개혁시키라. 도시들을 개혁시키라. 국가들과 법령들과 하나님께 대한 예배를 개혁시키라. 하늘에 계신 내 아버지께서 심지 아니하신 모든 나무들은 뿌리째 뽑힐 것이다."[9]

현대의 어떤 그리스도인들은 정부의 권위가 필요하다는 것은 인정하지만, 자신들이 그 과정에 끼어들 수는 없다고 주장한다. 왜냐하면, 그리스도인은 국가의 강제적 역할과는 비교될 수 없는 더 높은 윤리의 지배를 받기 때문이라는 것이다. 어떤 이들은 마가복음 10장 42~44절마20:25,26; 눅22:25,26을 그리스도인의 정치참여를 배제하고 있는 구절로 생각한다.

"예수께서 불러다가 이르시되 이방인의 집권자들이 그들을 임의로 주관하고 그 고관들이 그들에게 권세를 부리는 줄을 너희가 알거니와 너희 중에는 그렇지 않을지니 너희 중에 누구든지 크고자 하는 자는 너희를 섬기는 자가 되고 너희 중에 누구든지 으뜸이 되고자 하는 자는 모든 사람의 종이 되어야 하리라"막10:42~44

이 구절을 해석해보면, 기독교윤리에는 그 기초를 이루는 무엇인가가 있는데, 그것은 사람 위에 군림하는 그들에게 독재하는 국가의 목적과는 상반된다는 것이다.

예수께서는 본문의 가르침을 제자들 간의 관계와 연관시키고 있다('너희 중에'라는 어구가 두번 반복되어 나타난다). 예수께서 말씀하신 세속 정부에 관한 일은 기독교공동체의 특징이 아니다. 예수께서는 이 가르침을 통해 국가의 행위를 살펴보라는 암시를 하신 것은 아니지만, 기독교공동체가 어떠한 모습을 띠어야 하는지에 대한 기준을 세운다면 정부를 평가하는 데 비판적인 안목을 갖게 될 것이다.

하지만, 성경이 국가에 대해 실제적으로는 무엇이라고 말씀하고 있는가? 위의 말씀에서 '주관하고'라는 번역은 잘못된 것이다. 헬라 원어에는 그런 강력한 의미가 내포되어 있지 않다. 거기에는 어떤 오만이나 압제의 의미는 포함되어 있지 않고 다만 '다스린다, 주가 된다.'라는 의미만이 있을 뿐이다.[10] 예수께서 이 말씀을 정치적 강제가 곧 독재나 권력의 남용과 같다는 의미로 사용하셨다고 볼 수는 없다. 예수께서 지적하고 있는 것은, 국가에는 기독교공동체 내에서는 용납될 수 없는 권위의 계급구조가 존재한다는 것이다.

누가복음에는 이 말씀에 한 가지 말씀이 덧붙여져 있다. "그 집권자들은 은인이라고 칭함을 받으나"눅22:25 은인이라는 단어는 존경을 나타내는 칭호로서, 은혜를 입은 사람이나 신에게 감사할 때 상용했던 칭호다. 이것은 대단히 높은 신분에 있는 자들에게 사용했던 경칭敬稱이다. 은혜를 입은 자가 이 용어를 사용한다는 것은 자신의 위치가 은인보다 열등하다는 것을 인정하는 것이었다. 이 용어는 신분체제가 확립된 사회에서 사용된 것인데, 신분체제는 헬라와 로마세계에서 고도로 발전한 것이기는 했지만 그럼에도 그것이 국가의 본질적이거나 보편적인 측면은 아니었다. 이러한 신분의 확장은 계속 진행되어 '은인'이라는 용어는 '은인 제사의식'의 중심적 표현으로 사용되기에 이르렀다. 은인 제사의식을 통하여 공동체는, 전에는 은혜를 입은 신에게 드리던 헌신과 종교적 경배를 은혜를 입은 인간에게 돌렸다.[11] 누가의 설명 속에 등장하는 명칭은 힘의 사용이라기보다는 신분과 관련된 다스림과 연관되어 있다는 사실을 주목해야 한다. 기독교공동체에서 그와 같은 계급의 구별은 사라져야 한다.

예수께서 이 말씀을 하셨을 때의 상황을 고려해볼 때 예수의 가르침이 권위와 관계된 것이라기보다는 일차적으로 신분과 관계된 것이라는 주장이 더 일리가 있다. 마가의 전승에 따르면 본문은 야고보와 요한이 그리스도께서 임하실 때에 가장 높은 자리를 차지하게 해주시어 달라고 요구하는 장면에서 나온 것이다.^{마 20:20~24; 막10:35~41} 본문은 특히 크고자 하는 자와 으뜸이 되고자 하는 자에 대해 언급하고 있다. 이 두 용어는 모두 계급과 존엄성을 나타내주는 것이다.^{막10:43,44; 마20:26,27} 12) 예수께서는 신분에 대한 열망을 꾸짖으신다.

누가는 다른 복음서와는 달리 이 말씀을 예수의 사역 후기에 넣어서 기록하였다. 누가가 기록한 이 부분은 제자들이 단순히 누가 가장 큰 자가 될까 하는 문제로 다투는 상황에서 말씀하신 것이다.^{눅22:24} 예수께서는 그들에게 큰 자와 두목은 종으로서 나타나게 될 것이라고 말씀하셨다.^{눅22:26} 권위는 공동체 속에서 존재하고 활동한다. 그러나 거기에는 신분상의 어떤 우월성도 존재하지 않는다.

마가와 누가의 설명에서 예수께서 이방인의 집권자들을 예로 들어 말씀하시고자 했던 것은, 그와 같은 권위의 능력을 정죄하고자 하셨던 것이 아니라, 다른 사람들보다 높아지고자 하는 교만을 꾸짖으시기 위한 것이었다. 권위가 모든 사람을 섬기고자 사용될 때 그 권위의 사용 자체는 용납될 수 있는 불평등이다. 그러나 권위를 소유하고 있는 자가 다른 사람보다 더 가치가 있다거나 존엄하다는 생각은 용납될 수 없다.

이 구절들을 정부와 연관시켜 생각해보면, 그리스도인들은 정부의 의사결정 과정에 참여해서는 안 된다는 말이 아님을 알 수 있다. 그러나 그 구절들은 정치적 권력으로 말미암아 개인적인 교만과 우월감에 빠지지 말 것을 강하게 경고하고 있다.

지금까지 우리가 살펴본 정의를 이루기 위한 수단들 즉 복음주의, 기독교공동체, 전략적 비협조는 입법에 의해서 완성된다. 심지어 혁명조차도 마찬가지다. 무엇보다 정치를 개혁하는 것은 사회를 변화시키는 통상적인 길이다. 정치적인 개혁이 도저히 불가능할 때에만 비폭력적 강제, 혹은 가장 예외적으로 정당화된 무장혁명에 의존하여야 한다.

정치를 통한 개혁

얼핏 보기에 사회변화를 위한 입법에 특히 적대적인 것처럼 보이는 사람들이 많이 있다. 그러나 이들은 자세히 살펴보면 정치적 개혁 그 자체를 반대하는 것이 아니라, 개혁에만 너무 의존하거나 개혁에 과도한 힘을 사용하는 것에 반대한다는 사실을 알게 된다.

이들이 반대하는 것 중 교회가 사회악을 다루면서 지나치게 정치적 경제적 수단들에만 의존함으로써, 정치적 행동이 곧 교회의 기본 활동이 되어버린 것에 대해 비판하는 것은 정당한 것이라 할 수 있을 것이다. 교회가 사회문제들에 관심을 쏟는 동안 우리는 기독교선교의 다른 측면들을 무시하게 될 수도 있을 것이다. 정치를 통한 창조적 개혁은 정의를 이루기 위한 다양한 수단들 가운데 한가지일 뿐이지 그것이 전부는 아니다.

사회의 법적 구조를 개편하는 일에만 지나치게 집착하는 것은, 그리스도인의 삶과 임무에 부과된 책임에 신실하지 못한 일일 뿐만 아니라, 역사적 실체를 진정으로 개혁시킬 힘을 키우지 못하게 만드는 결과를 가져올 수도 있다. 민주주의 사회에서 정부는 사회 전반의 보편적인 도덕성과 가치관에 대해서는 거의 영향력을 미칠 수 없다.[13] 이러한 민주사회에서 법률이 효력을 발휘할 수 있는 것은, 그것이 주로 자발적인 조직체들, 즉 여론을 형성하고 지도하는 종교기관이나 교육기관의 능력에 의존하고 있기 때문이다.[14] 공직자들은, 대부분 사회를 유도하는 일과 직위를 유지하는 일에 그들이 힘을 쏟는 형편이다. 그러므로 그들은 그와 같은 책임에서 벗어나 있는 자들로부터 창조적인 지원을 받아들일 필요가 있다.[15] 사회정의를 위한 기독교의 활동은 정부와 민간 양쪽 영역 모두에서 이루어져야 한다.

사회정의를 촉진하는 입법과 사법의 과정들은 그것이 비록 대단히 중요한 작업이긴 하지만 빙산의 일각에 불과하다. 정의롭고 인간적인 사회는 오직 그 구성원들이 다음과 같은 자질들, 즉 자아 존중과 자아용납, 관용, 상호 존경, 비 이기성, 정직, 권리 또는 의무에 대한 감각, 평등한 대우에 대한 열망, 법에 대한 신뢰 등의 자질을 갖출 때 가능한 것이다. 법 자체는 단순한 규정들의 체계 이상이다. 법은 정의롭고 인간적인 사회를 만들기 위한 구성원의 자질 중 많은 것을 구체화한다. 이러한 자질들은 합법적인 질서를 만들려면 없어서는 안 될 요소들이다. 법적 규정들이 이러한 가치들을 성장시키고 고무시킨다는 사실은 중요하다. 그러나 이러한 가치들은 정부와는 별개의 기구로부터 창출되어야 한다. 이러한 가치들이 정부의 통제 하에서 형성되어서는 안 되고 또 실제로 그런 일이 있을 수도 없다. 질서에는 윤리적이고 종교적인 차원이 있는데, 이러한 차원을 무시하는 것은 정의로부터 그 생존능력을 박탈하는 결과를 가져올 수도 있다. 정치만으로는 그와 같은 가치들을 창출해낼 수도 주입시킬 수도 없다. 복음주의와 기독교공동체는, 비록 사회 안에서 누룩과 같은 간접적인 역할만을 감당한다 할지라도, 그와 같은 가치들을 창출하고 주입시키는 데 상당한 공헌을 하고 있다.[16]

개혁운동에서 권력을 남용하는 것 또한 비판받아 마땅한 것이다. 정의를 촉진하려면 정치적 권위가 필요하지만, 그리스도인들은 라이홀드 니버가 경고한 바와 같이, 권력은 쉽사리 '권력에의 의지'를 위한 도구가 될 수 있다는 사실을 기억해야 한다. 권력에의 의지는 인간이 다른 이들 위에 군림하려는 욕망이다. 정의를 이루기 우하여 어쩔 수 없이 사용했던 권력으로 말미암아 이번에는 개혁자들 자신이 오염될 수도 있다.

악과 대항하여 싸우고 입법을 통하여 정의를 추구하는 사람들은, 다음과 같은 일들을 잘 구분해야 한다. 즉 자신들의 행위가 복지를 증진시키고자 국민에게 제한을 가하는 것인지, 아니면 권력에의 의지와 다른 사람을 지배하고자 하는 욕망에서 나온 것인지를 잘 구분해야 한다. 그들은 자신의 목표를 달성하려고 권력을 사용할 것이 아니라 오히려 다른 이들의 권리를 강화시키고자 사용해야 한다.[17]

법이 정의롭게 제정되도록 하기 위한 그리스도인의 노력은 위로부터 주어지는 것에 의존하기보다는 민주적 과정을 통하여 표현되어야 한다. 위로부터 주어지는 변화는 아래로부터의 참여를 차단하는 법이다. 각 개인이 사회참여를 하는 이유에는 두 가지가 있다. 그 하나는 사랑의 충동이다. 이것은 모든 그리스도인들은 다른 이들을 존중해야 한다는 사상에 기초하고 있다. 두 번째는, 그리스도인들은 다른 사람들을 지배하려는 충동에 의한 권력남용을 반대해야 하기 때문이다. 이와 같은 권력을 남용하는 것은 인간이 타락했음을 보여주는 한 증거다. 민주주의 사회는 그 사회의 상황에 따라 그 초점을 중앙 집권적 행정에 맞출 수도 있고 지방 분권적 행정에 맞출 수도 있다. 시민의 권리에 관한 최근의 법률 중 정의와 자유를 가장 많이 반영했던 것은 중앙 집권적 행정이었다. 그런데 중앙 집권화나 지방 분권화 자체에는 기초적인 정의의 원리들이 포함되어 있지 않다. 그러나 그것들은 사회적 선, 특히 불이익을 당하는 소수 집단의 선을 촉진하려면 사용될 수 있는 변수들이다.

우리는 기독교의 가치관을 고수하려고 무력을 사용해야 할 것인가? 어떤 작가는 모든 시민들로 하여금 '그들의 형제를 지키는 자'가 되도록 강요하는 일과 설교를 지원하고자 세금을 사용하는 일 사이에는 거의 차이점이 없다고 말하고 있다.[18] 우리는 세 가지 사항들을 고려해야 한다. 성경이 명령들과 그리스도인의 정치적 의사결정의 기준, 그리고 입법화되어 있는 의무들이 그것이다.

그리스도인은 공동체의 일원으로서 가져야 할 책임감에 기초하여 의무들을 입법화하는 데 관심을 기울여야 한다. 왜냐하면, 성경은 궁핍한 자들을 돌보는 것은 정의와 관련된 문제며 따라서 그것은 모든 자들에게 부과된 의무라고 가르치고 있기 때문이다.

그리스도인들은 기독교적인 가치관과 그들의 의무에 근거하여 정치에 참여해야 한다. 어떤 다른 체계의 가치관들이 그리스도인들을 인도할 수 있단 말인가? 흔히 '어떤 도덕성'을 받아들일 것이냐 하는 것이 정치의 쟁점이 되고 있다. 그런데 어떤 문제가 정치적으로 쟁점이 되는 이유는 서로 윤리적 가치관이 일치하지 않기 때문이다.[19] 하나님의 주권을 인식하고 또한 인정하고 있는 그리스도인은 침묵하지 말고 정의의 기준을 사회에 적용시켜나가야 한다. "하나님의 자녀는 세상의 그 누구보다도 정치적 행동을 할 자격이 있는 자들이다."[20]

그러나 우리가 앞서 지적한 바와 마찬가지로, 정의를 위한 활동은 민주적 과정을 통하여 이루어져야 한다. 그것은 소수집단의 뜻을 관철하는 문제가 아니다. 기독교의 이상이 법률을 통해 세속사회 속에 구체화하기를 원한다면, 그 과정에도 역시 그리스도인들이 참여해야 할 필요가 있다. 기독교의 개혁이 발전하여나가는 것은 비록 우리가 기독교 사회 속에서 생활하고 있지는 않지만 그렇다고 기독교의 유산이라고는 전혀 찾아볼 수 없는 이교도의 사회 속에서 살고 있지도 않다는 사실에 힘입는 것이다. 우리가 사는 사회는 끊임없이 기독교의 영향을 받고 있다. 그리고 그 속에서 유대 기독교적 사회 가치관들은 종종 신자들보다도 비신자들에 의해 생명력 있게 추진된다. 그러나 어떤 사람이 다수집단에 속해 있건 소수집단에 속해 있건 간에 오직 자기 자신의 사회관에 따라 민주적으로 일해 나갈 수 있을 따름이다. 다원주의사회란 그 사회의 구성원들이 기존의 전통들을 함께 공유하는 사회를 말한다. 만약 그렇다면 어떻게 인종차별이나 노예제도와 같은 문제들을 다룰 수 있겠는가? 그렇지 않다면 어떻게 기독교의 이상을 위해 일하는 것에 반대하는 것을 묵인할 수 있을 것인가? 그리고 강제로부터의 자유라는 이름으로 노예 소유주들에게 가했던 제재를 취소할 수 있을 것인가?

아직도 자유의 문제는 남아 있다. 왜냐하면, 권리에 관한 모든 문제들이 다 입법에 적합한 것은 아니기 때문이다. 입법은 정의의 문제를 다룬다. 그것은 본질상 권리의 문제를 내포하고 있다. 입법은 또한 어떤 개인이나 기구에 해를 입힐 수 있는 행위들을 규정하는 데 적절하다. 그러나 입법에는 다른 사람의 복지에 간섭하지 않거나 사회 전체에 해를 끼치지 않는 개인적 문제들은 포함되어 있지 않다.

입법은 또한 교회와 같이 사적인 집단에서는 부적합하다. 사람들에게 예배를 강요해서는 안 된다. 그러한 강제는 중세시대에 그리스도의 몸을 표방한 콘스탄틴주의의 결점 중의 하나다. 그 속에서 국가와 교회는 하나의 통일체를 이루었으며 각자는 자기 목적을 이루고자 다른 편을 이용했다.[21) 국가에서 설교자들의 급료를 지급한 것은 분명히 콘스탄틴주의에서 나온 것이었다. 이와 같은 행위와 가난한 자들을 위한 공동체의 책임을 입법화하는 것을 서로 구분하려는 시도가 오랜 민주적 적통으로 존재하고 있다.

창조적 개혁과 타협적 개혁

사회정의를 위해 일하는 사람 대부분은 타협 형태의 개혁을 정죄하고 있는데, 이는 타당한 일이다. 사회의 근본적인 문제를 다루면서도 단지 표면적인 것만 개선하려는 사람들이 있다.[22] 이런 상황 속에서 허용되는 변화는, 오직 현재의 사회 경제체제와 양립을 할 수 있는 것들뿐이다. 어떤 행동이 합리적이며 또한 실현 가능한 것인가를 판단하는 기준은, 그것이 현 체제의 필요를 얼마나 충족시키느냐 하는 것이다.[23] 이 논리에 전제된 것은, 체제는 근본적으로 건전하다는 것이다.[24] 타협 형태의 개혁을 시도하게 되면 사회의 전반적인 상황은 개선될 수도 있다. 그러나 현재의 권력 구조를 개혁하는 실제적인 대안들은 고려조차 될 수 없다.

이런 의미에서 콘스탄틴주의는 교회와 국가, 혹은 교회와 기존 구조 간에 서로 인정하고 지원하면서 개혁하기에 적합한 것이라 할 수 있다. 이와 같은 관계 속에서는 교회가 먼저 자신의 역할을 정죄하지 않고는 사회의 본질적인 문제에 대해 심판을 외칠 수 없다. 사람들이 가르치는 사회의 본질적인 문제에 대해 심판을 외칠 수 없다. 사람들이 가르치는 윤리라는 것도 기존의 사회가 용납할 수 있는 범위 내에서만 존재할 수 있는 허약하기 이를 데 없다.[25]

금세기에 우리의 관심을 가장 많이 끌었던 개혁운동 가운데 몇 가지는, 단기간의 타협적 개혁이었다고 말할 수 있다. 그런 개혁운동 중에 우리의 시선을 끄는 것으로, 경제적 불균형을 바로잡고자 투쟁한 결과 설립된 독립적인 조절위원회가 있다. 많은 사람은 이 위원회가 경영자들에게 제재를 가함으로써 공중의 이익을 대변하고 보호하는 효과적인 감시견 구실을 할 것이라고 기대했다. 그러나 조절위원회는 오히려 경영자들의 포로가 되었다. 1900년부터 1916년까지의 진보적 개혁 기간 문제의 조절 입법들은 대개 그와 관련된 산업 경영자들에 제안되었다.[26] 전형적인 조절위원회는 날이 갈수록 산업 산업경영자에 의해 더 많은 통제를 받게 되었다. 위원회가 창설되고 난 후 의회와 대중의 관심이 사라져버리자 그 위원들은 감시자로서의 역할을 팽개쳐버리고 경영자의 구실을 해나가기 시작했다. 조절위원회는 경영자들에게 안정성과 예측 가능성을 제공해줌으로써 산업의 핵심적인 부분으로 받아들여졌으며 그들의 지지를 받게 되었다. 공중의 이익에 대한 위원회의 태도는 수동적이고도 중립적인 것이 되었다. 조절위원회는 경영자들과 점점 긴밀한 유대관계를 맺게 됨으로써 공중의 이익이 무엇인가를 파악하는 일조차 할 수 없게 되었다.[27]

그러나 잘못된 전례로서 조절위원회의 경우는 개혁의 본질이라는 관점에서 파악되어야 한다. 가브리엘 콜코Gabriel Kolko는 진보적 시대의 개혁들은 그 이후의 조정적 개혁들의 전형이 되었다고 주장한다. 그것들은 미국경제의 기본적 구조는 건전하다는 전제하에서 출발했기 때문에 경제 엘리트들의 실제적인 세력에 대항하여 사회를 조직하고자 하는 어떤 실제적인 대안도 제기한 적이 없다.[28] 지금까지 추구되어온 것은 경제관계를 다시 조직하는 것이 아니라 다만 힘이 지나치게 남용되는 것을 제한하는 것뿐이었다.[29] 조절위원회가 결국 힘의 남용만을 다루는, 경영자들의 대변인이 됨으로써 기존 체제의 계속성을 유지하기 위한 도구가 되자, 그들은 대중들의 격렬한 비난을 받게 되었다.[30] 경제적 악에 대한 깊은 자각이 없이 다만 '중산층의 품위 있는 전통' 속에서 개혁을 수행하고자 하는 개혁자들은 '정부 기구들을 부분적으로 땜질함'으로써 근본적인 경제체제를 수정해나가기를 원하고 있다.[31]

1960년대에 발생했다가 결국 정부의 개혁에 대한 반작용으로서 '신보주수의' 운동이 되어버리고만 개혁운동도 이와 유사한 경우라 할 수 있다. 마이클 해링톤Michael Harrington이 주장한 바와 같이, 정부의 요구와 보수주의자들의 두려움에도, 위대한 사회 프로그램은 결코 개인적 영역에까지 침투해 들어가지 못했다. 1960년대에는 또한 평등을 지향한 대중적 움직임도 없었다. 프로그램은 지나치게 높이 평가되었고 재정도 부족했다.[32] 그것들의 풍부성이 아니라 오히려 그것들이 급진적이고 혁신적인 성격을 결여하고 있다는 사실이 무산 계층과 소자본가 계층 간의 도시에서의 투쟁을 발전시키는 역할을 했다. 복지 프로그램의 수납자들에게 독립적으로 남아있겠다는 자극을 심어준 것은 정부의 관대함이 아니라 정부의 소심함과 완전고용 정책의 실패였다.[33] 1960년대 저항운동의 전체적인 기류는 정책 형성과정이 더욱 개방되는 사회를 만드는 데 초점이 맞추어졌으며 경제적 기구와 세력들에 관한 사회운동에 대하여서는 단지 주변적 관심만이 기울여졌을 뿐이라고 말할 수 있다.[34]

그러나 또 다른 형태의 개혁이 있다. 이러한 개혁에는 많은 사회적 변화들, 심지어 혁명적 변화들조차도 한순간에 이루어지는 것이 아니라 작은 변화들이 모여서 이루어진다는 전제가 있다.[35] 여기서 개혁자들의 목표는 현재의 사회구조와 조화를 이루지 못한다. 그러나 그들은 자신들의 목표가 모두 한꺼번에 달성될 수는 없다는 사실도 알고 있다. 그들은 특정한 문제를 해결하고자 구체적인 해결책들을 받아들이긴 하지만, 어디까지나 현재의 질서는 잘못되었으며 새로운 질서를 만들어야 한다는 전체 위에서 그렇게 하는 것이다. 기독교 개혁자들이 무엇보다도 먼저 하나님의 주권이 나타나는 새 질서를 소망하고 있다. 그러나 그들은 또한 인간이 다스리는 사회에서는 하나님의 주권이 부분적으로만 실현될 뿐이라는 사실을 깨닫고 있다. 그리스도인들은 새로운 공동체에 대한 비전을 가지고 일을 해나간다. 그 공동체는 하나님의 주권이 완전하게 나타나는 곳은 아니지만, 현재의 사회보다는 더 하나님의 주권에 근접해 있는 사회다. 이와 같은 궁극적이고 역사적인 비전을 가지고 실행되는 개혁들은 발전적이라고 말할 수 있다.

창조적 개혁이란 기존의 권력관계를 수정하여 새로운 우선순위를 제시하고, 생활과 문화의 새로운 모델을 제시하는 변화를 의미한다고 말할 수 있다.[36) 창조적 개혁은 현재 과도한 권력을 쥔 자들의 세력을 제한하며, 약한 자들에게 그들의 인간으로서의 권리를 일깨워주고, 자본주의사회나 사회주의사회의 가난한 노동자들이 자신의 삶을 더욱더 잘 조절해나갈 수 있도록 해주는 변화다.

창조적 개혁을 통해 실행되어야 할 일은 현재의 필요와 그것이 기준이나 근거에 의해 결정되는 것이 아니라, 인간적 필요에 비추어서 무엇이 가능한 것이어야 하는가에 따라 결정된다.[37)

그러나 이것은 극히 일부만이 현실에서 구체화한다고 볼 수 있다. 요더는 재세례파의 관점에서 사회개혁을 위한 전략을 찾았는데, 이는 매우 유용하다고 생각된다. 이것은 그리스도인의 정치적 과정에 더욱 직접적으로 참여하는 기독교적 정치개혁의 모델을 제시한다. 하나님께서 요구하시는 것과 현실적으로 가능한 것 사이에는 불균형이 존재하기 마련이다. 또한, 중생에 의존하고 있는 기독교윤리와 그것이 정치적으로 표현될 때에도 그 사이에 불균형이 있는데, 이는 특히 세속적인 국가에서 그러하다. 그러므로 창조적 개혁을 통하여 추구하는 것은 모든 악을 소멸하는 것도 아니고 즉시 구조를 개편하여 새로운 사회질서를 형성하는 것도 아니다. 오히려 현재 다룰 수 있고 쉽게 식별할 수 있는 구체적인 문제들을 집중적으로 다룸으로써 가능한 것부터 변화시켜나가는 것이다. 창조적인 개혁을 이루려면 가장 실현 가능성이 큰일부터 추진하는 것이 항상 중요하다.[38]

정치를 근본적으로 개혁하는 일은 그렇게 낙관적인 것만은 아니다. 사회의 구조를 전반적이고 급진적으로 변화시키기는 그렇다고 해서 우리가 당면하고 있는 사회 경제적인 문제들에 대중이 간섭하는 것을 꺼리는 신보수주의 노선을 따를 수는 없다. 왜냐하면, 그들의 소심성은 개혁자들의 실패를 해결하는 해결책이라기보다는 그들이 실패한 원인이기 때문이다. 더 쉬운 해결책이란 있을 수 없다. 그러나 "우리의 몇몇 문제들에 대한 몇 가지 해결책들은 있다."[39] 현실적으로 가능한 일부터 하나씩 해결해나가는 것은 중요하다. 특히 그것들이 더 큰 목적을 향해 전진하는 것일 때는 더욱 그러하다. 우리는 어떤 수준에서건 인간의 행위를 창조적으로 변화시킨다는 것은 어렵다는 관점에서 정치적 변화를 평가해야 한다. 정치적 가능성을 고려함에, 우리는 우리 사회의 핵심계층이 누리는 안전성은 기술의 열매일 뿐만 아니라 권력을 분산시키기 위한 과거의 정치적 투쟁의 결과라는 사실을 기억해야 한다.

현 체제가 안는 문제가 얼마나 심각한지를 제대로 인식하지 못한 상태에서 개혁을 시도하게 되면, 문제를 근본부터 해결하기보다는 단기적인 노력만으로 끝나기 십상이다. 개혁이 실패했던 이유 가운데 하나는 개혁자들에게 조심성이 빠져 있었기 때문이었다. 이러한 실패는 앞에서 살펴보았던 조절위원회도 나타났던 것인데, 일단 어떤 조정안이 입법화되고 나면 개혁자들은 계속 조심성 있게 그것을 집행해나가는 것이 아니라 그 속에 안주하려 했다.[40] 링컨 스테픈Lincoln Steffen의 시대에 필라델피아는 전국에서 가장 형편없이 다스려지는 도시로 손꼽히는 곳이었다. 그러나 그 도시는 자체 내에서 개혁한 후에 그렇게 된 것이었다. 다음의 말은 그 도시의 상황을 잘 말해준다. "우리에게 있어서 개혁이란 대개 새로운 통치가 아니라 반란이다. 그리고 그것은 곧 끝나버린다.[41] 프란시스 맥코넬은 언젠가 이렇게 말했다. "문제는 우리가 뜨겁게 달아오르지 않는다는 데 있는 것이 아니라 달아오른 후 그것을 지속시키지 못한다는 데 있다."[42] 또한 디이터 헤셀Dieter Hessel은 "결코, 승리에 안주하지 말라."고 말한다.[43] 기독교적인 시각으로 인간사회를 바라보는 자들, 그리고 기독교적인 기초를 가지고 사회에 관심을 기울이는 자들에게는 더 많은 것을 기대해야 한다.

새로운 사회를 향하여

인간의 본질과 역사를 통해서, 우리는 인간의 도덕성으로는 사회의 불의를 통제할 수 없다는 사실을 깨닫게 되었다. 그렇다면, 우리는 무엇을 해야 하는가? 우리가 대답으로 제시할 수 있는 것은 시행 가능한 법률을 제정하고 그것을 실행하는 것이다. 그렇다면, 법률적 과정을 통하여 도덕성이 성취될 수 있겠는가? 이 문제에 대한 답은 "당신은 도덕을 입법화할 수 없다."라는 것이다. 이 말은 다른 사람들의 복지에 해를 끼치지 않는 개인적 활동이나 소비문제에 적용되어왔다. 그런 문제들에서 입법은 참으로 의미 없는 일이다. 그러나 도덕성이 개인의 문제뿐만 아니라 정의와 권리의 문제에까지 확장된다는 것을 인식하고 있는 사람들은, 기타의 문제들에서도 역시 입법은 쓸데없는 짓이라고 주장하고 있다. 우리는 바로 이런 태도에 대해서 답하고자 한다.

도덕에는 두 가지 측면 즉 주관적인 측면과 객관적인 측면이 있다. 주관적인 측면에는 우리의 기질과 의도, 그리고 인식작용까지도 포함된다. 이러한 도덕성의 주관적인 측면을 입법화하는 것은 어려운 일이다. 그러나 도덕의 또 다른 측면이 있는데 그것은 객관적인 것으로서 우리의 외적인 행동을 말한다. 성경 윤리는 외적 행동을 규정하고 다스리는 일에 대해 많이 언급하고 있다. 사회정책 역시 객관적 행위에 대해 보다 많은 관심을 기울이고 있다. 사회정책에는 유형적 정의가 무형적 사랑보다 더 중요하다(물론 가장 높은 기준은 그 두 가지 모두가 존재하면서 서로 연합되어 있는 것이다). 하비 콕스Harvey Cox는 몇 년 전에 다음과 같이 말했다.

"최근에 미국에서 발생한 시민의 권리를 위한 혁명은 최소한 다음과 같은 한가지 사실을 입증해주었다. 흑인들의 관심은 백인들을 눌러 이겨서 그들의 태도를 누그러뜨리는 데 있다기보다는 백인들이 가진 편견이 더 강화되는 것을 방지하는 데 있다는 것이다. 흑인들의 투쟁 목표는 친구들을 얻는 것이 아니라 자유를 얻는 것이며, 인간적인 따스함을 얻는 것이 아니라 제도적 정의를 획득하는 것이다. 도시의 강제수용소 수감자들이 원하는 것은 간수들과의 친밀한 교제가 아니라 감옥을 없애는 일이다. 그들은 경찰들과의 관계개선이 아니라 '포로로부터의 해방'을 원한다."[44]

심지어 내적 동기가 주어지지 않은 때에도 법은 외적인 행동을 통제할 수도 있고 그에 대해 동기를 부여할 수도 있다.[45] "당신은 도덕을 입법화할 수 없다."라는 슬로건은 종종 정부로 하여금 아무 일도 하지 말 것을 요구하는 합리적 근거로 사용된다. 그러나 정부는 항상 대중들의 행동을 통제한다. 그리고 법률 대부분은 사람들의 행동을 통제할 목적으로 만들어진 것이다.[46]

그러나 법은 또한 도덕의 주관적 측면에도 영향을 미친다. 법은 교육적 요소를 지니고 있다. 법은 초자아를 통해 기능을 담당하는 의의 기준과 상호작용을 한다. 법은 도덕을 합법화시킬 수 있다. 법은 또한 사람들에게 제한을 가하는 요소를 지니고 있다. 인간에게는 일정한 행동을 수없이 반복함으로써 형성되는 버릇이라는 것이 있다. 그러므로 젊은 시절 어떤 버릇을 형성시켰는가에 따라 그 사람의 인격에 큰 영향을 미치게 된다. 우리는 원하는 덕목이나 장점을 법을 통하여 고무시킴으로써 대중의 행동을 유발시킬 수 있다.

"이것은 도시국가에서 발생하는 것에 따라 결정된다. 왜냐하면, 입법자들은 시민들로 하여금 습관을 형성하게 함으로써 좋은 일을 하게 하기 때문이다. 이것은 분명히 모든 입법자들이 뜻하는 바다. 그리고 이것을 원하지 않는 자는 결국 법을 어기는 결과를 가져오게 된다."아리스토텔레스, Nicomachean Ethics 1103b.2~6

무조건 이런 견해를 취하는 것은 지나치게 법에 의존하게 하는 위험이 있긴 하지만 그것은 대부분 타당한 것이다. 우리는 이 방법을 통하여 새로운 피조물을 만들 수는 없지만, 사회구성원들의 성격에 영향을 미칠 수 있다. 완전히 훌륭한 사회를 만들 수는 없다 할지라도 더 나은 사회를 만들 수는 있다.

이처럼 국가에서 통제하고 강요하는 행동은 그 국가의 구성원들의 기본적인 가치관과 인식작용 그리고 태도에까지 영향을 미친다. 이에 대한 적절한 예는 미국역사에서 시민의 권리에 관한 창조적 입법과 사법부의 판례다. 앨라배마 대학에서는 인종차별 철폐가 강화된 1963년부터 1969년까지 입학이 계속 증가하였다. 예배나 여행 등 사회 전반의 문제들이 인종차별이라는 점에서 논쟁이 되었던 이 시기에, 흑인들을 백인들과 함께 받아들이려는 태도가 점점 더 확산하여갔다. 대학에서도 각종 활동에 흑인들이 참여하는 것을 못마땅하게 생각하는 태도가 점점 줄어들었다. 전통적으로 흑인들에 대해 가졌던 선입관에 대해서도 보다 긍정적인 견해를 갖게 되었고 흑인들에 대한 고정관념은 점점 약화하여갔다. 사람들은 흑인들이 정치나 경제 분야에서 백인들과 동등한 권리를 갖는 것에 대해서도 긍정적인 생각을 하게 되었다. 1963년에는 학생 대부분이 인종차별 문제에 대해 "평등하지만 분리한다."라는 생각을 하고 있었다. 그러나 1969년에는 학생 대부분이 인종차별 철폐에 동의했다. 많은 사람이 사회적 인종차별의 철폐(방을 함께 쓰는 것, 서로 간의 데이트 등)를 받아들이지 않았지만, 그와 같은 것들까지도 허용하려는 강한 조류가 밀려오고 있다.[47]

로버트 콜스Robert Coles는 인종차별이 철폐된 남부지역 백인교사들의 태도를 연구했다. 많은 교사는 그들이 직접 흑인 어린 아이들을 지도해본 경험을 통해 인종차별 철폐에 대한 그들의 인식이 변화되었다고 응답했다. 그 중 한 사람은 이렇게 말했다.

"처음에 그는 한 사람의 흑인이었다. 그러나 차츰 그는 다른 생도들과 똑같아졌다. 나는 그를 대적하지 않는다. 그러나 나는 아직도 기존의 사고방식을 버리지 못하고 있음을 느낀다. 당신도 알다시피 그것은 두 가지 서로 다른 문제다."[48]

긴장은 여전히 존재하고 있다. 비록 모든 것이 한순간에 변하지는 않을지라도 사람들의 감정들은 변하고 있다. 새로운 태도는 점차로 삶의 방식 일부가 되어가고 있고 언젠가 때가 되면 사람들은 새로운 방식을 받아들이게 될 것이다.

프리데릭 비르트Frederick Wirt는 그의 정치학 논문에서 시민의 권리에 관한 입법이 지방에 끼친 영향을 자세히 검토했다. 이것은 미시시피의 파놀라 카운티Panola County를 대상으로 연구한, 흥미진진하면서도 흠잡을 데 없는 수작이다. 연방법을 제정하고 시행함으로써 흑인들의 선거인 등록과 학교 행정 그리고 경제적 권리에 변화가 일어났다. 그것은 이러한 법의 시행이 없이는 일어날 수 없는 변화라고 볼 수 있다. 1960년에도 흑인들의 3분의 2가 수입이 2천 달러 미만이었다. 따라서 흑인 중 3분의 1만이 투표에 참여할 수 있었다. 개인적인 가사 노동자들을 제외하고는 흑인들은 모든 분야에서 백인들보다 수입이 적었다. 흑인 학생들을 위한 지출은 백인 학생들을 위한 지출의 2분의 1에서 3분의 1에 불과했다. 거의 3분의 2에 해당하는 흑인들이 겨우 6년간 교육을 받았을 뿐이었다. 그 법률의 시행으로 말미암아 변화가 일어나게 된 것은 주로 1960년대에 있었던 소송사건에서 활약했던 정의분과의 공이 크다. 그들은 백인 변호사가 권력과 신분으로 상대편 흑인을 억누르는가 하면, 판사는 이권을 통해 백인들과 결탁하여 있는 현실을 극복하려고 노력했다. 1967년에는 3,500명(글을 읽을 수 있는 흑인들의 50퍼센트)의 흑인들이 투표자로 등록했다. 백인 후보자들은 그들의 표를 얻으려 노력했다. 사상 처음으로 흑인들이 사는 동네에 자갈이 깔리게 되었다. 지방 신문들이 흑인들에게 더욱 용기를 북돋우는 역할을 함으로써 공식적인 폭력은 더는 아무 힘을 발휘하지 못하게 되었다. 경제적인 권리를 회복하는 분야, 예를 들어 고용 등의 문제에는 파급 효과가 별로 없었다. 지방에서는 입법이 상대적으로 약한 효과를 나타냈다. 연방의 프로그램들은 난항에 부딪혔으며 근본적인 문제를 다루지 못했다. 흑인들에 대한 인식은 약간 변화되었을 뿐이지만 행동양식은 크게 변화되었다. 그리고 행동양식이 변화됨으로 말미암아 흑인들에 대한 인식도 변하게 되었다.[49]

이러한 법률들이 제정되고 시행된다는 것은 창조적으로 개혁이 진행된다는 사실을 나타내준다. 흑인들은 자신들의 자유가 점점 회복되자 그들의 자아인식과 공동체 속에서의 새로운 변화의 가능성을 보게 되었다. 개혁은 새로운 변화의 가능성을 창출해냈다. 선거권과 더 나은 교육으로 말미암아 스스로 자기 비하에 빠져 있던 사람들이 마음을 열어젖혔으며 그들은 삶의 무한한 가능성에 대한 새로운 비전을 갖게 되었다. 그들은 개인으로서의 자신의 가치에 대하여 새로운 자신을 갖게 되었다.[50]

이처럼 부분적으로나마 정의를 이룰 수 있었던 직접적인 이유는 정치를 통한 직접적인 개혁 때문이었다. 그러나 이 길만이 유일한 길은 아니었다. 그러한 개혁의 배경에는 그리스도께서 값 주고 사신 사람들은 어떻게 살아야 하는지에 대한 기독교의 가르침이 있었다. 시민의 권리에 관한 법률들이 입법화되는 배후에는 악과 타협하지 않고 자신의 몸과 심지어 생명까지도 아낌없이 던진 많은 사람의 희생이 뒷받침되어 있었다. 그리고 그들 뒤에는 그들을 지지했던 공동체가 있었다.

이 길들은 하나로 합해져서 새로운 사회로 향하는 길을 형성한다. 이 길은 무거운 짐 대신 쉬운 멍에와 가벼운 짐을 우리에게 주신 그리스도를 만난 자들에게는 가장 쉽게 걸어가는 길이다.

제1장 실존하는 악의 세력

1. 에녹1서 6~11절을 이처럼 해석하는 것으로는 George W.E. Nickelsburg, "Apocalyptic and Myth in 1 Enoch 6~11," *Journal of Biblical Literature* 96(1977), 383~405, Shemihaza 자료가 본문의 기초며 BC 4세기 말에 있었던 Diadochi 전쟁 시기 초까지 거슬러 올라간다. Azazel 자료는 후대에 첨가되었다.

2. John Howard yoder, *The Politics of Jesus*(Grand Rapids, Eerdmans, 1972), 140~162; Jim Wallis, *Agenda for Biblical People*(New York, Harper, 1976), 63~77; Richard J. Mouw, *Politics and the Biblical Drama*(Grand Rapids, Eerdmans, 1976), 86~116; Walter Wink, "Unmasking the Powers: A Biblical View of Roman and American Economies," *Sojurners*(Oct. 1978). 9~15. 이 주제에 관하여 최근에 가장 영향력 있는 논문은 Hendrikus Berkhof, Christ and Powers(socttdale, Pa., Herald, 1962)이다. 1장의 목적은 이와 같은 작가들의 비평을 확인하고 명확하게 설명하는 것이다.

3. 참고. Hermann Sasse, "*Kosmos*," TDNT(1965), 3.868; Tebtunis Papyri 45.20; 47.12 (BC113); George W. Redding, "KOSMOS from Homer to St. John," *Asbury Seminarian* 4(1949), 63.

4. Sasse, "*Kosmos*," 891.

5. 요일 2:16과 3:17의 bios는 '생계, 재산 및 부의 수단'을 의미한다. Bauer, *Lexicon*, 142; Rudolf Schnackenburg, *Die Johannesbriefe*(Freiburg, Herders theologischer Kommentar zum Neuen Testament 13, 3, 1970⁴), 130.

6. cosmos에 대한 논의나 권세자들이 인류를 적대적인 집단으로 나누고 있음에 대한 논의를 위해서는 Paul S. Minear, *To Die and Live* (New York, Seabury, 1977), 66~106; Amos N. Wilder, *Kerygma, Eschatology, and Social Ethics*(Philadelphia, Facet Books, Social Ethics 12, 1966), 28을 참조하라.

7. C. H. Dodd, *The Johannine Epistles*(New York, Harper, Moffatt New Testament Commentaries, 1946), 42~44

8. Sasse, "*Kosmos*," 894. 참고, 고전1:18~21, Hans Conzelmann, *A Commentary on the First Epistle to the Corinthians*(Philadelphia, Fortress, Hermeneia, 1975). 43.

9. Martin P. Nilsson, *Geschichte der griechischen Religion*(München, Beck, Handbuch der Altertumswissenchaft, 5,2, 1961), 2. 539; Walter Grundmann, "*Dynamail-dynamis*," *TDNT*(1964), 2.288.

10. Versus Berkhof, *Christ and the Powers*, 59, n. 6.

11. 시148: 2에서 천사들과 권세들이 병행하여 나온다.

12. 참고. Wilhelm Bousset, *Die Religion des Judentums in späthellenistischen Zeitalter*,

ed. H. Gressmann(Tübingen, *Mohr*, 1966⁴), 326.

13. Martin Rist는 천사들이 교회와 밀접하게 연결되고 있는 요한계시록 2장과 3장에서 이와 유사한 내용을 발견하고 있다. 천사와 그 천사와 관계있는 교회는 동시에 그리스도의 책망을 받기도 하고 칭찬을 받기도 한다. "The Revelation of St. John the Divine." *Interpreter's Bible*(1957), 12.379. 신21:8은 하나님께서 땅 위에 백성을 흩으실 때 그들의 경계를 "하나님의 아들들에 따라" 정하셨다고 말하고 있다. 이러한 번역은 Qumran에서 발견된 사본을 따른 것이다(Patrick W. Skehan, "A Fragment of the 'song of Moses' [신32] from Qumran," *Bulletin of the American Schools of Oriental Research* 136[1954, 12], 12). 이것은 70인 역에서 "하나님 천사들의 수효에 따라"로 번역한 것을 참고한 번역인 것처럼 보인다(맛소라사본은 "이스라엘의 아들들에 따라"로 번역하였는데, 다신론을 경계하기 위한 것처럼 보인다. 신약시대에는 *Jubilees* 15:31 이하에 있는 내용으로 대표된다. 참고. G.B. Caird, *Principalities and Powers; A Study in Pauline Theology*(Oxford, Oxford U. Press, 1956), 5~12. 다니엘서는 열국을 심판하며 하나님의 절대주권을 주장하는 천사적 '파수꾼들'에 대해 기록하고 있다(단4:13,17). 열국은 이와 같은 수호천사들을 가지고 있었기 때문, 하나님께서 인간 통치자들과 더불어 싸우시고 그들을 멸하실 때 하늘에서도 그와 함께 전투가 일어난다(사24:21; 34:2, 4). 이와 같은 비전은 쿰란의 전쟁 문서(1QM)에 생생하게 기록되어 있다.

14. Gerhard Delling "*Archē, archōn*," *TDNT*(1964), 1.488; Bousset, *Religion des Judentum*, 324, 237.

15. Bo Reicke, "The Law This World According to Paul. Some Thoughts concerning Gal. 4:1~11," *Journal of Biblical Literature* 70(1951), 270~271. H. Berkhof(*Christ and the Powers*, 13)은 롬8:39를 인간 삶을 지배하는 현실들을 열거하는 것으로 해석하고 있다. 그러나 문맥은 지배 혹은 자유를 말하고 있지 않고 박해를 말하고 있다. 즉 사회 전반적인 상황이 아니라 교회가 처한 특별한 상황이다.

16. 요한계시록 13장과 17장에는 장차 오는 제국이 요한 시대의 제국 즉 로마제국으로 상징되고 있다. 그 제국은 일곱 머리를 가진 짐승을 탄 창녀로 묘사되고 있는데(17:3), 그 짐승은 '일곱 산' 같은 것이다. 로마는 BC 6세기로부터 '일곱 언덕 위의 도시'로 알려져 왔다. G.B. Caird, *The Revelation of St. John the Divine*(New York, Harper, 1966), 216. 그 여인의 정체는 17, 18에 자세히 묘사되고 있다. 그녀는 "땅의 임금들을 다스리는 큰 성"이다. 요한계시록 13장에서 그 짐승의 정체가 좀 더 밝혀지는데, 사탄은 초자연적 악의 권세를 대표하는 두 짐승을 불러 그들에게 자신의 권세와 권위를 준다.(12:9) 첫 번째 짐승 즉 네로와 연관되는 적그리스도가(G.R. Beasley-Murray, "The Revelation," *New Bible Commen-tary*, ed F. Davidson(Grand Rapids, Eerdmans, 1954²), 1184) 국가권력을 손에 넣고 둘째 짐승 즉 사탄적 제사장이 인도하는 경배를 받는다.

17. 여기에서 사용된 stoicheia가 인격적 존재를 나타내는지에 관하여는 학자들 간에 이견이 있다. 참고. Gerhard Delling, "*Stoicheion*," *TDNT* (1971), 7.685

18. Plato의 두 번째 후계자인 Xenocrates는 귀신 세계에 관한 Plato의 사상을 광범위하게 발전시켰으며, 자연계의 요소들 속에 거하는 신적 세력들인 stoichoi에 대해 가르쳤다(Nilsson, *Geschichte der griechischen Religion*, 2.256). 유대변증가들은 요소와 연관되는 신들을 섬기는 이방 종교를 비난하고 있다(Philo, Dec. 53~54; Wisdom of Solomon 13:2).

19. 요한계시록 14장 18절은 "불을 다스리는" 천사에 대해 말하고 있다. G. H. C. MacGregor,

"Principalities and Powers : The Cosmic Background of Paul's Thought," *New Testament Studies* 1(1954), 22는 요한계시록 7:1; 16:5 및 19:17을 인용하고 있다.(MacGregor는 stoicheia를 별들로 해석할 것을 주장하는데, 여기에는 약간의 근거가 있다. 그러나 별들은 천사들이나 신들과도 관계있는 것이다.) *Book of Jubilees*는 불의 천사, 바람의 천사, 구름의 천사, 계절의 천사 및 다른 세력들에 관해 말하고 있다.(2:2)

20. 참고. Reicke, "The Law and This World," 259~262. 갈3:24(Law); 4:2(stoicheia).

21. 참고. Helmut Koester, "Häretiker im Urchristentum," *Religion in Geschichte und Gegenwart*(19593), 3.18~19, Berkhof(Christ and the Powers)은 바울에게 있어 권세를 비인격적 존재들이라고 주장함으로써 이 점을 놓치고 있다. 그의 주장은 천사나 하늘의 권세가 음식 규정과 어떻게 연관되는지 이해할 수 없다는 점을 근거로 하고 있다(59n.6).

22. Patrick Kerans, *Sinful Social Structures*(New York, Paulist, 1974), 74~75. 55~82쪽에서는 개인적 책임이라는 맥락에서 사회 구조의 의미를 훌륭하게 논의하고 있다.

23. Jacques Ellul, *The Political Illusion*(New York, Vintage Books, 1972(1965), 143, 146~148. Hugh Heclo는 "관료적 사회의 꽉 짜인 시골 생활"에 대한 단기간 근무하는 미연방관리의 지도력이 거의 미치지 못한다는 사실을 온건하게 지적하였다. *A Government of Strangers: Executive Politics in Washington*(Washington, D.C., Brookings Institution, 1977, p. 112).

24. Gordon Sherman, "The Business of Business Is To Make a Profit," *Unauthorized Version*(The Divinity School, Harvard University, march 13, 1972),10.

25. Kerans, *Sinful Social Structures*, 59.

26. Roger Mehl, "The Basis of Christian Social Ethics," in *Christian Social Ethics in a Changing World*, ed.J. Bennett(New York, Association, 1966), 45.

27. Reinhold Niebuhr, *Moral Man andn Immoral Society*(New York, Scribner's, 1932),40

28. Jürgen Moltmann, *The Crucified God : The Cross of Christ as the Foundation and Christicism of Christian Theology*(New York, Harper, 1974), 293, 329. 연방정부의 예를 들어, Hugh Heclo는 사람들이 그와 같은 딜레마들을 만들어내는 요인들을 제거하는 데 주저한다는 점을 지적하였다. 민주주의를 지키고자, 우리는 정부권력의 최고 실력자들의 재임 기간을 단축한다. 또한, 막후권력 행사를 피하고자 관료조직을 정치적 통제에서 벗어나도록 만든다(*Government of Strangers*, 109).

29. Günther Baumbach, "Gemeinde und Welt im Johannes-Evangelium," *Kairos* 14(1972), 125.

30. Heinrich Schlier, *Principalities and Powers in the New Testament*(New York, Harper, Quaestiones Disputatae, 1964), 37.

31. Ernst Troeltsch, *The Social Teachings of the Christian Churches*(New York, Harper, 1960), 344, 는 그와 같이 구분하고 있다.

32. John Hinton, *Memoirs of William Knibb*, 45, as quoted by Philip Wright, *Knibb "The Notorious": Slaves' Missionary 1803~1845*(London, Sidgwick, 1973), 24.

33. S. C. Lord의 서부 인도의 노예법에 관한 특별위원회 보고서. Wright, *Knibb*, 31~32에서 인용됨.

34. Leroy Cleveland, "Let's Keep the Law!" *Sword of the Lord* 40, 52(1974), 5.

35. John C. Bennett, *Christian Ethics and Social Policy*(New York, Scribner's, 1946), 67.

36. 요한복음 8장 23절에서 예수께서는 자신이 "이 세상질서에 속하지 않음을" 주장하셨는데,

그것은 그가 이 세상의 가치들을 공유하지 않음을 의미한다. 그러나 그는 "세상 죄를 지시기 위하여" 오셨다.요1:29 세상질서는 그리스도 안에서 심판받는다. "이 세상의 통치자가 쫓겨날 것이다"요12:31 따라서 요한복음 17장에 따르면, 비록 그리스도인들이 세상의 사회질서로부터 벗어날 수는 없지만, 그들은 세상에 속하지 않는다. 그리스도인들의 존재와 그들의 가치관은 세상에 기원을 두고 있지 않다.요17:14,15,18 그리스도는 "마귀의 일을 멸하러" 오셨으며 그리스도를 따르는 제자들도 마귀의 일에 절대로 참여해서는 안 된다.요일3:8

37. Wilder *Kerygma, Eschatology, and Social Ethics*, 24~25; Alan Richardson, *An Introduction to the Theology of the New Testament*(New York, Harper, 1958), 214. 묵시자료를 배경으로 — 여기에서는 타락한 천사들의 패배가 정의와 진리의 승리로 언급되고 있는데 (Nickelsburg, "Apocalyptic and Myth," 391~393) — 권세자들에 대한 그리스도의 승리는 정의를 세우고 압제로부터 해방을 가져오는 하나님의 사역으로 말해지고 있다.

38. Schlier, *Principalities and Powers*, 50~52.

39. 현세 지향적 금욕주의에 관한 막스 베버의 논의를 위해서는, Max Weber, "Religious Rejections of the World and their Directions," in *From Max Weber*, eds. H. Gerth and C.W. Mills(New York, Oxford U. Press, 1946), 232~359; and *The Protestant Ethic and the Spirit of Capitalism*(New York, Scribner's, 1958), 4장을 보라.

40. James Luther Adams, "'The Protestant Ethic' with Fewer Tears," in *The Name of Life*, E. Fromm Festschrift, eds. B. Landis and E. Tauber(New York, Holt, 1971), 178, 185.

41. Troeltsch, *Social Teachings*, 604.

42. R. Tamisier, "La Separation du monde dans l'Ancien et le Nouveau Testament," in *La Separation du monde*(Paris, Cerf, Problemes de la religieuse d'aujourd'hui, 1961), 29.

제2장 하나님의 은혜

1. Karl Barth, *Church Dogmatics* 2, 2(Edinburgh, Clark, 1957), 565.

2. B.M. Styler, "The Basis of Obligation in Paul's Christology and Ethics," in *Christ and Spirit in The New Testament* C.F.D. Moule Festschrift. eds. B. Lindars and S. Smalley(Cambridge, Cambridge U. Press)m 178~179.

3. 참고. Otto Me가, *Handeln aus Glauben: Die Motiverungen der paulinischen Ethik*(Marburg, Elwett, marburger Theologische Studien 5. 1968), 34.

4. Victor Paul Furnish, *Theology and Etics in Paul*(Nashville, Abingdon, 1968), 218.

5. Ernst Kasemann, "Kritische Analyse von Phil. 2,5~11," *Zeitschrift fur Theologie und Kirche* 47(1950). 313~360.

6. Verne H. Fletcher, "The Shape of Old Tesament Ethics," *Scattish Journal of Theology* 24(1971), 52.

7. George E. Mendenhall, *Law and Covenant in Israel and Ancient Near East*(Pittsburgh, Biblical Colloquium, 1955), 31~34.

8. Ed. Hacob. "les bases theologiques de l'ethique de l'ethique de l'Ancien Testament." *Vatus Testamentum Supplements* 7(1960), 43,47.

9. Furnish, *Theology and Ethics*, 195~196,213.

10. Paul L. Lehmann, "The Foundation and Pattern of Christan Behavior," in Christian Faith and Social Action, de. J. Hutchison(New York, Scribner's 1953), 100, 107; cf. James M. Gustafson, *Christ and the Moral Life*(New York, Harper, 1968), 26.

11. Fletcher, "Shape of Old Testament Ethics," 52.

12. Wolfgang Schweitzer, "Glaube und Ethos im Neuen und Alten Testament," *Zeitschrift fur Evangelische ethik* 5(1961), 130~131.

13. Furnish, *Theology and Eihics*, 226.

14. Amos N. Wilder, "The Basis of Christan Ethics in The New Testament," Journal of *Journal of Religious Thought* 15(1958),142.

15. John Wesley, "Justification by Faith," in *John Wesley*, ed A, Outler(New York, Oxford U. Press, 1964), 201("what God does for us"; "what he works in us"); and Reinhold Niebuhr, *The Nature and Destiny of Man*, vol. 2: *Human Destiny*(New York, Scribner's 1964), 104~105 (grace as "God's power over man" and "God's power in man").

16. Karl Holl, *Tbe Distinctive Elements in Christianity*(Edinburgh, Clark, 1937), 22.

17. C. G. Montefiore, *The Synoptic Gospels*(London, Macmillen, 1909), 2. 901, 903.

18. King James Version에 따르면 이와 같은 윤리적 주장은 어렵게 된다. "우리가 '그를' 사랑한다." 그러나 역본상 차이는 다음과 같은 이유들로 이차적인 것이 된다. 첫째, 그것이 첨가되어진 방법을 설명하는 것이 더 쉽다. 왜냐하면 것이 전체적인 내용을 조화시키고, 더 경건하며 또한 20절의 사랑하는 하나님에 대한 언급에 의해 영향을 받을 것일 수 있기 때문이다. 둘째, 그것을 지지하는 맛소라사본이 신빙성이 적다.

19. Barth, *Church Dogmatics* 2, 2.576.

20. Styler, "Basis of Obligation," 184, 186~187.

21. Holl, *Distinctive Elements in Christianity*, 17~23.

22. Barth, *Church Dogmatics* 2, 2.579.

23. Liem Khiem Yank, "Enacting the Acts of God : One Important As. pect of the Life and Proclamation of Jesus and paul," *South East Asia Journal of Theology* 14,2(1973), 26.

24. 참고. Norman N. Snaith, *The Distinctive Ideas of the Old Testament* (Philadelphia, Westminster, 1946), 136.

25. 참고. 출22, 21; 23:9; 레19:33; 신10:18~19; 15:14~15.

26. Moltmann, *Crucified God*, 317.

27. Richard J. Mouw, *Political Evangelism*(Grand Rapids, Eerdmans, 1973), 91.

28. Merk, *Handeln aus Glauben*, 232, 고린도후서 8~9장에는 charis가 10회 서용되었다.

29. Stephen Charles Mott. "The Greek Benefactor and Deliverance from Moral Distress" (unpub. ph.D. diss, Harvard University, 1971). 102~109.

30. Merk, *Handeln aus Glauben*, 155: cf. Dieter Georgi, *die Geschichte der Kollekle des Paulus für Jerusalem*(Hamburg, Reich, Theologische Forschung 38, 1965), 78.

31. James Moffatt, *Grace in the New Testament*(New York, Long & Smith, 1932), 230.

32. Georgi, *Die Geschichte der Kollekte*, 60.

33. 참고. Georgi, *Die Geschichte der Kollekte*, 60~61.

34. Jonathan Edwards, "Christian Charity," in *Works of President Edwards*(New York, Franklin, Research and Source Work 27, 1968[1817], 5.403.

35. 참고. Schnackenburgm, Johannesbriefe, 118. Schnackenburg는 말하기를, 형제는 유대교 내의 특별한 집단을서의 동료를 형제로 불렀다.

36. J.Ramsey Michaels는 주장하기를, 그 본문이 이와 같은 방식으로 해석되어 진다면, 초대교회의 다른 사본들과 병행을 이루는 내용들이 몇가지 있다고 하였다. "Apostoic Hardships and Righteous Gentiles : A Study of Matthew 25:31~46." *Journal of Biblical Literature* 84(1965), 27~37, Michaels는 이러한 주석에 따른다고 할지라도 본문은, 삶의 방식과 관련하여, 사회를 향한 메시지를 담고 있다고 하였다. Michaels는 예수께서 그의 제자들이 처하게 될 상황을 잘 알고 계셨다고 지적하면서, "말씀을 선포하고 가르침으로써 사도의 사역을 감당하는 자들은, 이 세상과 교회 안에 있는 가난, 질병 및 고난을 자신들의 문제로 여김으로써 예수께서 보이신 모범을 따르는 것이 반드시 필요하다"고 하였다(p.36).
    "가난한 자를 불쌍히 여기는 것은 여호와 꾸이는 것이다"는 잠언 19:17의 말씀은 전통적으로 예수를 압제받는 자의 대표적이 모습으로 해석해온 것과 일맥 상통하는 것이다. 더 나아가 가난한 자들에 대한 의무의 근거가 연약한 자들에게 정의를 베풀어야 한다는 원리가 아닌가? 따라서 이 부분은 정의에 관한 구약의 요구가 보편적 성격을 띠고 있는 것임을 보여준다.

37. Schnackenburg, Johannesbriefe, 120.). Schnackenborg는 요한일서 4:20의 "보는 바(눈에 보이는) 형제 자매"에 대한 사랑, 즉 인간의 모습을 한 모든 사람을 대상으로 한 사랑과 21절의 예수의 두 가지 사랑의 명령을 보편적 사랑에 대한 명령으로 보고 있다.

38. Furnish, *Theology and Ethics*, 204.

39. David Nehring, "Biblical Resources for a Thology of Poverty," *Christian Community Action Newsletter* 8,6(New Haven, Conn, August 1976), 9.

40. Walter Zimmerli, "*Charis*; B. old Testament," *TDNT*(1974), 9.386.

제3장 하나님의 사랑

1. Stunley Hauerwas, "Love's Not All You Need," *Cross Currents* 22(1972), 227~228.

2. Victor Paul Furnish, *The Love Command in the New Testament* (Nashville, Abingdon, 1972), 92.

3. Ibid., 157~158. Troeltsch는 "그들이 행하는 일은 인간에 의해 되어지는 것이 아니라 하나님에 의해 되는 것"이기 때문에, 적극적인 사랑을 베푼다고 하여 그 사랑을 베푸는 자의 입장에서 우월하게 느낄 이유는 전혀 없는 것이다(*Social Teachings*, 77).

4. John Wesley, "Lay Established through Faith," in *Wesley's Standard Semons*, ed. E. Sugden(London, Epworth, 1956), 2.81.

5. Albert Rasmussen, *Christian Social Ethics*(Englewood Cliffs, N. J., Prentice-Hall, 1956), 164.

6. Gene Outka, *Agape, An Ethical Analysis*(New Haven, Yale U. Press, Yale Publications in Religion 17, 1972), 126~127.

7. Leander E. Keck, "Justification of the Ungodly and Ethics," in *Rechtfertigung*, E. Kasemann Festschrift, ed. J. Friedrich *et al.*(Tübingen, Mohr, 1976), 202.

8. Rudolf Bultmann, *The Gospal of John: A Commentary*(Philadephia, Westminster, 1971), 475~476, 525~526; Bultmann, Theology of the New Testament(New York, Scribner's 1955)

2.81~82; Furnish, Love Command, 138; C.H. Dodd, *Gospel and Law. The Relation of Faith and Ehtics in Early Christianity*(New York, Columbia U. Press, 1951), 71: "인간의 행동은 그 근거가 되는 하나님의 행위의 내용과 방향을 똑같이 보여야 하는 의무를 갖고 있다."

9. Outka, *Agape*, 44.

10. 그리스도의 사랑은 "자신을 뒤집어엎는 것"이다. Paul Ramsey, *Basic Christian Ethics*(New York, Scribner's, 1950), 243.

11. Outka 교수는 그이 연구에서 자기 희생을 가장 숭고한 형태의 사랑으로 보는 데 대해 이의를 제기하고 있다(*Agape*, 274~279). 그럼에도 불구하고, 가장 숭고한 사랑의 모범은 예수 그리스도의 자기 희생적 죽음이다. 누가복음에서, 다른 뺨을 돌려대며 또한 속옷까지 주라고 하신 말씀들이눅6:29,30 원수를 사랑하라는 말씀눅6:27~36의 한가운데 기록되어 있다는 사실은, 그 말씀들이 사랑을 말하는 것으로 이해되어야 할 것을 보여준다. 속옷 이외에 다른 재산이라고는 전혀 없는 극심하게 가난한 사람이 재판에 회부된 경우에는 그의 속옷도 계산에 들어간다고 하였는데Robert C. Tannehill 이것은 위에 언급된 행위들의 희생적 특성을 강조해준다. "The 'Focal Instance' as a Form of New Testament Speech : A Study of Matthew 5:29b~42," *Jaurnal of Religion* 50(1970), 378~379. 그러나 무저항을 말하는 이 구절들에서 사랑이 원리로 제시되고 있다고 보는 것은, 동시에 자기 희생은 다른 사람들의 복지를 위한 것이어야지 희생을 위한 희생이 되어서는 안 된다는 Outka 교수의견해를 지지해준다. 따라서 우리는 사랑의 본질을 다른 사람들의 유익을 위한 자기 희생으로 말할 수 있을 것이다.

12. Ramsey, *Basic Christian Ethics*, 340.

13. Furnish, *Love Command*, 51, 그는 요한이서 10장과 11장을 문안인사의 중요성을 보여주는 예로 인용하고 있다.

14. Outka, *Agape*, 130~132. Outka는 Donaald Evans의 구분 ─ 판결적인 것 및 위임적인 것 ─ 을 따르고 있다. *The Logic of Self-Involvement* (London, SCM, 1963). Outka는 이러한 구분을 이웃에 대한 관점(수납자 평가)과 사랑하는 자에 의한 선언으로 말하기도 한다. Evans는 이 두가지 특징 모두 예수 그리스도의 죽음은 모든 사람을 포함하는 것이라고 주장하였다. 모든 사람이 그리스도의 사랑을 받았다고 생각함으로써, 나 역시 그와 동일한 방법으로 생각하고 행동할 것을 결심하게 된다. (Evans, *Logic of Self-Inolvvement*, 129, 136~137).

15. W. C. Van Unnik, "Die Motivierung der Feindeslibe in Lukas VI 32~35," *Novum Testamentum* 8(1966), 297~298: cf. James Moffatt, *Love in the New Testament*(London, Hodder and Stoughton, 1929), 202.

16. Furnish, *Love Command*, 60, 202.

17. Thomas J. Mullen, *The Renewal of the Ministry*(New York, Abingdon, 1963), 72.

18. Furnish, *Love Command*, 38~42.

19. Outka, *Agape*, 13. 161.

20. 참고. Jacob, "Bases théologiques de l'éthique," 47~51, 잠14:31; 17:5; 22:2; 29:13 참조.

21. Outka, *Agape*, 157.

22. 이러한 설명은 필자의 Gordon-Conwell 신학교 동료 교수인 Roger R. Nicole에 의해 제시된 것이었다. Troeltsch는 칼빈주의에 대해 다음과 같이 언급하였다. "적어도 자신의 동료와의 관계에 있어, 선택받은 자와 버림받은 자를 외형적으로 구분짓기란 불가능하다. 모든 사람이 선택된 자로 여겨져야 하며 또한 선택된 자에 속하는 것으로 말해져야 한다"(Troeltsch,

Social Teachings, 698).

23. John Wesley, "On Pleasing All Men," *Works of John Wesley*, ed, T. Jackson(Grand Rapids, Mich,. Zondervan, 1872), 7.145~146.

24. Furnish, *Love Command*, 33~34, cf. 205.

25. 참고. Karl Rahner, "The 'Commandment' of Love in Relation to the Other Commandments," in Rahner, *Theological Investgations* (Baltimore, Helicon, 1966), 5.440~443.

26. Peter A. Bertocci, "Does the Concept of Christian Love add Anything to Moral Philosophy?" *Journal of Religion* 38(1958) 6, 8.

27. Hauerwas, "Love's Not All You Need," 236.

28. Outka, *Agape*, 12.

29. Sören Kierkegaard, *Works of Love*(New York, (New York, Harper, 1963), Outka, *Agape*, 159에 인용됨.

30. Furnish, *Love Command*, 178.

31. James H. Cone, *God of the Oppressed*(New York, Seabury, 1975), ch. 2. p.33

32. Austin Farrer, "Examination of Theological Belief," in *Faith and Logic*, ed. B. Mitchell(London, Allen and Unwin, 1958), 23, quoted in Outka, *Agape*, 161.

33. Noman W. Porteous, "The Care of the Poor in the Old Testament," in Porteous, *Living the Mystery*(Oxford, Blackwell, 1967), 146.

34. 참고. Bernard Williams, "The Idea of Equality," in *Philosophy, Politics, and Society*, 2nd ser., P. Laslett and W.G. Runciman(Oxford, Blackwell, 1962), 112, 114; Stanley I. Benn, "Egalitarianism and the Equal Considerstion of Interests," in *Equality*, eds. J.R. Pennock and J. Chapman(New York, Atherton, 1967), 71.

35. Che Guevara, in *Che: Selected Works of Ernesto Guevara*, eds R.Bonachea and N. Valdes(Cambridge, Mass, MIT, 1969), 426.

36. William Ernest Hocking, *Man and the State*(Hamden, Conn., Archon, 1968[1954]), 13.

37. Juan Luis Segundo, *A Theology for Artisans of a New Humanity*. vol. 5: *Evolution and Guilt*(New York, Orbis, 1974), 39~40.

38. Ramsey, *Basic Christian Ethics*, 247.

39. 참고, Hayim Simha Nahmani, *Human Rights in the Old Testament*(Tel Aviv, Chachik, 1964), 30~31, 53, 65, 71, 78.

40. Ramsey, *Basic Christian Ethics*, 243, 347.

41. 사랑을베푸는 문제에 있어서 특별히 고려되어야 하는 상황들이 있음에 대한 Outka교수의 유용한 제안들은, 필자의 견해로는 정의의 사역에 가까운 것 같다.(*Agape*, 268~274).

42. Daniel Day Williams, *The Spirit and Forms of Love*(New York, Harper, 1968), 250.

43. Eduard Heimann, *Reason and Faith in Modern Society*(Middletown, conn., Wesleyan U. Press, 1961), 293.

44. Troeltsch, *Social Teachings*, 64.

45. Carl Oglesby, "Democracy Is Nothing If It Is Not Dangerous," quoted form undated reprint form *The Peacemaker*, in Arthur G. Gish, *The New Left and Christian Radicalism*(Grand Rapids, Mich., Eerdmans, 1970), 32.

46. Emil Brunner, *Justice and the Social Order*(Lodon, Lutterworth, 1945), 117.

47. Rahner, " 'Commandment' of Love," 451.

48. Dodd, *Gospel and Law*, 76.

49. Saul. D. Alinsky, *Reveille for Radicals*(New York, Vintage Books, 1969²), x.

50. Reinhold Niebuhr, *Moral Man and Immoral Society*(New York, Scribner's 1932), 248.

51. Ramsey, *Basic Christian Ethics*, 241~242.

52. William Booth, In *Darkest England and the Way Out*(London, International Headquarters of the Salvation Army, n.d.), 36.

53. R.W.Funk, "Structure in the Narrative Parables of Jesus," *Semeia* 2(1974), 51~73. Roger Ruston은 말하기를 예수께서는 능력 혹은 공적이라는 차원에서 이해된 정의를 거절하셨으며 공동체의 창조 및 보존으로서의 정의를 가르치셨다고 했다. "A Christian View of Justice," *New Blackfriars* 59(1978), 344~358.

54. Keck, "Justification of the Ungodly," 199~200, 207.

55. Furnish, *Love Command*, 44~45.

56. Stephen Charles Mott, "The Power of Giving and Receiving: Reciprocity in Hellenistic Benevolence," in *Current Issues in Biblical and Patristic Interpretation*, M. Tenney Festschrift, ed G. Hawthorne(Grand Rapids, Mich., 1975), 60~72.

57. Dietrich Oppen, *The Age of the Person: Society in the Twentieth Century*(Philadelphia, Fortress, 1969), 13, 16.

58. John R.W. Stott, "The Biblical Basis of Evangelism," in *Let the Wold Hear His Voice, ed. J.D. Douglas*(Minneapolis, World Wide, 1975), 68.

59. Troeltsch, *Social Teachings*, 112.

60. Eric S. Fife and Arthur F. Glasser, *Missions in Crisis, Rethinking Missionary Strategy*(Chicago, Inter-Varsity, 1961), 36~37.

제4장 하나님의 정의

1. Snaith, *Distinctive Ideas of the Old Testanent*, 69.

2. E.g., Carl F. H. Henry, *Aspects of Christian Social Ehtics*(Grand Rapids, Eerdmans, 1964), 146~171.

3. Reinhold Niebuhr, *Christian Realism and Political Problems*(New York, Scribner's 1953), 167.

4. 참고. H.Cazelles, "A propos de quelques textes difficiles relatifs à la Justice de Dieu dans l' Ancien Testament," *Revue Biblique* 58(1951), 185~188.

5. Wallace I. wolverton. "The King's 'Justice' in Pre-Exilic Israel," *Anglican Theological Review* 41(1959), 286, cf. José Porfirio Miranda, *Marx and the Bible: A Critique of the Philosophy of Opperssion*(Maryknoll, N.Y., Orbis, 1974), 109~160.

6. 참고. H. Cazelles, "A propos de quelques textes," 168~188. 이 논문에서, Cazelles는 체다카가 처벌적인 뜻으로 사용된 것으로 여겨지는 논문을 검토하고 그와 같은 해석을 반박하였다. 그러나 미스파트 및 이와 관련된 용어들은 하나님의 진노와 연결된 사법적 절차를 묘사하는

것으로 보았다(예를 들어 렘25:31; 겔39:21).

7. 약한 자들은 정죄되었다.(율법의 행위로 그의 앞에 의롭다 하심을 얻을 육체가 없나니, 롬 3:20 참조).

8. Ernst Käsemann, "God's Righteousness in Paul," *Journal for Theology and the Church* 1(1965). 100, 103; Peter Stuhlmacher, *Gerechtigkeit Gottes bei Paulus*(Göttingen, Vandenhoeck, Forschungen zur Religion und Literatur des Alten and Neuen Testamentes 87, 1966²), 78, 83; Karl Kertelege, *"Rechtfertigung" bei Paulus. Studien zur Struktur und zum Bedeutungsgehalt des Paulinischen Rechtfertigungsbegriffs*(Münster, Aschendorff, Neutestamentliche Abhandlunger, n.s. 3, 1967), 107~108; Marcus Barth, "Jews and Gentiles: The Social Character of Justification in Paul," *Journal of Ecumenical Studies* 5(1968), 259.

9. Stuhlmacher, *Gerechtigkeit Gottes*, 80. 롬1:17~18에 나타난 대조를 참조하라. 구속 사역을 하나님의 정의를 만족시킨 것으로 보는 구원론과 종말론적 이해 — Carl Henry는 종말론적 미래를 정의에 관한 자신의 견해와 연결시키고 있다(*Aspects of Christian Sacial Ethics*, 169) — 에 있어서의 '심판' 이라는 요소는 '의' 라는 용어 이외의 다른 용어로다 표현될 수 있을 것이다. 이 용어의 예로는 롬8:33을 참조하라: "의롭다 하신 이는 하나님이시니 누가 정죄하리요?"

10. Walter Zimmeri, "Charis: B. Old Testament," *Theological Dictionary of the New Testament*(1974), 9:378, 380, 386. 하나님의 은혜는 특별히 가난한 자들에게 베풀어진다.(잠3:34)

11. 참고. Zimmerli, "*Charis*," 381~386.

12. 참고. C. van Leeuwen, *Le développement du sens social en Israël avant l'ère chrétienne*(Assen, Van Gorcum, Semitica Neerlandica q, 1955), 184. Van Leeuwen은 체다카가 "각 사람에게"라는 그리스 로마적 개념보다는 사랑과 밀접한 것임을 주장하였다. 후에 '자비의 행위' 가 '의' 와 동일한 내용으로 대신 사용되었다.

13. Paul Ramsey의 정의관을 묘사하기 위한 Charles E. Curran의 용어들, *Politics, Medicine, and Christian Ethristian Ethics*(Philadelphia, Fortress, 1973), 19.

14. 공적에 따른 정의를 주장하는 것으로는, Roger Hancock, "Meritorian and Equalitarian Justice," *Ethics* 80(1970), 166. 참조. 그는 '동등한 공적' 이라는 전제에 의문을 제기한다. 자명한 원리들 혹은 인간 본성론에 의지하지 않고, 민주적 평등의 근거를 제시하려고 한 John Rawls조차도 기독교적 사랑과 가까운 상황으로부터 정의를 발전시키고 있다. 그가 설정한 가상적 상황에서, 대표적인 사람들이 정의의 시안을 작성하지만 그들은 최종적인 사회에서 구성원들의 몫이 어느 정도일지는 전혀 모른다. 그 결과 사람들은 다른 사람들의 입장에 서서 자신들의 요구를 생각해야 한다. 즉 다른 사람의 형편을 고려하여야 하기 때문에 자신에게 지우지는 권리의 제한을 감수하게 된다.(*A Theory of Justice* [Cambridge, Havard U. Press, 1971])

15. Ramsey, Basic Christian Ethics, 13~14.

16. '필요에 따른 분배' 로서의 정의가 '견고한 공동체' 로서의 사회와 관련이 있는 것처럼 정의의 개념은 특정한 사회의 존재양식에 따라 선정된다는 David Miller의 주장 참조("The Ideological Backgrounds to Conceptions of Social Justice," *Political Studies* 22[1974], 387~399).

17. G. Ch. Macholz, "Noch Eeinmal:Planungen für den Wiederaufbau der Katastrophe von

587," *Vetus Testamentum* 19(1969), 325~327. Elie Munk states that "the point of departure of the system of social economy of Judaism is the equal division of the land amog all its inhabitants," Elie Munk는 말하기를 "유대교의 사회 경제제도의 출발점은 모두 거주자에게 땅을 공정하게 분배하는 것이다"고 하였다. *La justice sociale en Israël*(Boudry, Neuchatel[Switzerlad]), Baconniére, Israel ët le monde 3, 1948), 75.

18 Albrecht Alt, "Micha 2, 1~5 GEs ANADASMOS in Juda," in *Kleine Schriften zur Geschichte des Volkes Israel*, vol, 3(Munich, Beck, 1959), 374.

19. W.T. Blackstone, "On the Meaning and Justification of Equality Principle," *Ethics* 77(1967), 240, 243.

20. Gregory Vlastos, "Justice and Equality," in *Social Justice*, ed R. Brandt (Englewood Cliffs, N. J., Prentice-Hall, 1962), 40~41.

21. Stanley I. Benn, "Egalitarianism and the Equal Consideration of Interests," in *Equality*, eds. J. R. Pennock and J. Chapman(New York, Atherton, 1967), 61~62, 74; cf. Snaith, *Distinctive Ideas of the Old Testament*, 70.

22. E.g., Heinz-Horst Schrey et al., *The Bibical Doctrine of Justice and Law*(London, SCM, 1955), 51~52, 57, 141; John R. Donahue, "Bibical Perpectives on Justice," in *The Faith that Does Justice*, ed. J. Haughey(New York, Paulist, 1977), 68~112.

23. Bruce Vawter, "A Tale of Two Cities: The Old Testament and the Issue of Personal Freedom," *Jounal of Ecumenical Studies* 15(1978). 261~273; and Wolff, *Anthropology of the Old Testament*, 194~205; also *Interpretation* 27(1973), 259~272. Wolff는 이러한 이상에 반대되는 상황들에 대한 관용을 말하면서도 노예제도 문제를 근본적으로 다시 생각하도록 만들었던 노예제도 비판의 확산을 언급하고 있다.

24. Ludwig Koehler, *Hebrew Man*(London, SCM, 1956), 153, 155; cf, Rovert Gordis, "Primitive Democracy in Ancient Israel," in *Gordis, Poets, Prophets and Sages*(Bloomington, Indiana U. Press, 1971), 45~60, 이것은 마을 수준이 아닌 민족적 차원 혹은 종족적 차원에서의 대표 의회가 있었음을 보여주고 있다. 이러한 권리는 실제로 있었다. 그러나 우리가 살펴본 본문에서는 다른 권리들과 같이 명령으로 주어지지는 않았다.

25. 참고. Herbert Spiegelberg, "A Defense of Human Equality," *Philosophical Review* 53(1944), 113~114; Rawls, *Theory of Justice*, 100.

26. Snaith, *Distinctive Ideas of Old Testament*, 70. 하나님의 정의는 보통 인간의 정의를 수단으로 실현되었다. 그러나 인간의 제도가 이러한 목적을 이루지 못할 때 하나님께서 직접 개입하신다.[사59:12~16]

27. D. Daiches Raphael, "Justice and Liberty," *Proceedings of the Aristotelian Society* 51(1950/51), 188~189.

28. 그 율법으로는 신19:14를 참조하라. 여기에서 이웃의 경계표를 이동하지(제거하지) 말라는 명령은, 그것이 하나님께서 분배하신 땅(기업)에 세워진 것이라는 사실과 함께 언급되고 있다. 최초의 분배가 존중되어야 한다. 지혜문학으로는 잠23:10~11을 참조하라. 구속자시며 수호자 되시는 여호와께서 그 구속하신 자의 권리를 보호하시기 위하여 외로운 자식의 밭으로 들어가신다(잠15:25 참조. 신19장에서처럼 정의는 땅의 소유와 관련이 있다. Walter Zimmerli, *The Old Testament and World* (Atlanta, Knox, 1976), 95.

29. 참고. Walter Rauschenbusch, *Righteousness of the Kingdom*(New York, Abingdon, 1968),

228.

30. Walter Zimmerli, "Planungen Für den Wiederaufbau nach der Katastrophe von 587," *Vetus Testamentum* 18(1968), 246.

31. Macholz, "Noch Einmal," 330, 336, 338, 341.

32. Alt, "Micha 2, 1~5," 377~378, 379~381.

33. Raphael. "Justice and Liberty," 170. 193.

34. 참고. Blackstone, "On the Meaning and Justification of the Equality Principle," 242.

35. Vlastos, "Justice and Equality," 35.

36. Oukta는 제안하기를, 정의에 관한 모든 개념들 가운데 agape와 가장 가까운 것은 "각 사람의 필요에 따라"(Agape, 91)이다. 우리는 장애자 및 힘없는 자들에게 사랑이 우선적으로 베풀어져햐 하는 편파성을 이미 살펴보았다.

37. Snaith, *Distinctive Ideas of the Old Testament*, 68.

38. 참고, Rawls, *Theory of Justice*, 91.

39. Miller, "Ideological Backgrounds," 389.

40. 참고. Rawls, *Theory of Justice*, 15.

41. H. McKeating, "Justrice and Truth in Israel's Legal Practice. An Inquiry," *Church Quarterly* 3(1970), 55.

42. Robert Davidson, "Some Aspects of the Old Testament Contribution to the Pattern of Christian Ethics," *Scottish Journal of Theology* 12(1959), 379.

43. Zeev W. Falk, "Two Symbols of Justice," *Vetus Testamentum* 10(1960), 72~73. 왕이 마을로부터 점점 더 멀어질수록, 그의 권한은 방백과 장로들에게 위임되었다.(Wolverton, "The King's 'Justice,'" 281~282.)

44. Koehler, *Hebrew Man*, 153, 155, Cf. "Justice in the Gate," pp. 149~175.

45. 참고. 마12:7; 19:16~22 병행구.

46. Otto Bird, *The Idea of Justice*(New York, Praeger, 1967), 168, 171.

47. Snaith, *Distinctive Ideas of the Old Testament*, 73.

48. 참고. Rawls, *Theory of Justice*, 4, 62, 259.

49. Ibid., 3; cf. 7, 54~55, 58.

50. Ibid., 259.

51. Koehler, *Hebrew Man*, 157.

제5장 하나님의 통치

1. Bousset, *Religion des Judentums*, 314.

2. Herman Ridderbos, *The Coming of the Kingdom*(Philadelphia, Presby terian and Reformed, 1962), 3~4.

3. Ibid., 13.

4. Rudolf Schnackenburg, *God's Rule and Kingdom*(Freiburg, Herder, 1963), 12~13

5. Ibid., 18.

6. Amos Niven Wilder, *Eschatology and Ethics in the Teaching of Jesus*(New York, Harper,

1939), 27.

7. Ridderbos, *Coming of the Kingdom*, 5.

8. Wolverton은 이와 관련하여 다음과 같은 예를 제시하고 있다. 즉 사5:16; 28:17; 30:18; 32:16; 33:22("The King's Justice," 285).

9. Schnackenburg, *God's Rule and Kingdom*, 41.

10. Klaus Koch, *The Rediscovery of Aapocalyptic*(London, SCM, Studies in Biblical Theology 22. 2d ser., 1972), 131.

11. C. Rene Padilla, "The Kingdom of God and the Church," *Theological Fraternity Bulletin*, nos 1 and 2(1976), 1.

12. Günter Bornkamm, *Jesus of Nazareth*(New York, Harper, 1960³), 92.

13. Wilder, *Eschatology and Ethics*, 19, 153f.

14. 참고. Ibid., 47, 197.

15. 참고. Ridderbos, *Coming of the Kingdom*, 521.

16. Ibid., 55.

17. 이 구절에 대해서는 다른 해석들도 있다. "하나님의 통치(나라)는 너희 안에 있다"는 말씀을 순전히 영적 실재로 해석하는 것은, 예수의 말씀을 듣는 자들이 바리새인들이었다는 사실과 '안에'를 나타내는 용어로 en대신 entos가 사용되었다는 사실에 의해 어려움을 겪고 있다. entos의 목적어가 복수일 때, 이것은 '가운데'(among)를 의미한다. 이와는 달리 예수께서는 미래에 속한 것을 언급하신 것으로 해석하는 것은 좀더 설득력이 있다. 그러나 이것이 하나님의 통치가 예측되는 것이 아니라 갑자기 임할 것임을 의미하는 것이라 할 때, 이 구절 안에는 '돌연성'을 암시하는 내용이 전혀 들어 있지 않다. Cf. Werner Georg Kümmel, *Prmise and Fulfillment: The Eschatological Message of Jesus*(Naperville, Allenson, Studies in Bibical Theology 23, 1957), 32~36. 만일 하나님의 통치가 이미 종교적, 윤리적 및 사회적 질재로 임재하여 있음을 의미한다며, 그것은 하나님의 통치가 역사안에 들어왔음을 전제로 하는 것이다. 관찰할 수 없는 하나님의 통치가 임하는 가장 적절한 시기는, 그리스도의 사역과 함께 오는 것이다.

18. 참고. Wilder, *Eschatology and Ethics*, 192.

19. Ibid., 196.

20. H. Richard Niebuhr, *The Kingdom of God in America*(New York, Harper, Torchbooks, 1959), 26.

21. Ibid., 131, cf. 26~28.

22. Schnackenburg. *God's Rule and Kingdom*, 266.

23. Karl Mannheim, *Ideology Utopia*(New York, Harcourtbooks, 1936), 104.

24. Walter Rauschenbusch, *Christianity and Social Crisis*(Boston, Pilgrim, 1907), 346.

25. 예수께서 기적을 일으키신 근본적인 동기는 민망히 여기시는 마음이었다. 마14:14; 막1:41(이 구절은 문제가 되는 구절이다)/막15:32/마9:36(9:35; 10:1 참조); 20:34; 막5:19; 눅7:13. 청원에 대한 동정으로 베푼 기적은 다음과 같다. 마9:27; 15:22; 17:5/ 마20:30~31; 막9:22/ 막10:47~48/ 눅17:13; 18:38~39.

26. Augustine, *Of the Morals of the Catholic Church*, ch. 27, in *Christian Social Teachings*, ed. G. Forell(New York, Doubleday, Anchor Books, 1966), 78.

27. Booth, *In Ddrkest England*, 221(italics mine).

28. 참고. Bornkamm, *Jesus of Nazareth*, 67~68; Schnackenburg, *God's Rule and Kingdom*, 124~126.

29. Moltmann, *Crucified God*, 24.

30. 참고, RénéPadilla, "Evangelism and the World," in *Let the Earth Heat His Voice*, ed. J. D. Douglas(Minneapolis, World Wide, 975), 122.

31. 참고. Schnackenburg, *God's Rule and Kingdom*, 297.

32. Paul Tillich, "The Kingdom of God and history," in *Church, Community and State*, vol. 3: *The Kingdom of God and History*, by H. G. Wood *et al.* (London, Allen & Unwin, 1938), 115, 124~131.

33. 참고. Tillich, "Kingdom of God and History," 119, 132~135.

34. 참고. Schnackenburg, *God's Rule and Kingdom*, 333.

35. 이 구절에서 '~안으로' 라는 전치사의 의미에 대해 학자들 간에 차이가 있다. 필자는 Bauer 의 해것을 따라, 그것이 협력 사역이 있게 되는 영역을 의미한다고 본다(*Lexicon*, 787). Schnackenburg는 그것이 목표를 의미한다고 본다. 즉 하나님의 통치를 '향하여' (*God's Rule and Kingdom*, 288; cf. RSV; for). 고후8:23 및 살전3:2의 병행구들은 Bauer의 견해를 지지하는 것처럼 보인다.

36. Arthur Rich, "Did Radikalitat des Reiches Gottes." *Zeituende* 43(1972). 254.

37. Sasse, "*Kosmos*," 88.

38. Bauer, *Lexicon*[5], 546.

39. Sasse, "*Kosmos*," 885.

40. N. H. Cassem, "A Grammatical and Contextual Inventory of the Use of kosmos in the Johannine Corpus with Some Implications for a Johannine Cosmic Theology," *New Testanent Studies* 19(1972), 84~85.

41. Fdward Schillebeeckx, "Foi chretienne et attente terrestre," in *L'Eglise dans le monde de ce temps*, 151~158, as cited by Gustavo Gutiérrez, *A Theology of Liveration*(Maryknoll, N.Y., Orbis, 1973), 284.

42. Niebuhr, *The Kingdom of God in America*, 10, 23, 28.

43. John Calvin, *Institutes of the Christian Religion*(Grand Rapids, Mich, Eerdmans, 1975), 4.20.2(vol 2, p. 652).

44. Niebuhr, *The Kingdom of God in America*, 40.

45. John Saltmarsh, *Smoke in the Temple*(1646), in *Puritanism and Liberty*, ed. A. S. P. Woodhouse(Chicago, U. of Chicago Press, 1951), 184~185.

46. Hedda Hartl, "Die Aktualität des Gottesreiches nach Lk. 17, 20f" *in Biblische Randbemerkungen*, R. Schnackenburg Festschrift, eds. H. Merklein and J. Lange([Würzburg], Echter, 1974[2]), 30.

47. 참고. John G. Gibbs, *Creation and Redempiton: A Study in Pauline Theology*(Leiden, Brill, Novum Testamentum Supplements[26], 1971), 76.

48. Gibbs, *Creation and Redemption*, 37, 40.

49. Rich, "Radikalität des Reiches Gottes," 254.

50. Padilla, "Evangelism and the world," 145.

51. Hans Heinrich Schmid, "Rechtfertigung als Schöpfungsgeschen. Notizen zur alttesta-

mentlichen Vorgeschichte eines neutestamentlichen Themas," in *Rechtefertigung*, E. Käsemann Festschrift, ed. J. Friedrich *et al.* (Tübingen, Mohr, 1976), 405.

52. Frank Moore Cross, *Canaanite Myth and Hebrew Epic Essays in the History of the Religion of Israel*(Cambirdge, Harvard U. Press, 1973), 135~137.

53. cf. also Isa. 40.20; 43.7; Gutoerrez, *Theology of Liberation*, 155. 그러나 창조와 구속의 연합은 그다지 흔히 있는 것이 아니다. 인용된 많은 본문들이 창조에 나타난 하나님의 권능을, 실제로 두 사역의 연합으로보다는 구원을 이루기 위한 하나님의 충만함으로 찬양하고 있는 것처럼 보인다.

54. Ibid., 159~160, 169.

55. T. W. Manson, *The servant Messiah. A Study of the Public Ministry of Jesus*(Cambridge, Cambridge U. Press, 1953), 98.

56. Wolfgang Schweitzer, "Das Reich des Gekreunzigten in exegetischer und sozialethischer Sicht," *Zeitschrift für Evangelische Ethik* 20(1976), 188.

57. Schnackenburg, *God's Rule and Kingdom*, 315.

58. Rauschenbusch, *Righteousness of the Kingdom*, 87, cf. 86, 88m 10.

59. Bernard Zylstra, "The Bible, Justice and the State," *International Reformed Bulletin* 16,55(fall 1973), 3.

60. Washington Gladden, *Social Salvation*, in *Christian Social Teachings*, de. Forell, 362.

61. James M. Gustafson, "Christian Conviction and Chirstian Action," in Gustafson, *The Church as Moral Decision-Maker*(Philadelphia Pilgrim, 1970), 102.

62. 어떤 독자들은 이를 신약 본문들 몇 군데에서는 dikaiosyne가, 정의를 의미할 때와 같이 구체적으로가 아닌 인간 상호관계에서 전적인 의무를 나타내는 것이라고 반박할 수 있다. 그러나 이러한 반박이 설득력있다손 치더라도, 정의는 가장 핵심적인 내용이 된다.

63. 마13:44에서 천국을 발견한 자의 기쁨은 그가 얻으려고 수고하지도 않았던 보물을 얻을 것으로 설명되고 있다. J. Duncan Derrett, *Law in the new Testament*(London, Datton, 1970). 14~15; cf. Philo, Quod Deus 91~92.

64. Schnackenburg, *God's Rule and Kingdom*, 194, dv. 251~254.

65. Edusrd Schweizer, "Versöhnung des Alls. Kol 1,20," in *Jesus Christus in Historie und Theologie*, H. Conzelmann Festschrift, ed. G Strecker (Tübingen, Mohr, 1975), 500.

66. Riddebos, *Coming of the Kingdom*, 356.

67. Padilla, "Kingdom of God and the Church," 1, 10.

68. Mehl, "Basis of Christian Social Ethics," 53.

제6장 복음운동

1. Julius Schniewind, "The Biblical Doctrine of Conversion," *Scottish Journal of Theology* 5(1952), 271.

2. Stow Persons는 미국 청교도가 이해하는 회심을 인격과 도덕적 실천의 재조명으로 특징짓고 있다. American Mind: A History of Idesa(New York, Holt, 1958), 12~13.

3. 참고. William Temple, *Nature, Man and God*(London, Macmillan, 1934), 394, 397.

4. Timothy L. Smith, *Revivalism and Social Reformin IMid-Nineteenth Cnetury America*(New York, Adingdon, 1957).

5. Henry V. Jaffa. *Crisis of the Hosue Divided*(Garden City, N.Y., Doubleday, 1959), 74.

6. Erich Fromm, *The Sane Society*(New York, Rinehart, 1955) 264.

7. Gutierrez(Theology of Liberation, 176~177)는 하나님 나라의 도래와 성장 사이에 이와 같이 구분하고 있다.

8. Elton Trueblood, *The New Man for Our Time*(New York, Harper, 1970), 61.

9. 참고. Maurice B, Reckitt, *Faith and Society: A Study of the Structure, Outlook and Opportunity of the Christian Social Movement in Great Britain and the United States*(London, Longmans, 1932), 30.

10. Jessie Rice Sandberg, *Sword of the Lord*, Dec. 27, 1974, 5.

11. Martin Luther, "Secular Authority: To What Extent It Should Be Obeyed," in *Martin Luther. Selections from His Writings*, ed. John Dillenberger(Garden City, N.Y., Doubleday, Anchor Books, 1961), 370~374.

12. Emilio Castro, "Conversion and Social Transformation," in *Christian Social Ethics in a Changing World*, ed. John C. Bennett(New York, Association, 1966), 363.

13. Henry, *Aspects of Christian Social Ethics*, 59. 이 저자는 다른 곳에서 이 인용문에 나타난 것보다 더 광범위한 관점에서 말한다.

14. John Bennett, *Social Salvation. A Religious Approach to the Problems of Social Change*(New York, Scribner's, 1935), 46.

15. Rudolf Bultmann, "Paul," in Bultmann, *Existence and Faith*(New York, Meridian, Living Age Books, 1960), 130; Hans Walter Wolff, *Ambropology of the Old Testament*(Philadephia, Fortress, 1975), 7~8.

16. Ibid., 8.

17. Augustine, *The City of God*(New York, Modern Library, 1950), 14.2~3, pp. 443, 446.

18. Bo Reikem "Body and Soul in the New Testament," Studia Theologica 19(1965), 202. The Vitality of the Individual in the Thought of Ancient Israel(Cardiff, U. of Wales Press, 1964)에서 Aubrey R. Johnson은 신체의 다양한 기관들 및 부분들―뼈, 심장, 창자, 신장, 얼굴, 머리, 살들―이 구약적 용법에서 물질적 속성을 가진 것으로 언급되었음을 보여주었다. 그것들은 감정을 갖고 있으며, 윤리적 반응을 보이며 또한 이성적 활동을 한다.

19. Wolff, *Anthropology of the Old Testament*, 29.

20. Reike, "Boody and Soul," 203.

21. Ibid., 202.

22. 이것은 Halmut Koester의 해석이다.

23. 참고. Augustine, *City of God*, 446: "Man living according to man."

24. Bultmann, *Theology of the New Testament*, 1.195. 바울은 결코 시체를 육신이라고 부르지 않는다.

25. Nicolas Berdyaev, *Solitude and Society*(New York, Scribner's, 1938), 104.

26. Gibbs, *Creation and Redemption*, 142.

27. Leonard Audet, "Avec quel corps les justes ressuscitent-ils? analyse de 1 Corinthiens 15:44," *Studies in Religion/Sciences Religieuses* 1(1971), 172~175.

28. Audet, "Avec quel corps?" 166.

29. Jürgen Moltmann, *Theology of Hope: On the Ground and the Implications of a Christian Eschatology*(New York, Harper, 1967), 214.

30. Audet, "Avec quel corps?" 175.

31. G. Ernest Wright, *The Biblical Doctrine of Man in Society*(London, SCM, Ecumenical Bible Studies 2, 1954), 47.

32. Wolff, *Anhrpology of the Old Testament*, 217~219.

33. Michael Harrington, *The Other America: Poverty in the United States* (Baltimore, Penguin, 1971²), 81.

34. Erich Fromm, "The Dogma of Chirst," in Fromm, *The Dogma of christ and Other Essays on Religion, Psychology and Culture*(New York, Holt, 1963), 3.

35. Karl R. Porrer, *Objective Knouledge*(Oxford, Oxford U. Press, 1972), 106, 159; Bryan Magee, *Popper*(Glasgow, Fontana, Modern Masters, 1975), 59, Peter L. Berger and thomas Luckmann, *The Social Construction of Reality. A treatisc in the Sociology of Knowledge* (Garden City, N. y., Doubleday, 1966), 21~23.

36. Geore H. Mead, *Mind Self, and Society*(Chicago, U. of chicago Press, 1934) 152~164; Alfred Schutz, "The Dimensions of the Social World," in Schutz, *Collected Papers*, vol. 2; *Studies in Social Theory*(The Hague, Nijhoff, Phaenomenologica 15, 1964), 3, 32; Berdyaev, *Solitude and Society*, 90; H. Richard Niebuhr, *The Responsible Self*(New York, Harper, 1963), 79~ 79.

37. Berger and Luckmann, *Social Construction of Reality*, 150; Mannheim, *Ideology and Utopia*, 3, 269; Mead, *Mind, Self, and Society*, 161~ 62.

38. Ibid., 215; Berdyaev, *Solitude and Society*, 89~91: Niebuhr, *Responsible Self*, 85.

39. Mannheim, *Ideology and Utopia*, 206~207; Mead, 168, 215; Popper, *Objective Knowledge*, 147, 149.

40. Rollo May, *The Art of Counseling*(New York, Abingdon, 1939), 33.

41. Booth, *In Darkest England*, 48.

42. Stott, "Bibical asis of Evangelism," 67; and Stott, *Christian in the Modern World*(Downers Grove, Ill., Ivter-Varsity, 1975), 29.

43. 참고. Jimmy R. allen, "Urban Evangelism," in *Toward Creative Urban Strategy*, ed G. Torney(Waco, Tex., Word, 1970), 119.

44. Michael Green, "Evangelism in the Early Church," in *Let the Earth Hear His Voice*, ed, J. D. Douglass(Minneapolis, World Wide, 1975), 176.

45. 참고. Reinhold Niebuhr, *An Interpretation of Christian Ethics*(New York, Harper, 1935), 128; Bernard Iddings Bell, *Crowd Culture*(Chicago, Gateway, 1952), 79; Gilbert Haven, *National Sermons*(Boston, Lee & Shephard, 1896), 342.

46. Thomas Luckmann, *The Invisible Religion. The Problem of Religion in Modern Society*(New York, Macmillan, 1967), 85.

47. Plutarch, *Praecepta gerendae reipublicae*, 30(822b).

48. George W.Webber, *God's Colony in Man's World*(Nashville, Abingdon, 1960), 38.

49. Philippe Maury, *Politics and Evangelism*(Garden City N. Y., Doubleday, 1959), 104(나치 점

령하의 프랑스에서 지하 활동을 하던 시기에 자신의 개인적 체험을 바탕으로 하여).

50. Mr. Douglas Ganyo.

51. David O. Moberg, *The Great Reversal: Evangelism versus Social Concern*(Philadelphia, Lippincott, Evangelical Perspectives, 1972), 159.

52. Allen, "Urban Evangelism," 118.

53. 참고. Samuel Esocbar, "Evangelism and Man's Search for Freedom, Justice and Fulfillment," in *Let the Earth Hear His Voice*(cf. n. 44, abov), 310.

54. Roberto Barbosa, "The Gospel with Bread: An Interview with Brazilian Pentecostalist Manoel de Mello," in *Missions Trends No. 2: Evangelization*, eds. G. Anderson and T. Stransky(New York, Paulist, 1975), 150~15.

55. Thomas Guthrie, *The City: Its Sins and Its Sorrow's* (Glasgow, 1862), as quoted in Smith, *Revivalism and Social Reform*, 167~168.

56. Reckitt, *Faith and Society*, 58~59.

57. Booth, *In Darkest England*, 233, 256.

58. Also Bauer, *Lexicon*⁵, 567.

59. furnish, *Love Command*, 26~27, 30~31.

60. Ronald J. Sider, review of *The Evangelical Renaissance* by Donald G. Blosech, *Christianity Today* 18(1974), 1611.

61. Padilla, "Evangelism and the World," 144~145.

62. *Partnership*(newsletter by Partnerhip in Mission, Abingdon, Pa.), no, 5(Sept. 21 1976), 3.

63. James Daane, "The Primary Task of the Church," *Reformed Journal* 24, 7(Sept . 1974), 7. 본 장에서 강조하고 있는 내용들은 조직의기본적 목표라는 차원에서 다루어지고 있음을 주목해야 할 것이다. 즉 이 장에서는 목표를 달성하기 위한 계획을 세울 때 기술과 기회를 합리적으로 동원해야 한다는 행정적 차원을 강조하고 있는 것이 아니다. 따라서 교회 안에서 우리는 하나님의 백성에게 주어진 명령들을 이차적 목표로 만들어서는 안 된다. 그럼에도 불구하고 우리는 주어진 때에 그 목표들을 달성하기 위해서는 특정한 일에 우선권을 두는 전략을 세우지 않으면 안 된다.

제7장 저항세력으로서의 교회

1. John Howard Yoder, *The Politics of Jesus*(Grand Rapids, Mich., Eedmans, 1972), 157.

2. Ernst Käsemann, *Das wandernde Gottesvolk*(Göttingen, Vandenhoeck, Forschungen zur Religion und Literatur des Alten und Neuen Testaments 37, n, s., 1961⁴), 8.

3. Rudolf schnackenburg, *The Church in the in the New Testament*(New York, Harper, 1965), 167.

4. Hendrikus Berkhof, *The Doctrine of the Holy Spirit*(Richmond, Va., Knox, 1964), 57~59.

5. Robert A. Evans, "The Quest for Community," *Union Seminary Quartely Review* 30(1975), 197.

6. Berkhof, *Doctrine of the Holy Spirit*, 65.

7. 참고. F. W. Dillistone, *The Structure of the Divine Society*(Philadelphia, Westminster, 1951), 37.

8. "An Interview with Reba Place Fellowship," *Post American* 2, 4(Sept. / Oct., 1973), 10, quoting David Jackson.

9. Jay Ogilvy and Heather Ogilvy, "Communes and the Reconstruction of Reality," *Soundings* 55(1972), 91; Troeltsch, Social *Teaching of the Christian Churches*, 339.

10. 참고. Elizabeth O'Connor, *Journey, Inward, Journey Outward*(New York, Harper, 1968) 및 그녀의 다른 저술들. '구세주의 교회' 교인인 그녀는 다음과 같이 말하였다. "봉사에 기초를 두지 않는 기독교 공동체란 존재할 수 없으며, 인간 관계에 근거를 두지 않는 기독교적 봉사란 있을 수 없다.

11. 참고. John Howard Yoder, *The Christian Witness to the State*(Newton, Kan., Faith and Life, Institute of Mennonite Studies 3, 164), 17.

12. Schnackenburg, Church in the New Testament, 174~175.

13. Calvin Redekop, "Church History and the Contrasystem: A Case Study," *Church History* 40(1971), 58. Redekop's term is *contrasystem*.

14. Yoder, *Politics of Jesus*, 47.

15. 참고. Rosemary R. Ruether, *Radical Social Movement and the Radical Church Tradition*(Oak Brook, ILL., Bethany Theological Seminary, Colloquium 1, 1971). 25.

16. Paul Minninger, "The Limitations of Nonconformity," *Mennonite Quarteay Review* 24(1950),169.

17. 참고 ibid., 164.

18. Mead, *Mind, Self, and Society*, 167~168l Berger and Luckmann, *Social Construction of Reality*, 144~145.

19. Theodore Newcomb, *et al.*, *Persistence and Change; Bennington College and Its Students after Twenty-Five Years*(New York, Wiley, 1967), 53.

20. Gish, *New Left and Christian Radicalism*, 129~130.

21. Quoted by Evans in "Quest for Community," 197.

22. Dale W. Brown, *The Christian Revolutionary*(Grand Rapids, Eerdmans, 1971), 127~128.

23. Käsemann, *Wandernde Gottesvolk*, 24.

24. Jim Wallis, *Agenda for Biblical Peple*(New York, Harper, 1976), 53, 68, 135.

25. John Howard Yoder, "Living the Disarmed Life," *Sojourners* 6, 5(May, 1977), 19.

26. Gish, *New Left and christian Radicalism*, 130.

27. Koinonia Partners newsletter(Americus, Ga., Spring, 1977), 1~2. 이 예는 순수한 형태의 공동체에 속하는 것이 아님을 주목해야 한다. 이것은 공동체가 구성원들을 위하여 무엇을 하고 있는가 하는 측면이 아니라 공동체 활동의 근거 및 이웃들 간의관계의 본질을 보여준다. 그것은 한 가지 자발적인 행동으로도 사회의 주택 제도에 간섭한 결과를 가져온 것이다.

28. Yoder, *Christian Witness to the State*, 20~21; and "Christ the Hope of the World," in Yoder, *The Original Revolution*(Scottdate, Pa, Herald, Christian Peaece Shelf, 1972), 164.

29. 참고. Yoder, *Christian Witness to the State*, 21.

30. Stanley Hauerwas, "The Nonresistent Church: The Theological Ethics of John Howard Yoder," in Hauerwas, *Vision and Virtue*(Notre Dame, Ind., Fides, 1974), 221(italics mine).

31. Larry Christenson, *A Charismatic Approach to Social Action*(Minnea-polis, Bethany Fellowship, 1974), 75, 93.

32. 벧전2:12와 마5:16의 "하나님께 영광을 돌림"은 신자들의 행함 속에 하나님의 통치가 임재해 있음을 선포하는 것을 의미한다. C. Spicq, *Les Epites Pastorales*(Paris, Gabalda, Etudes Bibliques, 1969⁴), 681.

33. 마5:14의 승리적 이미지는, 산 위의 성읍이 사2:1~4(미4:1~4; 사60; 학2:6~9 참조)에 나오는 땅 위 산에 세워진 하나님의 종말론적 성읍이라는 Gerthard Von Rad의 주장을 받아들일 때, 더 강한 것이 된다. "Die Stadt aufdem Berge," *Evangelische Theologig* 8(1948/49). 447. 이 구절들에서 그 나라들은 Zion에 정지적으로나 영적으로 복종한다. 마 5:14의 구문은 마태가 이러한 내용을 의식하고 있음을 보여주지 않는다(성읍 앞에 관사가 생략되어 있고, 성읍과 산이 떨어져 있음).

34. Rudolf Schnackenburg, " 'Ihr seid das Erde, das Licht der Welt' ; Zu Mt. 5, 13~16," in Schnackenburg, *Schriften zum Neuen Testament*(Munich, Kosel, 1971), 190~194.

35. J. Lawrence Bukholder, "The Anabaptist Vision of Discipleship," in *Recovery of the Anabaptist Vision*, H. Bender Festschrift, ed. G. Hershberger(Scottdale, Pa., Herald, 1957), 137, 142; Franz Heimann, "The Hutterite Doctrine of the Church and Common Life, A Styudy of Peter Riedemann' s Confession of Faith," *Mennonite Quarterly Review* 26(1952), 22~23, 32.

36. Harold S. Bender, "The Anabaptist Vision" (1944), in *The Recovery of the Anabaptist Vision*, 53~54.

37. Berkhof, *Doctrine of the Holy Spirit*, 41.

38. Ibid., 31.

39. 참고. Richard Shaull, "The Church and the Making of a Counter Culture," *Chicag Theological Seminary Register* 61, 4(May 1971), 26.

40. Gish, *New Left and Christian Randicalism*, 131.

41. R. Newton Flew, *Jesus and His Church. A study of the Idea of Ecclesia in the New Testament*(London, Epworth, 1938), 115~116.

제8장 시민 불복종운동

1. 베드로는 첫 번째 서신에 대한 Edward Gordon Selwyn의 번역임(London, Macmillan, 1946), 172.

2. Etienne de La Boétie의 "Discourse de la servitude voluntaire" 중에서 이는 Gene Sharp의 *The Tolitics of Nanviolent Action*(Boston, Porter Sargent, Extending Horizones Books, 1973), 11에서 인용됨.

3. Sharp, *Politics of Nonviolent Action*, 63~64.

4. John M. Swomley, Jr., *Liberation Ethics*(New York, Macmillan, 1972), 186~187. Cf. ch. 10, "Strategies of Liberation," 183~207.

5. Sharp, *Politics of Nonviolent Action*, 151. 모든 제도는 서로가 동의하고 있는 테두리 내에서 운용되는 것이다. 생활에 있어서 대부분의 행동은 대단한 사고나 특수한 동기 때문에 일어나는 것이 아니라 습관이나 관례, 혹은 단순한 추종에 의해 일어나는 것이다. P. J. D. Wiles는 "단순한 일상적인 반복이야말로 모든 것 중에서 가장 강력한 힘이다"(*Economic Institutions Compared*, 19)라고 말하였다. 버밍햄에서의 어린이들의 행동은 사람들로 하여금 생각해볼

필요가 없는 것들에 대하여 생각해 보도록 해주었다. 샤프의 책은 거의 200가지나 되는 비폭력적인 행동들을 열거하고 있다. 그 내용들은 자체만으로도 일종의 교육이다.

6. Sharp, *Politics of Nonviolent Action*, 111; Elliot M. Zashin, *Civil Disobediencd and Democracy*(New York, Free Press, 1972), 260.

7. Zashin, *Civil Disobedience*, 124~125.

8. Sharp, Politics of Nonviolent Action, 68.

9. Ibid., 47.

10. 참고. Swomley, *Liberation Ethics*, 193.

11. James Luther Adams, "Civil Disobedience: Its Occasions and Limits," in *Political and Legal Obigation*, eds. J. R. Pennock and J. chapman(New York, Atherton, Nomos 12, 1970), 329.

12. Zashin의 *Civil Disobedience*, 250~258에 수록된 그의 남부에서의 흑인들의 투쟁에 관한 문헌 연구를 참조하라.

13. Ibid., 251, cf. 244.

14. Marcus Borg, "A New Context for Romans xiii," *New Testament Studies* 19(1973), 205~218.

15. Johannes Friedrich, Wolfgang Pöhlmann, and Peter Stuhlmacher, "Zur historischen Situation und Intention von Röm. 13, 1~7," *Zeitschrift für Theologie und Kirche* 73(1976), 131~66.

16. 참고. Michael Grant, *Nero*(London, Weidenfeld, 1970), 60.

17. Ibid., 56~64; A. Momigliano, "Nero," in *Cambridge Ancient History* (1934), 10.704.

18. George La Piana, "Foreign Groups in Rome during the First Centuries of the Empire," *Harvard Theological Review* 20(1927), 374~375; Henry J. Leon, The Jew's of Ancient Rome(Philadephia, Jewish Publication Society, Morris Loeb Series, 1960), 27~28, 37.

19. Robetr J. Karris, "Rom, 14:1~15:13 and the Occasion of Romans." *Catholic Biblical Quartely* 35(1973), 155, with bibliography.

20.Ibid., 174~177. Karris의 논문은 *The Romans Debate*(K. donfried 편집, Minneapolis, Augsburg, 1977)의 pp. 75~99에 재인쇄되어 있다. 여기서 그는 자신의 논증에 대한 Donfride의 비평(pp. 120~148)에 대하여 응답하고 있다.

21. 바울이 현재 설명하고 있는 노예들의 책임이라는 문제는 정의를 추구하려는 노력에 위배되는 것이 아니라 그들이 사회적 책임에서 벗어나려는 태도에 대한 경고임을 기억하는 것이 중요하다. 바울은 그와 동시대에 다른 복음기자들과 마찬가지로 노예소유문제를 그 자체 안에서 정의롭지 못한 요소를 지니고 있는 하나의 제도로서 다루고 있는 것이 아니다. S. Scott Bartchy, *First Century Slavery and the Interpretation of 1 Corinthians 7:21*(Missoula, Mont., Council on the Study of Religion, Society of Biblical Literature Dissertation Series 11, 1973), 229~300 참조. 바울은 노예소유제를 정의라는 관점에서 생각하고 있는 것이 아니다. 그러므로 그가 이 문제를 보다 직접적으로 거론하지 않고 있는 이유는 정의를 위한 투쟁에 그가 반대하는 입장을 취하고 있기 때문이 아니다. 따라서 바울이 노예소유제를 취급한 이 본문을 사회정의를 향한 그리스도인들의 노력을 반대하기 위한 일종의 규범으로 인용하는 것은 타당하지 못다.

22. Selwyn, First Epistle of St. peter, 174.

23. Recent Advacates of this position are Ernst Käsemann, "Principles of the Interpretation of

Romans 13," in Käsemann, *New Testament Questions for Today*(Philadelphia, Fortress, 1969), 209~212; and Gerhard Delling, *Römer 13, 1~7 innerhalb der Birefe des Neuen Testaments*(Berlin, Evangelische, 1962), 66.

24. W. C. van Unnik, "Lob und Strafe durch die Obrigkeit: Hellenistisches zu Röm. 13.3~4," in *Jesus und Paulus*, W. Kümmel Festschrift, eds. E. Ellis and E. Grässer(Göttingen, Vandenhoeck, 1975) 334~343; cf. Selwyn, *First Epistle of St. Peter*, 87, 173.

25. 필자는 이 구절들의 비교를 위해 Selwyn의 도움을 받았다. ibid., 172.

26. Richard A. Wasserstrom, "The Obligation to Obey the Law," in *Contemporary Political Theory*, ed. A de. Crespigny and A. Wertheimer(New York, Atherton, 1970), 270, describes this viewpoint while rejecting it.

27. Yoder, *Polittics of Jesus*, 208.

28. Rawls, *theory of Justice*, 383.

29. Käsemann, "Principles of Interpretation of Romans 13," 213~214(both quotations).

30. Bornkamm, *Jesus of Nazareth*, 122.

31. 참고, Ellis Rivkin, "Beth Din, Boule, Sanhedrin; A Tragedy of Errors," *Hebrew Union College Anual* 46(1975), 183~189; T. A. Burkill, "Sanhedrin," *Interpreter's Dictionary of the Bible*(1962), 4. 215~216.

32. Charles C. Ryrie, "The Christian and Civil Disovedience," Bibliotheca Sacra 127(1970), 160. 그러나 라이리 교수는 이러한 충돌은 정부가 하나님께 대한 경배를 금할 때만 존재한다고 생각하고 있다(162).

33. Harold J. Berman, *The Interaction of law religion*(Nashville, Abingdon, 1974), 52~53.

34. William G. McLoughlin, "Civil Disobedience and Evangelism among the Missionaries to the Cherokees, 1829~1839," *Journal of Presbyterian History* 51(1973), 118~125, 139.

35. Stephen J. Akangbe, "The Effect of Christian Social Action Change in Oro Community(Oro Ago, Ilorin, Kwars State, Nigeria, Africa)," (unpub. course paper prepared for me, 1975), 13.

36. W. D. Ross, The Right and the Good(Oxford, Oxford U. Press, 1930). 20~21, 38.

37. William K. frankena, *Ethics*(Englewood Cliffs, N.J., Prentice-Hall Foundations of Philosophy, 1963), 2.

38. Herbert McCabe, *What Ethics Is All About*(Corpus, 1969), 33, quoted in Hauerwas, "Love's Not All You Need," 230.

39. Ross, *Right and the Good*, 41.

40. Ross, *Right and the Good*, 29.

41. Norman L. Geisler, *Ethics; Alternatives and Issues*(Grand Rapids, Zondervan, 1971), 107.

42. 마19:5~9; 고전7:12~16; Helmut Thielicke, *Theological Ethics*, vol. 1: *Foundations* (Philadelphia, Fortress, 1966), 610~611.

43. 이 예는 Charles Hodge, Systematic Theology, 441~445에 나와 있으며 Geisle, *Ethics*, 91에 인용되어 있다.

44. Frankena, *Ethics*, 24.

45. Ross, *Right and the Good*, 28,41.

46. Harvey seifert, *Ethical Resources for Political and Economic Decision* (Philadelphia,

Westminster, 1972), 22.

47. 참고. Ross, *Right and the Good*, 28.

48. Geisler, *Ethics*, 116.

49. Rawls, *Theory of Justice*, 6.

50. Rawls, *Theory of Justice*, 339.

51. Ross, *Right and the Good*, 34~35.

52. frankena, *Ethics*, 53

53. H. A. Bedau가 편집한 *Civil Disobedience*(New York, Pegasus, 1969) p.247에 있는 John rawls, "The Justification of Civil Disobedience"를 참조.

54. Zashin, *Civil Disobedience*, 127.

55. James F. Childress, *Civil disobedience and Political Obligation: A Study in Christian Social Ethics*(New Haven, Yale U. Press, Yale Pubications in Religion 16, 1971), 8.

56. Sanford Jay Rosen, "Civil Disobedience and Other Such Techniques: Law Making through Law Breaking," *Geoge Washington Law Review* 37(1968/69), 454.

57. James Luther Adams는 시민의 불복종과 정당한 전쟁의 기준들 사이에 유사성이 있음을 주목한 최초의 사람이다("Civil Disobedience," 302). 이 두 가지 경우에 있어서, 기본적인 외견상 의무를 위해 중요한 것은 취해진 행동들에 엄격한 제한을 요구하고 있다는 점이다.

58. 참고, Kent Greenawalt, "A Contextual approcach to Disobedience," in *Political and Lagal Obigation*, (cf. n.11 above), 347.

59. Thomas Aquinas, *Summa Theologica*, 1.2, qu. 96, art. 4.

60. Michael Bayles, "The Justifiability of Civil Disobedience," *Review of Metaphysics* 24(1970), 13, cf. Thielicke, Thological Ethics, 1.533.

61. Rauschenbusch, *Christianity and the Social Crisis*, 325.

62. Booth, *In Darkest England*, 174.

63. Bayles, "Justifiabiliyt of Civil Disobedience," 17~18.

64. Ibid., 11.

65. 참고. Adams, "Civil Disobedience," 304~305.

66. Rosen, "Civil Disobedience," 455.

67. Bayles, "Justifiability of Civil Disobedience," 13~14.

68. Adams, "Civil Disobedience," 306~310.

69. Bayles, "Justification of Civil Disobedience," 20.

70. Greenawalt, "Contextual Approach to Disobedience," 347.

71. Wasserstrom, "Obligation to Obey the Law," 287.

72. Adams, "Civil Disobedience," 328.

73. Ibid., 330.

74. Childress, *Civil Disobedience*, 329.

75. Zashin, *Civil Disobedience*, 315.

제9장 무장혁명은 가능한가

1. Norman Gottwald의 기념논문, "to the memory and the honor of the first Israelites," *The*

Tribes of Yahweh(Maryknoll, N. Y., Orbis, 1976), 헌사 페이지, "an anonymous tribute to the people of Vietnam" 에서 발췌함.

2. J. G. Davies, *Christians and Violent Revolution*(London, SMC, 1976) 165.

3. Käsemann, "Principles of the Interpretation of Romans 13," 216.

4. 참고. Brown, Driver, Briggs, *Lexicon*, 935~954, 246~247.

5. Jean Lesserre, *War and the Gospel*(Scottdale, Pa., Herald, Christian Peace Shelf 7, 1962), 169~170.

6. 참고. Solomon Zeitlin, "Prolegomenon," to *The Jewish Sources of the Sermon on the Mount*, by Gerald friedlander(New York, Krav, Library of Biblical studies, 1969), xxii-xxiii.

7. 마 5:38~48은 G. H. C. MacGregor, *The New Testament of Pacifism*(Nyack, N. Y., Fellowship, 1954²), 31~37의 핵심구절이었다. 참고, John Ferguson, *The Politics of Love. The New Testament and Non-Violent Revolution*(Greewood, S. c., Attic, n.d.), 3~6; Lasserre, *War and the Gospel*, 30.

8. Robert C. Tannehill, "The 'Focal Instance' as a Form of New Testament Speech: A Study of Matthew 5:39b~42," *Journal of Religion* 50(1970), 372~385.

9. Baba Kamma 8. 6. 참고. Herman L. Strcak and Paul Billerbeck, *Kommentar zum Neuen Testament*(Munich, Beck, 1926), 1.342; James Moffatt, *Love in the New Testament*(London, Hodder & Stoughton, 1929), 118; 욥 16:10.

10. Stusrt D. Currie, "Matthew 5:39a-Resistance or Protest?" *Harvard Theological Review* 57(1964), 140~145는 심지어는 보통 "약한 자를 대적지 말라"고 번역된 표현도 법정에서 거짓 증언에 대해 이의를 제기하지 말라는 것을 의미하는 것이 분명하다고 주장했다. 신명기 19장 15~21절은 법정세서 다른 사람에 대해 거짓 증언을 한 사람에게 탈리오의 율법을 적용시키고 있다. 칠십인역의 다른 곳에서와 마찬가지로 '대적하다' 마5:39라는 단어는 "어떤 사람에 대해서 반대증언을 하다"라는 의미로 사용되고 있다(악인이라는 단어도 19장 19절에 나타나는데, 이 구절에서 이 단어는 외부인이나 외국의 적이라는 의미에서의 적을 의미하고 있지 않다). 탈리오의 법에 나타나 있는 이런 근거를 통해서 볼 때 마태복음 5장 39절 전반절은 법정에서 자신을 변호하기 위해 다른 사람에 대항해서 말하는 것을 금하고 있다고 주장하는 것이 설득력이 있다.

11. William A. Beardslee, "New Testament Perspectives on Revolution as a Theological Problem" *Journal of Religion* 51(1971), 28.

12. 이 용어는 R. M. Hare, *Freedom and Reason*(New York, Oxford U. Press, Galaxy Books, 1956), 117에 나오는 것이다. 앞으로 계속될 논의를 위해서는 자신의 권리를 주장하는 것이 그 자체에 목적이 있는 것이 아니라 오직 이웃의 권리를 보호하거나 증진시켜주기 위한 것일 경우를 제외하고는 "사랑은 자신의 것(권리)을 추구하지 않는다" 고전13:5는 Lewis Smedes의 주장을 참고하라(*Love Within Limits*: A Reader's View of 1 Corinthians 13, Grand Rapids, Mich., Eerdmans, 1978, 36~41).

13. MacGregor, *New Testament Basis of Pacifism*, 46; Lasserre, *War and the gospel*, 63; 참고. Ferguson, *Politics of Love*, 20.

14. Oscar Cullmann, *Jesus and the Revolutionaries*(New York, Harper, 1970), 38; J. Andrew Kirk, "The Messianic Role of Jesus and the Temptation Narrative: A Contemporary Perspective," *Evangelical Quarterly* 44(1972), 97~98.

15. 참고. Birger Gerhardsson, *The testing of God's Son*(Lund, Gleerup, Coniectanea Bibica, New Testament Series 2, 1966).

16. Yoder, *Politics of Jesus*, 30. 예수께서 시험을 받으실 때 폭력을 거부하신 것이 이 책이 주장하고 있는 근거가 된다. 몇 가지 예를 볼 때 이것에대한 언급들이 다른 구절에 대한 논의에 적용되고 있다(참고. 42, 57, 98, 100, 242~243). 요더 교수는 시험기사에서의 왕권에 대한 그의 주장의 근거를 이 기사에서 예수께서 두 번이나 하나님의 아들로 언급되었으며, 세례기사(마태복음에서는 이 기사가 바로 앞에 나오지만 누가복음에서는 그렇지 않다)에서 이 칭호가 시편 2편의 메시아적인 왕을 배경으로 하고 있다는 데 두고 있다. 그러나 세례기사를 이렇게 이해한다고 해도(모든 학자들이 다 이 기사에서 메시아성이 강조되어 있다는 데 동의하고 있지는 않다) 방법론적으로 별개의 시험기사에서 하나님의 아들이라는 칭호가 동일한 의미를 가지고 있다고 말할 수는 없다. 복음서에서 하나님의아들이라는 칭호는 여러 가지 의미를 가지고 있으며, 여러 가지 형태의 배경을 가지고 있다. I. H. Marshall, "The Divine Sonship of Jesus," *Interpretation* 21(1967), 87~103의 개관을 보라(흥미 있는 점은 가장 왕적이고, 가장 메시아적인 것으로 보이는 시험이 이 칭호를 빠뜨리고 있다는 점이다. 참고. 마4:9 평행구). 마샬의 연구의 결론은 예수에 대한 하나님의 아들이라는 신약의 명칭의 뿌리는 자신이 성부의 유일한 아들이라는 의식에 있다는 것이다. 이 부자관계가 메시아로서의 그의 사역과 임무의 근거다(Marshall, 93, 103). 마태복음 11장 27절 이하가 핵심 본문일 것이다. 그러나 예수의기도와 탄생기사도 역시 중요하다. 누가복음 1장 34절을 참고하라. 이 구절은 아들 됨이 단순히 기능상의 표현이 아니라 그의 본질의 한 특징임을 보여주고 있다. Marshall, *The Origin of New Testament Christology*(Downers Grove, Ill., interVarsity, 1976), 122. 그러므로 이 시험들에서 아들로서의 충성심에 대한 강조는 하나님의 아들이라는 용어와 일관성이 있다(특히 신8:5에서 이스라엘을 아들로 언급한 것과 일맥상통한다). 하나님의 아들의 구체적인 의미에 대한 이해는 이 본문에 대한 주해에 의해서 좌우된다.

17. 구약에는 인간의 노력에 의해서가 아니라 하나님의 직접적인 행동에 의해서 전투에서 승리를 거두거나 왕권이 바뀐 예들이 나타나 있다(왕하7:6; 19:35; 단5장). 우리들은 이스라엘 군대가 전혀 싸우지 않고도 성전에서 승리를 거둔 경우들을 생각할 수 있을 것이다. Millar C. Lind, "Paradigm of Holy War in the Old Testament," *Biblical Research* 16(1972), 16~31을 참고하라, 요세푸스의 기록에 의하면 선지자들은 하나님께서 직접 예루살렘 벽을 쓰러뜨리시고 요단강을 가르시거나 명시되지 않은 "자유의 징조들"에 의해서 개입하실 것이라는 희망을 사람들에게 일깨워주었다(Josephus, *Jewish War* 2.259). 사탄은 비슷한 방법으로 행동하리라고 예상할 수 있을 것이다. 마귀에 대한 경배는 요한계시록 13장 4절의 경우처럼 이 세상에 대한 투쟁에서 하나님의 대적에게 직접 경배하는 것으로 이해될 수 있다. 또는 이것은 다신교와의 거대한 전투를 의미하는 것일 수도 있다. 유대교의 변증가들은 우상들의 실체를 인정하지 않거나, 또는 바울이 고린도전서 10장 20절에서 사용한 전승의 경우와 같이 우상들을 사실상 귀신들과 동일시함을써 우상숭배를 논박하였다. 후자의 대안은 예수께서 신명기에서 인용하신 구절(6:14)의 문맥 속에서 볼 때 그 땅의 신들에게 경배하는 것과 일맥상통하는 것 같다. 그 시대의 정신세계에 비추어서 이 구절을 이해할 때 마귀에 대한 경배를 본문에 명시되어 있지도 않은 불순종적인 도덕적 경향으로 이해할 필요는 없는 것 같다.

18. Morton Smith, "Zealots and Sicarii, Their Origins and Relations," Harvard Theological Review 64(1971), 1~19를 참고하라. 그리고 스미스의 입장에 대한 Valentin Nikiprowertzky,

"Sicaires et Zélotes—Unereconsidéretion," *Semitica* 23(1973), 51~64의 수정과 비판을 참고하라. 연대와 다양성에 대한 스미스의 위대한 통찰력은 특히 Martin Hengel—그의 *Die Zeloten*(Leiden, Brill, 1961)은 이 주제에 대한 기본적인 권위서이며, 이 책은 이 당을 이데올로기적으로 취급한 점에서 여전히 가치가 있다—에 대한 날카로운 비평이다. 이와 비슷한 비평이 S. G. F. Brandon의 자극적이지만 널리 받아들여지지 않은 소논문인 *Jesus and the Zealots*(New York, Scribner's, 1967)에 대해서도 가해질 수 있다.

19. 요세푸스는 확실히 그의 역사기록을 쓸 때 다른 속셈을 가지고 있었다. 그러나 무슨 이유로 그가 초기의 폭동들을 기록하지 않으려고 했는지 이해하기는 쉽지 않다. 유대인들에 대한 혐오감과 불신을 제거하고, AD 70년의 재난을 그가 시카라파[Sicarii], 열심당[Zealots], '산적들'이라고 부른 사람들의 파괴적인 행동이라는 측면에서 설명하려고 한 그의 관심으로 비추어볼 때 그가 쓴 고대사(Antiquities, Jeuwish War의 진짜 주제는 AD 66년에 시작된 전쟁이다.)에서 요세푸스가 1세기 초의 무질서를 가능한 한 후자에 대한 비난으로 설명할 것이라고 기대해볼 수 있을 것이다. 또한 이런 설명은 갈릴리의 유다와 함께 시작된 "제4의 철학"에 대한 그의 기록을 지지해줄 수 있었을 것이다.

20. 참고. P. W. Barnett, "'Under Tiberius All Was Quiet,'" *New Testament Studies* 21(1974/75), 564~571; Jean Giblet, "Un mouvement de résistance armée au temps de Jésus?" *Revue Théologique de Louvain* 5(1974), 422~426; David H. Rhoads, *Israel in Revolution*(Philadelphia, Fortress, 1976), 64~68, 174~175.

21. Smith, "Zealots and Sicarii," 5, 13; cf. Giblet, "Mouvement de résistance," 422.

22. Rhoads, *Israel in Rovolution*, 64.

23. 참고. M. Stern, "Aspects of Jewish Society: The Priesthood and Other Classes," *Compendia Rerum Iudaicacarum ad Novum Testamentum, section 1: The Jewish People in the First Centyry*, eds. S. Safrai and M. Stern(Philadelphia, Fortress, 1975), 2.563~561, 577; and S. Applebaum, "Economic Life in Palestine," in ibid., 2.663~664, 692.

24. Josef Blinzler, "Die Niedermetzelung von Galiläern durch Pilatus," *Novum Testamentum* 2(1957), esp. 30, 37~40, 47.

25. Richard A. Horsley, "Ancient Jewish Banditry and the Revolt against Rome, Ad 66~70." *Catholic Biblical Quarterly* 43(1981). 409~432와 "Josephus and the Bandits," *Journal for the Study of Judaism* 10(1979), 37~63. "The Sicarii: Ancient Jewish 'Terrorists,'" *Journal of Religion* 59(2979), 435~458에서 호어슬리는 제4의 철학이 50년대 시카리파가 등장하기 전까지 잠적했거나 아니면 아주 완전히 사라졌다는 주장을 지지했다.

26. 참고. Giblet, "Mouvement de résistance," 413~414.

27. John Pairman Brown, "Techniques of Imperial Control: The Background of the Gospel Event," in *The Bible and Liberation, eds.* N. Gottwald and A. Wire(Berkeley, Calif., Community for Religious Research and Education, 1976), 74~75, 83, n. 17.

28. 참고. MacGregor, *New Testament Basis of Pacifism.* 37, 73~74; Yoder, *Politics of Jesus*, 127, 183; 그리고 벧전3:16~18에 대해서는 Ferguson, *Politics of Love*, 15~16을 참조하라.

29. 앞의 각주 10번을 참고하라.

30. Ronald Sider, "To see the Cross, To Find the Tomb, To Change the World," *The Other Side* 13, 1(February 1977), 18.

31. Rudolf Bultmann, *The History of the Synoptic Tradition*(New York, Harper, 1968랜[1931]),

282는 천사들에 대한 말씀이 변증적인 동기에서 나온 전설적인 요소들을 담고 있다고 말하고 있다.

32. 참고. Ferguson, *Politics of Love*, 43~44.

33. Ernst Haenchen, "History and Interpretation in the Johannine Passion Narrative,s" *Interpretation* 24(1970), 199~201.

34. Georg Richter, "Die Deutung des Kreuzestodes Jusu in der Leidensgeschichte des Johannesevangeliums(Jo. 13~19)", *Bibel und Leben* 9(1968), 25. 그리스도의 죽으심에 대한 요한복음의 신중심적인 해석과 교훈적인 해석은 너무나도 뚜렷하게 구분되기 때문에 리히터는 전자를 복음서기자에게 돌리고, 후자를 편집자에게 돌렸다. 그는 교훈적인 본문들이 예외 없이 다른 이유로 이 복음서의 문학비평에 의해 이차적인 본문으로 생각되어진 구절 들이나 문단들에서 발견된다고 주장했다(p.30). Theofried Baumeister는 요한의 교회가 어떤 상황에서 사람이 자신의 목숨을 버릴 수 있는 것으로 이해했는지 그 구체적인 상황이 분명하지 않다는 점을 관찰했다. "Der Tod Jesus und die Leidensnachfolge des Jüngers nach dem Johannesevangelium und dem Ersten Johannesbrief," *Wissenschaft und Weisheit* 40(1977), 88.

35. Yoder, *Politics of Jesus*, 56.

36. John Howard Yoder, *The Christian Witness to the State*(Newton, Kan, : Faith and Life, Institute of Mennonite Studies 3, 1964), 49.

37. Lasserre, *War and the Gospel*, 55.

38. 사이더 교수는 선택 대상으로 다음의 두 가지 것을 제시하였다. 하나는 비폭력이라는 방법을 받아들이는 것이고 다른 하나는 성경의 권위라는 원리를 표기하라는 것이다(Sider, "To See the Cross," 18).

39. 요더는 이러한 대조에 주목하였다(*Christian Witness to the State*, 31). 그러나 이 본문은 그리스도인들이 국가의 이러한 기능에 참여하지 말아야한다는 그의 주장을 지지하고 있지 않다(*Politics of Jesus*, 199). 요더의 이런 해석은 "기독교의 윤리는 그리스도인들을 위한 것"이며, 하나님의 궁극적인 기준을 이해하거나 충족시킬 수 없는 불신자들을 위한 낮은 수준의 요구는 없다는 그의 유익한 통찰력에 근거하고 있다(*Christian Winess*, 28~32). 그러나 로마서 13장의 강조점은 권세가 인간의 공동체를 위한 하나님의 의지의 통로기 때문에 순종해야 한다는 것이다. 이 주장은 이 권세들이 이교도적이기 때문에 그들이 이 일을 잘 수행할 것이라고 기대할 수 없다는 주장에 의해 그 의미가 삭감될 수 있다. 그러나 사실 이 본문에는 이런 내용이 포함되어 있다는 증거가 없다.

40. Paul Ramsey, *War and the Christian Conscience. How Shall Modern War Be Conducted Justly?*(Durham, N.C. Duke U. Press, 1961), 38~40.

41. 참고. Ibid., xvi xviii, 40, 305; Ramsey, *The Just War. Force and Political Responsibility*(New York, Scribner's, 1968), 143, 159; Claude J. Peifer, "Jesus and Violence," *Bible Today* 46(1970), 3209~3210.

42. John H. Yoder, "If Christ Is Lord," in Yoder *The Original Revolution* (Scottdale, Pa., Herald, Christian Peace Shelf 3, 1970), 87.

43. Yoder, "If Christ Is Lord," 85, 90; cf. Yoder, "The Political Axioms of the Sermon on the Mount," in *Original Revolution*, 48.

44. Davies, *Christians, Politics*, 91, 132. 참고. *Update Latin America*(Sept. /Oct. 1979), 7.

45. José Miguez Bonino, "Violence: A Theological Reflection," *Ecumenical Review* 25(1973)는 성경에 나타난 폭력을 이와 비슷하게 해석하고 있다. 그는 폭력이 인정을 받느냐 비난을 받느냐 하는 것은 그것이 인가의 실존을 열어주느냐 않느냐 하는 것에 따라 좌우되는 것이라고 말했다(pp. 471, 474). Oriental Institute의 호프너 교수(Harry A. Hoffner, Jr.)가 폭력에 대한 구약성경의 용어의 이런 성격을 나에게 지적해주었다.

46. H. J. Stoebe, "Hāmās," in *Theologisches Handwortebuch zum Alten Testament*(1971), 1586.

47. Paul Ramsey, "The Just Revolution," *Worldview* 16, 10(Oct., 1973), 37.

48. Ralph B. Potter, *War and Moral Discourse*(Richmond, Knox, 1969), 45~54.

49. Ramsey, *War*, 127.

50. Karl Marx, "The Civil War in France," in Karl Marx and Friedrich Engels, *Basic Writings in Politics and Philosophy*. ed. L. feuer(New York, York, Doubleday, Anchor Books, 1959), 386.

51. 참고. Sharp, *Politics of Nonviolent Action*, 423~433.

52. Ramsey, *War and the Christian Conscience*, xix-xx, 72, 127; *Just War*, 154, 159.

53. 참고. Herbert Marcuse, "Ethics and Revolution," in *When All Else Fails*, ed. IDO-C(Philadelphia, Pilgrim, 1970), 220.

54. Rosemary Radford Ruether, *Liberation Theology*(New York, Paulist, 1972), 13.

55. Paul Lehmann, *The Transfiguration of Politics*(New York, Harper, 1975), 271.

56. Beardslee, "New Testament Perspectives on Revolution," 32.

57. Ruether, *Liberation theology*, 12~13.

58. Rolland F. Smith, "A Theology of Rebellion," *Theology Today* 25(1968), 10~22.

제10장 새로운 사회로 가는 길

1. Berkhof, *Christ and the Powers*, 55; Yoder, *Politics of Jesus,* 144~146; Wallis, Agenda for Biblical People, 65,71.

2. Yoder, "If Christ Is Truly Lord," 63; Yoder, *Christian Witness to the State*, 12, Agenda, 74~75.

3. Gish, *New Left and Christian Radicalism*, 138.

4. Yoder, *Christian Witness to the State*, 14.

5. calvin, *Institutes*, 4. 20.6(vol. 2, p, 655)

6. Francis John McConnell, *Christianity and Coercion*(Nashville, Cokesbury, 1933),34.

7. Berkhof, *Christ and the Powers*, 23, cf. 49.

8. 청교도에 관한 이 관점은 하바드 대학의 Talcott Parsons 교수로부터 얻은 것이다. 그는 청교도주의자들이 역사상 현대화의 개념을 도입한 최초의 단체였다고 보았다. 그 이유는 그들이 개인적 결단에 대한 강조를 사회조직과 연결시켰기 때문이다. 이 사회조직 안에서는 집단의 필요에 대한 민주적 개념을 통한 목표설립 과정이 있게 된다.

9. Thoman Case, *Two Sermons to the Commons*(1641), 21022, as quoted by A. S. P. Woodhouse in "Introduction," to *Puritanism and Liberty*, ed. Woodhouse(Chicago, U. of chicago Press, 1951), 43. 청교도주의적인 역사관으로는 Woodhouse의 서문 pp. 39~51

95~97을 참조하라.

10. Kenneth Willis Clark, "The Meaning of [Kata]*kyrieyein*," in *Studies in New Testament Language and Text*, G. Kilpatrick Festschrift, ed. J. K. Elliott(Leiden, Brill, *Novum Testamentum Supplements* 44. 1976), 100~105.

11. Mott, "The Greek Benefactor," 95, 104~105, 146~176, Despite its usage in the benefactor cult, of which "emperor worship" was an expression, the mere title of *euergetes*, as in Luke 22.25, dooes not connote a claim of deity.

12. 참고. Bauer, *Lexicon*, 498, 726. 마가복음의 기사에서는 통치자들을 위대한 자들로 말하고 있다9막10:42, "소위 집권자들과 대인들").

13. Miarver H. Bernstein, *Regulating Business by Independent Commission* (Princeton, N.J., Princeton U. Press, 1955), 289.

14. John S. Jackson III, "Shall We Legislate Morality?" *Review and Expositor* 73(1976), 175.

15. Yoder, "Christ the Hope of the World," 177~178.

16. 참고, Yoder, "Christian Witness to the State, 40; Yoder, "If Christ Is Truly Lord," 77, Berman, *Interaction of Law and Religion*, 25~29, 144.

17. Richard Mouw, *Politics and the Biblical Drama*(Grand Rapids, Mich., Eerdmans, 1976), 109; Wallis, *Agenda for Bibical People*, 139; Yoder, *Christian Witness to the State*, 27.

18. Christenson, *Charismatic Approach to Social Acion*, 87.

19. Jackson, "Shall We Legislate Morality?" 176.

20. William M. Pinson, Jr., "Why All Christians Are Called into Politics," in *Politics*, ed J. Dunn(Dallas, Christian Life Commission of the Baptist General Convention of texas, 1970),18.

21. Fritz Blanke, "Anabaptism and the Reformation," in *The Recovery of the Anabaptist Vision*, H. Bender festschrift, ed. G. Hershberger (Scottdale, Pa., Herald, 1947), 68.

22. Denis Goulet, *Is Gradualism Dead?* (New York, Council on religion and International Affairs, Ethics and Foreign Policy Series, 1970), 12. The Term "cooptable reform" is that of Peter Dreier, "Power Structures and Power Struggles," *Insurgent Sociologist* 5(1975), 238~240.

23. André Gorz, *Strategy for Labor*(Boston, Beacon, 1967), 6.

24. 참고. Rosemary Ruether, "The Reformer Versus the Radical: The Problematic of Social Change," *Lutheran Theological Seminary Bulletin* 51, 1(Feb., 1971), 23.

25. Yoder, "Christ the Hope of the World," 151~152; Yoder, "Let the Church Be the Church," in Yoder, *Orginal Revoluton*, 119; Yoder, "If Christ Is Truly Lord," 82.

26. Gabriel Kolko, *The Triumph of Conservatism: A Reinterpretation of American History*, 1900~1916(New York, Free Press, 1963). 5, 283.

27. Bernstein, *Regulating Business by Independent Commission*, 82~83, 87~88, 90, 156~157, 276, 296.

28. 참고. J. Philip Wogaman, *The Great Economic Debate: An Ethical Analysis*,(Philadelphia, Westminster, 1977), for consideration of the premises involved in this economic critique.

29. kolko, *Triumph of Conservatism*,279, 281~283, 305; Bernstein, Regulating Bernstein, *Regulating Business*, 76.

30. Theodore Coplow, *Toward Social Hope*(New York, Basic, 1975). 127~128.

31. Bernstein, *Regulating Business*, 129~130.

32. 전체 프로그램들에는 재정 지원이 불충분하였다. 그러나 산발적이고 단기적인 계획들은 종종 지나친 지원을 받고 있다. 지방 보조금은 계획 단계로서는 지나치게 많이 지원되는 특징이 있다. (참고. Caplow, *Toward Social Hope*, 165).

33. Michael Harrington, *The Twilight of Capitalism*(New York, Simn & Schuster, 1976), 268~269, 281.

34. Caplow, *Toward Social Hope*, 151~152.

35. Goulet, *Is Gradualism Dead?* 12, 31.

36. Gorz, *Strategy for Labor*, 8, 12.

37. Goulet, *Is Gradualism Dead?* 15; Gorz, *Strategy for Labor*, 6.

38. 참고. Yoder, *Christian Witness to the State*, 32, 38, 42

39. Harrington, *Twilight of Capitalism*, 266.

40. Bernstein, *Regulating Business*, 82~83.

41. Lincoln Steffens, *The Shame of the Cities*(New York, Hill and Wang, American Century Series, 1957[1904]), 137, cf. 134.

42. Francis J. McConnell, as quoted in James Luther Adams, "Introduction," to *Political Expectation*, by Paul Tillich(New York, Harper, 1971), xx.

43. Dieter T. Hessel, *A Social Action primer*(Rhiladelphia, Westminster, 1972), 108.

44. Harvey Cox, *The Secular City*(New York, Macmillan, 1965), 140~141, 143. C. Wille는 도시 안의 인종간의 관계는 태도의 문제가 아니라 기회를 제한하거나 용이하게 하는 제도적 문제라고 말한다. *Race in the City*, by J. Aberbach and J. Walker, Contemporaryy Sociology 5(1976), 495.

45. 법의 강제적 효력은 법 안에 표현된 가치들이 저항하는 사람들을 통제할 뿐 아니라 그 가치들을 따르지만 그에 따르는 희생은 지불하려고 하지 않는 자들도 통제한다. Malcolm Feeley, "Coercion and Compliance: A New Look at an Old Problem," *Law and Society Review* 4(1970), 505~519.

46. Jackson, "Shall We Legislate Morality?" 173~174.

47. Donal E. Muir, "Six-Year Trends in Integration Attitudes of Deep-South University Students, *Integrated Education* 9(Jan. / Feb. 1971),21~27.

48. Robert Coles, "How Do the Teachers Feel?" *Saturday Review, May* 16, 1964, 90.

49. Frederick M. Wirt, *The Politics of Southern Equality: Law and Social Change in a Mississippi Couny*(Chicago, Aldine, 1970).

50. Wirt, 312.